U0587411

◎ 如果一个学校不去培养学生对知识、教育、科学、书本和文化的热爱，那就算不上是真正的学校。

◎ 用公民的眼光来观察世界，是决定教学和教育能否取得一致的问题之一。

◎ 如果一个人不懂得节制自己的欲望，不善于摆正自己的欲望和别人的利益之间的关系，他就永远不会是个好公民。

◎ 生活中的一切幸福和快乐都是劳动创造的，而且只能用劳动来创造。

◎ 学校生活的智力财富大多取决于智力生活和体力劳动密切结合的程度。

［苏］ **B.A.苏霍姆林斯基** 著

黄之瑞　张佩珍　姚亦飞　译
章昌云　杨季舫　王家柚
倪家泰　校

公民的诞生

教育科学出版社
·北京·

责任编辑　祖　晶　韩敬波

版式设计　孙欢欢

责任校对　刘永玲

责任印制　叶小峰

图书在版编目（CIP）数据

公民的诞生／（苏）苏霍姆林斯基著；黄之瑞等译．
北京：教育科学出版社，2002.4（2021.6 重印）
　（20 世纪苏联教育经典译丛）
　书名原文：РОЖРЕНИЕ ГРАЖБАНИНА
　ISBN 978-7-5041-2265-0

　Ⅰ. 公…　Ⅱ. ①苏…　②黄…　Ⅲ. 教育理论
Ⅳ. G40

　中国版本图书馆 CIP 数据核字（2002）第 018770 号

　北京市版权局著作权合同登记　图字：01-2000-3701 号
　　　　　　　© 版权所有　翻印必究

出版发行	**教育科学出版社**				
社　　址	北京·朝阳区安慧北里安园甲 9 号	市场部电话	010 - 64989009		
邮　　编	100101	编辑部电话	010 - 64989438		
传　　真	010 - 64891796	网　　址	http://www.esph.com.cn		
经　　销	各地新华书店				
制　　作	北京浪波湾图文设计有限公司				
印　　刷	保定市中画美凯印刷有限公司				
开　　本	850 毫米×1168 毫米　1/32				
印　　张	12.875	版　　次	2002 年 4 月第 1 版		
字　　数	273 千	印　　次	2021 年 6 月第 8 次印刷		
定　　价	28.00 元	印　　数	23 001 - 26 000 册		

如有印装质量问题，请到所购图书销售部门联系调换。

　　本世纪最伟大的事件之一就是俄国十月革命的胜利和苏联的建立。有的人可能说，苏联已经解体了，社会主义已经失败了。但是，苏联毕竟存在了 70 多年。正是由于苏联的存在，才击退了德国法西斯奴役世界的战争，才孕育着东方社会主义国家的诞生。苏联解体了，这是历史的悲剧，但社会主义并没有失败，社会主义中国正在吸取苏联的经验教训，振兴前进。巴黎公社只存在 70 多天，它的伟大意义是不可估量的；苏联存在了 70 多年，它的影响和意义更是无法估量的。

　　苏联的教育曾经也是世界上最优越的教育之一。有人认为，苏联的解体，说明苏联教育的失败。这些人太看重教育了。教育任何时候都是受当时社会的政治、经济所制约的。教育对政治、经济具有反作用，但教育的目的、内容、规模等都决定于政治、经济，却不是反之。一种是决定作用，一种是反作用。两种作用是截然不同的。尤其是执政党的政治路线决定着社会发展的命运。固然，执政党的领袖人物也是受过教育的，但他的思想意识，他的政治行为却受到社会各方面的影响，并非受了某种教育以后就不变化的。仍然是唯物辩证法原理，存在决定意识，苏联的变迁不能用一种原因来解释，更不能是教育的责任。

　　应该说，苏联 70 多年的教育为社会主义教育提供了丰

内 容 提 要

　　《公民的诞生》一书是苏联伟大的教育家苏霍姆林斯基的重要著作之一。全书以公民教育精神为主线，全面论述了培养真正的公民所进行的智能教育、文化知识教育、体育、道德教育、情感教育、美感教育以及劳动教育。作者在细致分析了童年期、少年期及童年向少年过渡时期的生理和心理发展变化过程的基础上，以独特的视角，抓住发生在学生身上的点滴变化，通过倾听学生的言语、观察学生的眼神和表情，来感知和展现学生的内心世界；并且通过由浅入深的分析，揭示了真正的公民的内涵、价值与意义。

　　全书文字优美、生动、感情真挚、细腻，实例真实、丰富，说理简洁、透辟，行文通俗、易懂，具有重大的理论和实践价值，可供我国教育工作者特别是小学教师、中学教师，甚至是广大的家长借鉴与参考。

目　录

1

出结论：在少年期一个人的精神生活发生极其深刻的变化，因而在他的认识能力、脑力劳动、行为、与其他同学的相互关系，在他的情感发展、美感发展、道德成长等方面的许多事实，都使教育工作者感到不可思议。有经验的教育家往往抱怨说：很难对少年们进行工作，他们身上正在产生某种神秘莫测、不可理解的东西。

男孩子在三四年级的时候是再好不过的了，他文静、沉稳、和蔼、敏感，能够领会人在这个年龄所能理解的崇高感情；可是到了五年级，特别是到了六七年级的时候，似乎完全变了一个人，他任性、缺乏自制，时常粗鲁无礼，近乎病态地自尊，对待教师的要求和同学的缺点十分急躁，在评判周围世界，特别是评判长者的行为时尖锐而直率。

有时候，使人明显地感到：在童年期能触动他心灵的那种感情似乎逐渐地根本不能使他动心了。如果说亲人或不熟悉的人的痛苦以前会使儿童心中非常难受，那么一个少年有时竟会对人们的痛苦毫不觉察。

"仿佛有人给男孩子注入了新的心灵，"六年级学生维塔利的班主任在教务会议上说。（可我在边听边想："难道过两三年之后，维佳或者沃洛佳也会变成这样的人？维塔利在三四年级的时候是个品学兼优的模范生啊！"）"而现在，"班主任继续诉说，"学季结束了……我召开了家长会议，谈了学业成绩。我决定谈一谈维塔利不遵守纪律的问题。我以为，家长们在场会对这个孩子起些作用。我边说边用眼角瞧维塔利。他镇定地坐着，毫无惊恐或懊悔的表情。我突然看到：他打开了我教的这门课的教科书，拿起铅笔在书的扉页上画什么东西。他的眼睛里闪着幸灾乐祸的表情。他坐在最后一排的课桌后面，谁也看不见他在做什么。我满腔怒火。怎么办？我知道，现在当着家长的面，是不能谈论这个新的出乎正轨的举动的，因为我担心这会惹恼小伙子。我感到他是有意惹我注意他。他故意污损我教的这门课的教科书，是为了激怒我。我把话题转到了别的方面，可脑海里却浮现出几天前我与他——维塔利之间的一场冲突。

举行时事报告会。一个十年级的女共青团员讲述发生在国内外的情况。她讲到了邻近的一个集体农庄的庄员们如何忘我地劳动。妇女们培育甜菜获得了大丰收。荣誉和光荣属于以共产主义态度劳动的人们！维塔利举手说：

"'我想发言。'

'说吧，'我同意了他的请求。

'我妈妈坐在泥地上清洗甜菜一个月了，'维塔利激动地说，'她生病了，现在躺在医院里。为什么把最重的活给了妇女们？'

'你想过吗，你说了些什么？'我勃然大怒，甚至没有考虑，这个孩子说出了痛苦的真理。'你算什么少先队员？'说了这些话之后，我就感到自己使他大大地受委屈了。但是已经晚了……

'可您算什么教师？'维塔利用颤抖的声音轻轻地说，'难道一个人可以整整一个月坐在潮湿的泥地上吗？是您教导我们要为真理而斗争。'"

"维塔利的这些话使我惊呆了。"班主任在结束自己的叙述时说，"这是什么呢？是蛊惑言论还是追求真理？可能，我们教给少年们的东西太多了，而向他们提出的要求却太少了？也许，在我们这个时代，人们观察世界的心灵具有某些我们所不了解的特点？也许，少年们观察到的世界的某些方面与我们观察到的不一样？该怎么办才能使现实存在的个别阴暗面不再被无可奈何地接受下来？"

接下来是一通热烈而直率的议论，通过议论得出了一条使我们全体教师都很激动的真理：是的，我们有时候忘记了某些东西；我们往往没有努力用我们的教育对象的眼光去看世界；我们有时会陷入令人惊讶、不可原谅的矛盾之中——教育学生做老实人，说老实话，只说老实话，而同时却又要去扑灭年轻的心灵因对欺骗、恶行和不公正现象的势不两立而迸发出来的怒火。少年不同于儿童，他开始对善与恶进行概括；通过某些事实他看到了一种现象；至于这种现象在他的心灵中会产生什么样的思想和情绪，就取决于他的信念，取决于他对世界的看法和对人们的看法，确实，少年期与童年期的不同之处还在于，人到了这个年龄就不像童年时期那样来观察、感觉、感受事物了。

多年来我一直在思考：少年观察世界与儿童观察世界有什么不同之处？我力图使自己处于自己的学生的地位。我进行教育观察，把它记在单独的本子里。本子里有专门的一个部分《我用少年的眼光观察事物》。我设想自己处于维塔利的地位，用他的眼光来分析、估价自己的行动；我试图使自己也毫不怀疑，我是这样一个人，那个细心、好学、沉稳、要求严格的学生，那个缺乏自制、任性、蛮横无理的少年——仿佛初次遇到的人。

现在，在过了很多年以后，我再翻阅这本不平常的日志的时候，又重新感受到过去感受过的那种惊讶感。我的那个要求苛刻、蛮横无理、倔强、作出判断时尖锐而直率的少年在我身上发现了大量缺点，竟比我自己想到的多上100倍——这是多么令人吃惊和不可理解啊！我情不自禁地要引用资料中的几段记事，这份资料也许会使我的某些教育家同行们发出宽恕的微笑。

1."我的老师在感知周围世界的现象时，表现得'心肠冷酷'。他亲眼看到一个男孩子欺负一个女孩子。他平静而冷漠地看着那个欺负人的家伙。他对女孩子说：'我要跟他谈一谈。明天跟他谈。让他把欺负你的那些话再对我说一遍。'一天过去了，两天过去了，在老师的意识深处还保留着一个想法，需要跟那个欺负人的家伙谈一谈……但这只不过是一个像昏睡的公猫似的懒惰想法。而那个时候欺负人的家伙却对女孩子说：'我没事的。老师会把自己学生的行为忘掉的。他们老师们跟我们打交道打腻了……'"

2."我的老师在一个星期之前把一本他需要读的书放在桌子上。他每次坐到桌旁，总要对书本看上一眼，然后就去做别的事情了。而昨天他把这本书放到书架上去了。"

3."我的老师的心里装着一块冰。他给畜牧人员上完课以后，有一位集体农庄庄员向他讲述了自己的一项发明。这个庄员对于如何减轻劳动强度的问题已经考虑一年多了——在不建造巨大而昂贵的装置的条件下使收集畜粪机械化。老师打算明天到区里去，向区党委谈一下这项有价值的发明。让工程师到这儿来帮助这个庄员把想法变成并不复杂的机器。一天、两天、三天过去了。到区里去一趟的热情冷下来了。一个星期之后他偶然碰见了区委书记。确实，他谈到了这位发明家的有意义的想法。但他是怎么谈的呢？他不是充满热情、心情激动地讲这件事，而是轻描淡写、慢条斯理地唠叨：假如这样办的话可并不坏，假如能考虑一下减轻畜牧场人员的劳动强度就很好……"

在记载难对付的少年的观察日志中同样也有一些奇怪的东西。这并不是对他们的行为的记录，而是少年眼里看到的世界。我设想自己处于这些男孩子和女孩子的地位，用他们的眼光看世界。我处处看到令人惊奇的，有时甚至是不可理解的东西，这些东西使人惊讶，往往还令人气愤、怒不可遏。少年能看到儿童**未能**看到的东西；少年还能看到成人往往**已经**看不到，确切地说是不再注意的东西，因为成年人对于很多事物习以为常了。少年观察世界是人的一种绝无仅有、异常特殊的状态，我们成年人往往根本不理解这种状态而处之泰然。

少年对看到的东西都非常关切。看见苹果树叶上有一条毛虫，他就思考：为什么校园里（或集体农庄的果园里）有很多毛虫？不消灭害虫会有什么后果？为什么谁也没有注意到毛虫在毁坏物质财富？少年对眼前看到的坏事感到愤慨、对好事感到高兴，还是他对善与恶都无动于衷，这取决于少年在什么环境中受的教育，取决于他在童年期培育他思想和感情的认识、思维和观察世界的源泉是什么。

我对这些尖锐、棘手的教育问题进行了艰苦的思考，终于在我从事教育工作的第 34 个年头得出了一个结论：少年期教育的困难就在于，人们很少教育儿童把自己看做、理解并感觉为集体的一分子、社会的一分子、人民的一分子。这就是为什么经常听到人们说：一个学生在童年期是好学生，可是到了少年期因为受了坏影响而成了坏人。坏影响究竟是怎么一回事？它是从哪儿来的？教育工作的基础、它的主要内容，并不在于保护少年们不受坏的影响，而是要使他们对坏的、不道德的东西具有免疫力。怎样才能做到这一点呢？教育的技能和艺术就在这个**怎样**之中。

……一位低年级的女教师 4 年来对自己的学生们一直赞不绝口。

又过了一年到一年半的时间，她竟含着眼泪诉说自己的学生（他们现在已经是六年级的学生了）：在电影院门口他们差一点把一个老年妇女撞倒在地。

在听这位勤奋的好教师说这段痛心疾首的话的时候，我在想：她的学生过去确实是一些善良、有礼貌、勤奋而又能克制自己的人。这些品质也不是生来就有的。不，这是耐心细致的教育工作带来的结果。那么该怎样解释少年期产生这一年龄段所特有的教育上的困难呢？也许，这不过是用老眼光把少年期看成不可避免地会发生灾难的时候，从而出现这种所谓困难的说法？我开始研究 12～30 岁这个年龄段的人的违法和犯罪行为，起初是在一个区的范围内，后来扩大到一个州。事实总是最公正的。了解的结果是：在 12～15 岁的人中间，违法和犯罪分子比 15～18 岁的男女青年中的违法和犯罪分子多一倍。

我研究了460例刑事案件的侦讯材料。每一个给社会提供违法分子或犯罪分子的家庭，总是存在着某种缺陷。有时候父母本人似乎并不是坏人，但是他们不知道自己的孩子是怎样生活的。很多家庭在人与人的相互关系方面精神上非常贫乏，而在这些少年学习的学校和班集体里，谁也不去关心他们对什么感兴趣，他们需要些什么，他们把什么当做生活中的乐趣。

我举一个惨痛的事例，这件事发生在一个平静的小城市里。一个14岁的少年在滑冰，他看到一个8岁的小男孩，就把小男孩叫到身边，朝着有个冰窟窿的方向指了指，对他说："到那儿去滑，那儿的冰又平又好。"小男孩掉进冰窟窿死了，而那个少年又滑了个把小时才回到城里，他向同学们讲述他怎样使那个小男孩上了当。死去的小男孩的父母悲痛万分，他们问这个少年："你是知道把小孩引到什么地方去的，难道你的心竟没有颤动一下吗？"少年平静地回答说："我又没有把他推到冰窟窿里去。他自己滑到那儿去的。我只是劝他到那儿去滑冰——那儿的冰层平滑……"——"那你为什么不马上跑来告诉我们？可能小孩还有救……"对这一点，少年回答说："我可用不着跑回来，关我什么事。每个人都对自己负责……"

我和这个少年谈过话，和他的父母、教师、少先队辅导员谈过话。我看到的是一幅令人不快的景象。父母和他们的独生儿子都没有任何精神上的爱好。这孩子只有两种感情：满足或是不满足。家庭里高于一切的是两种需要：吃好、睡足。这个少年不理解一个人多么需要在与别人的交往中得到欢乐，不懂得为别人做好事、创造幸福的欢乐。而学校里只要这个男孩子学习成绩不是 2 分，只要他不破坏纪律也就满足了。我问一位女教导员，她在这个少年身上已经培养起或者准备培养他什么样的精神需要时，她什么话也答不上来。对于这个人在童年期和少年期把全部精力贯注到什么地方，耗费在哪个方面这样一个问题，我没有听到过任何回答。实质上，学校没有考虑在一些最主要、最根本的问题上教育人。

一切都取决于童年期的教育

我对少年期教育中的困难分析得越多，就越是对这样一条简单而重要的规律的正确性深信不疑：凡是童年期教育搞得很马虎的地方，也就很难对少年们进行教育。我研究了 460 个出了违法少年和犯罪少年的家庭，发现这样的情况：罪行越重，犯罪手段越是惨无人道、残忍无情、动作笨拙的，犯罪者的家庭也是最缺乏智力上、美学上和道德上的追求。在犯罪少年或违法少年的家庭中，没有一个家庭是有家庭藏书的，即使是少量的藏书也没有。我上面讲过的那个犯罪少年的家里，除了教科书之外，别的书一本也没有，而且那几本教科书也是又脏又烂。在这 460 个家庭里，我总共才找到 786 本书（学校的教科书不算在内），其中包括学龄前儿童读的小人书。在犯罪者或违法者中间，没有人能说出一部交响乐、歌剧乐曲或室内乐的名称。没有一个人能举出一位古典作曲家或现代作曲家的名字。我们给全部 460 个少年都听了两个音乐作品：彼·伊·柴可夫斯基的芭蕾舞《天鹅湖》中的《小天鹅舞》

和爱·格里格①的《爱尔菲舞》。理解和感受这两个音乐作品的美，是少年具有起码的美学素养的标志。这些少年中，没有一个人能够说出，作曲家通过音乐形象创造了什么样的意境。我从少年们的眼睛中看出：音乐的旋律并没有使他们中间的任何一个人激起某种感情，也没有勾起任何回忆。

在研究少年违法分子和犯罪分子的精神世界的时候，我对这样的问题也进行了探讨：这些少年有没有最亲近的人们（或人）？少年们可以把自己的一部分心灵献给这些人，把他们作为一面镜子，从中看到自己的内心冲动。我分析过，在难对付的少年（确切些说是童年期和少年期精神上贫乏的人们）学习的学校里，是否还存在这样的相互关系，这种相互关系的本质和内容是把精神力量贡献出来，一个人为别人创造幸福，为别人的命运担忧，用理智特别是用心灵来理解人的最大欢乐——把幸福送给别人。我发现，在这些少年的家庭里和学校里，都没有这种最主要的东西。教育工作中恰恰是没有这种明确的意图、明确的思想和目的，没有教育每个人在童年期就要为别人尽力，把自己心灵的财富献给别人，用理智和心灵来理解（从而能深刻地感受，热忱地关怀）别人内心世界最细微的活动——痛苦、欢乐、担忧、绝望、悲伤、慌乱……我怀着忐忑不安的心情越来越确信，在童年期一个人（受教育者）在很多教育者面前，甚至是优秀的教育者面前，总是表现得非常片面，因为教育者总是只根据儿童是否遵守制度和要求来判断受教育者的好坏：是否听话，是

---

① 爱德华·格里格（1843~1907）：挪威大作曲家，民族音乐学派创始人。——译者

否有越轨行为。很多教育者把儿童的听话和顺从看做是内心善良的表现，实际上远非如此。到了少年期一个人就不能满足于如此贫乏地表现自己：他渴望在复杂的公民活动和积极的社会活动中表现自己。由于没有教会他把自己的精神力量献给别人，由于他没有学会自我理解、自我感觉和自我评价，没有学会如何献出自己的力量为别人造福，到了少年期他似乎就不再觉察到自己是生活在人们中间的。

读者可能会想：为什么作者要研究未成年的违法分子和犯罪分子的精神生活？这对阐明少年期教育的本质和规律性有什么帮助？事实是，违法和犯罪行为能最鲜明地反映因果关系。我的夙愿始终是不再使任何一个少年成为违法分子和犯罪分子。

有人说，由于少年期具有某些天生的、不受教育支配的年龄特征，在少年身上所特有的种种困难是注定要发生的，现在这种无稽之谈的实质就越来越清楚了。我日益深信，少年的道德面貌取决于童年期**怎样**对他进行教育，取决于从出生到10～11岁期间在他心灵里灌输了一些**什么东西**。从本质上来说，童年期不可能给家长和教师带来少年期所遇到的那种困难。少年，形象地说，那是一朵花，它的美丽与否要看人们对这株植物养护得如何。应当早在花朵怒放之前就要设法使这朵花开得美丽。如果在少年期的那种"不可避免的"、"注定要发生的"现象面前惊慌失措、惊奇万分，那就像一个园丁那样，这个园丁在地里种了一颗种子，但他并不确切知道，这是一颗什么种子，是玫瑰还是飞廉①，几年之后他来欣赏花朵时就表现出这种惊奇万分的神情。如果开的不是玫瑰花而是飞廉花，园丁的惊奇就显得十分可笑。如果人们看到这个园丁还给飞廉花涂颜色、画彩条，想使飞廉花变成玫瑰花，如果他给飞廉花浇香水，想让飞廉花发出玫瑰花的香味，那么他的这种做法就更显得幼稚可笑了。看来这样的园丁只会引起人们的愤慨。可是，有成千上万这样的园丁，他们给人以生命之后就认为已经完成了自己的使命，至于这个人将成为怎么样的人，就让别人去关心吧，让大自然去关心吧，——为什么这样的情况竟没有引起人们的愤慨呢？

花朵的美丽不可能从天上掉下来。需要多年的努力才能创造出来——培育，防酷暑、严寒，注意浇水和施肥。在塑造大地上最美、最崇高的东西——人的过程中，单调的、使人疲劳不堪而且往往是令人不快的劳动，要比那种给人们带来愉快的劳动多得无可比拟。"孩子是生活中的欢乐"这条真理具有深刻的含义，但也有深刻的矛盾。孩子本身不可能是欢乐的源泉；孩子——这是一个在新的基础上再现其父母品质的人，对父母亲来说，从孩子身上得到欢乐的真正源泉首先是他们能够把好的品质灌注到孩子身上。在对孩子的爱中展现出人最高尚的品质——自尊心。

随着我对少年期令人担忧的种种表现的日益关切，我越来越清楚地感到，童年期的教育不能草率从事，不能怕麻烦。童年期是一个人打基础的时期。大自然不会去雕琢人的

----

① 飞廉：植物名，菊科。二年生草本，形似蓟。我国各地均有野生，俄罗斯西伯利亚一带也有分布。——译者

任何一个特点，它只会打下一个烙印；应该去做雕琢工作的是我们——父母、教师、社会。少年期的危机现象——道德缺陷、违法、犯罪——所有这一切现象，如果用列夫·托尔斯泰的话来说，是恶行的放大镜。一些我们难以觉察的坏事，一些初看起来似乎是天真的、微小的坏事，实际上却是很危险的，因为在一个睁大了眼睛看世界却又不知道**应该如何生活**的人的心灵中，这些微小的冰凌会变成巨大的冰块。

当我准备在自己这所蓝天下的学校里、在低年级的教室里对孩子们进行教育的时候，我总是怀着不安的心情思考着我的学生们快要到达的那条标志着童年期结束、少年期开始的分界线的情况。假如一个人一辈子是儿童的话，那么在我的学生们处于童年期时我力图要去完成的工作中，有很多工作是不需要做的。鉴于同事们和我本人的痛苦经验，鉴于所犯的大量错误，我深信，学校教育工作中最大的问题之一是忘记了这一点：现在是儿童，将来就不是儿童了。

教育者必须注意的是孩子到了某个时候会成为丈夫或妻子，将通过一个新的人来再现自己。我注意到了这一点，虽然很少在儿童们面前说，他们将成为父亲和母亲。仔细读过我的第一本札记①的人，就不会不注意到，我们对童年期的孩子进行了大量的工作，以便在儿童身上形成感知周围世界的细腻感情和情感素养——能识别人、有感受能力、情感敏锐、亲切诚恳，同时还具有自尊心和人的自豪

---

① 指瓦·亚·苏霍姆林斯基的《我把心给了孩子们》一书。——译者

感，不去侵犯任何私人的和隐秘的事情。为了使儿童处于集体的许多劳动关系、道德关系、智力关系、美学关系之中，我们也进行了不少工作。这样做的目的不仅是为了今天，也是为了将来。

儿童是决不可能成为犯罪分子的，决不会有意识地去犯罪（对病态的情况需要进行专门研究），但我尽力做更多的工作，务必使我的每一个学生在成为少年之后，也决不允许自己去犯罪。在教育工作中有很多专门建立的、人为确定的、"构筑起来的"人与人之间的关系，其目的是要在学生们的心灵中确立起像对待最珍贵的宝贝那样来尊重人，使一个人从小就成为别人的朋友、同志和兄弟。

第一，儿童为别人创造欢乐，并由此而感受到自己的幸福和自豪。我努力使每个儿童都从心底里感到，最值得欢乐、最珍贵、最神圣的是母亲、父亲、兄弟姐妹和朋友。要让儿童准备为自己最亲爱的人的幸福和欢乐献出一切，要使这种献身精神和为别人造就幸福的精神成为最主要的精神需求。我竭力想使儿童与他家里和学校里的其他人之间的关系建立在义务感和责任感的基础上。使儿童意识到并感受到自己对母亲、父亲、教师应尽的职责——正是这一点应该成为儿童认识人的世界的起点。

第二，在表现美的各个方面创造并保持美。一个人进行积极活动的精力和可能性越大，他对美的态度在形成其道德面貌方面所起的作用也就越加显得重要，这里包括创造美，热忱地关心美，特别是关心人们相互关系中的美、为崇高理想而服务的美、思想生活中的美。

第三，儿童在集体活动中所表现的作为公民的思想财富和儿童们与其他非学校集体之间的相互关系中所表现的作为公民的思想财富。务必使学生在童年期就十分关心祖国的现在和未来——这是防止少年期产生道德缺陷最重要的前提之一。公民的思想、公民的感情、公民的忧虑、公民的义务、公民的责任感——这是人的尊严的基础。如果您在某个人身上培养了这些品质，那他就不会表现出不好的品质，相反，他将努力只在好的方面表现自己，以无愧于我们的思想，无愧于我们的社会。

第四，培养和发展对一切有生命的和美的东西的同情心和怜悯心（我们不必害怕怜悯这个词和它所包含的高尚感情！），发展对大自然中的一切美好事物的热忱的关切态度。归根结底，也就是培养对人的怜悯心。我们牢记高尔基的话："怜悯损害人的尊严。"[1]但是，在我们这个现在已经没有任何理由出现社会祸害和与之相联系的痛苦和灾难的社会里，怜悯是需要的，它恰恰能使人品德高尚，在道德上支持人。只有那种瞧不起人的怜悯才损害人的尊严。而当一个学生出于怜悯而渴望帮助别人的时候，这样的怜悯会使他变得高尚，所以必须学会怜悯人。

第五，发展崇高的智力素养——思想、感情、感受。当一个人认识周围世界，认识人类的过去和现在，认识祖国的物质财富和精神财富，认识本国人民的内心世界、艺术珍品特别是文艺作品的时候，思想、感情、感受会使他内心激动。我坚信，一些人在少年期和青年早期之所以头脑简单、情感贫乏、道德不坚定，其最主要的原因之一是知识有限、思想修养低、不会从书籍中寻找满足自己精神需要的东西。现在，我们即将实现普及中等教育，工人和农民接受中等教育并不是为了上大学，而是为了成为一个真正的人，因此他们的智力素养问题，使他们具有高度的智力素养的问题已具有特别重要的意义。吸引青年人的不应该是酒杯而是书籍。书是一种强大的力量，它能战胜酒杯的罪恶力量，而酒杯是巨大的灾难，它像虱子一样总是叮在精神空虚和兴趣贫乏的人身上。

儿童将来就不是儿童了，他变成少年、男青年、女青年、父亲、母亲……但是，如果在少年期和青年早期一个人的心灵中仍然保持着儿童的某些特点——直爽，对周围世界的各种事件和现象有鲜明的情感反应，对一起工作、学习、患难与共的人们的内心精神活动表现出热忱的关切——那样就很好。

我以后还将多次提到这个最重要的教育问题，现在我只着重指出这个问题的一个方面，即与保持和发展童年期所获得的一切美好的东西有关的那个方面。我要谈的是儿童精神世界的细腻性和复杂性。细腻不是天生的，只有通过培养才能够获得。我在第一本札记中用了大量篇幅论述如何培养细腻的感觉：感觉语言的美、音乐旋律的美、文艺形象的美，感觉各种生活现象的崇高和优美，或者造型艺术作品中和文艺作品中思想的崇高和优美。家长和教师们的议论使我很不安，他们说，少年期必然会感觉迟钝，必然会出现某种莫名其妙的情感"冷漠"；少年从树上折了一根树枝，立即就会把这件事忘了；他会同样冷漠无情地用弹弓瞄准玻璃和麻雀，在课桌椅上刻上自己的姓名和整句的格言。我于是仔细观察犯这类过失的少年。结果发现，他们在童年期虽然都参加过集体的星期日植树义务劳动，但他们中间没有一个人把树栽培大，没有一个人感受过创造美的欢乐。

　　生活向我们证明：如果一个儿童对充满了为人们创造出美这一崇高思想的劳动不理解，那么他的内心就不能用细腻、体贴和容易感受的态度去对待那种细致而又"温柔的"教育方法，他变得迟钝，只能领悟原始的"教育方式"：大声呵叱、强制、惩罚。由此而形成了少年们的粗鲁无礼和无意识的破坏性倾向。正因为如此，我要努力使我的未来少年们，在童年期就能体验到美的激励和对美的赞赏，使他们的个人劳动成为产生这种感情的源泉。这就是关心培养（后来我深信我的期望是有充分根据的）少年、男青年、女青年敏锐地、反映迅速地去对待**教育者的话**——他的劝告和婉转的责备。童年期感情细腻而又丰富，赞赏自己亲手创造的美，对粗鲁、庸俗、破坏美的行为毫不妥协，这就是少年们情感素养的基础。

　　我特别关心的是，务必使儿童的心灵不致由于使用体罚的"教育"方法——用皮带抽、打后脑勺、拳打脚踢——而变得迟钝、凶狠，变得冷若冰霜和残酷无情。我总是要使家长们相信，体罚不仅标志着家长的软弱无能和惊慌失措，也标志着他们的教育方法极端不文明。皮带和拳头会在儿童的心灵中扼杀细腻的敏锐的感情，培植愚昧的本能，起着腐蚀人的作用，最后就是用撒谎和奉承这个毒药来麻醉人。用皮带培养出来的儿童会变成麻木不仁、没有心肝的人。动手打同学的人，只能是那些过去尝到过而现在继续在尝宗法式教育的"美味"的人。少年的犯罪行为和违法行为在很大程度上也是"拳头教育"的结果。

　　教育中的皮带和拳头……这是我们教育工作者的耻辱，

其所以是耻辱，是由于儿童往往怕到学校里去，怕到这个意味着人道、善良和真理的神圣场所去，因为他们知道：教师会把他们的不良行为或者学习成绩不好告诉父亲，而父亲就要打他们。这不是抽象的图解，而是痛苦的真理；母亲们以及孩子们本人都经常在来信中写到这一点。教师在学生手册里写上："你们的儿子不想学习，请采取措施"，这实质上就是教师经常把一根鞭子放在学生的书包里，而父亲就用这根鞭子来抽打自己的儿子。让我们设想一下这样的情景：正在进行复杂的外科手术，一位技术高超的外科医生俯身在露出的伤口上动手术，突然，一个腰插斧头的屠夫闯进了手术室，他拔出斧头就朝伤口砍去。这把脏斧头就是教育中的皮带和拳头。

教师，请您记住，如果我知道我的格里茨科或者彼得的父亲是一个上帝只赋予他生孩子本领的人，而我却把这位有能耐的家长叫到学校里来对他说："您的格里茨科是个懒汉，他不想学习"，这样就会出现最简单的现象——我用他父亲的手来打格里茨科。我伤害了人的尊严。我成了从犯。

儿童仇恨打他的人。他非常机敏地懂得并感觉到，是教师在牵动他父亲的手。他开始仇恨父亲和教师，仇恨学校和书本。

我认识一些儿童，他们甚至不能想像，一个人可以打另外一个人。在他们成长的家庭里，相互之间的关系都是细致入微的精神心理关系，大人和孩子之间充满了相互信任的气氛。这些儿童都具有对教育者的话非常敏感的特点。我要使每个儿童都不知道，什么是体罚的"教育"方法，这始终是我的理想。在学校的范围内，我已经使每个家长不会再打我的学生。我相信，我们会培养出这样的后代，当他们读到描写过去的书中追述某个时候人打了人，他们就会感到非常痛心。如果在最复杂的环境里（在生活中，在家庭里）消除了人对人施加暴力的现象，当儿童们将在没有体罚的情况下接受教育，将更快地达到实现共产主义教育理想这一伟大目标，到了那个时候，社会上将没有犯罪，没有凶杀，现在仍然需要的监狱和其他惩罚手段的必要性也将随之消失。

但愿读者别把我看做一个鼓吹抽象的仁慈和宽容无比的人。这里说的是在一个正在建设共产主义的社会里对儿童进行教育的问题。社会主义世界不仅针锋相对地与被仇视人类的残酷法律所统治的资本主义世界对峙，而且还在思想、精神、道德方面与这个暴力和奴役的世界处于决斗的状态；我们的儿童应该做好一切准备：既要准备与敌人在战场上相见，又要准备经受艰苦斗争的考验。共产主义教育不会使我们社会里公民的心肠变得温情脉脉和软弱不堪。相反，共产主义教育应当在体力上和精神上使人得到锻炼。我们不仅应当教导人们去爱，而且应当教导人们去恨，教导他们成为既多情善感同时又是毫不留情的人。不仅要会欣赏美、创造美，而且要会对蓄意侵犯我们祖国的自由和独立的敌人进行打击。这些教育目的与作为一个对任何暴力行为都毫不妥协的新人必须具有细腻的感情和富有同情心的内心世界这一点，不仅不矛盾，反而更强调了这一必要性。只有精神境界极其高尚的人，才能够真正憎恨敌人并对其毫不留情。

某些教育工作者会问："究竟该用什么东西来替代惩罚呢？"不能这样提问题。这无异是在问："该用什么东西来替代人对人使用暴力呢？"惩罚并不是某种不可避免的手段。在充满相互信任和热诚气氛的地方，在儿童从小就深深地感觉到他与身边的人思路相通、苦乐与共的地方，在儿童从他开始懂事的时候起就学着控制自己的愿望的地方，没有必要进行惩罚。对个人愿望具有高度的素养——这是根本不需要惩罚的必要前提。

童年期和少年期教育的两个源泉

教师们被下述事件惊呆了：柯利亚·兹·是大家公认的一个文静谦逊的少年，是文学教师的骄傲（柯利亚·兹·作文写得非常好），可是他突然做了一件可耻的事情。夜间他打开了物理专用教室的窗子，爬进去从录音机里偷走了电动机，同时还弄坏了一些零件。柯利亚·兹·的家庭似乎是没有问题的。父亲是一家工厂的工作人员，一个很好的家长。大家都还记得起他在家长会上作的有教益的充满智慧的发言。他时常说："如果父母热爱劳动，即使他们一句话也不说，家庭也已经在用实际行动来教育孩子们热爱劳动了。"

可突然发生了这件令人懊丧的事件。这是在战后的几年发生的。物理专用教室还刚刚在筹建；录音机是学校的校友、一位军官送给学校的礼物，它是集体的骄傲。教师们在思考："人身上的坏东西是从哪里沾染来的？"大家开始深思关于培养道德信念和习惯这个复杂过程的问题。教师们仔细地观察了柯利亚·兹·的家庭情况，他们发现了初看起来并不显眼、但却是非常令人不安的现象。父亲每天下班总要带一点小东西回来：时而几段电线，时而几块金属片，时而一根小管子，时而一只轴承。儿子帮助父亲把这些小零件放在家庭工场间的许多小架子上。儿子从未问过这些东西是从哪里来的——因为这是明摆着的事。父亲并不认为这样做是可耻的；他没有想到他的行为会对儿子产生极其有害的影响。父亲从未拿过邻居一根钉子——他认为这是偷窃行为。我们对这位父亲说了使他难受的话，提醒他对别人说的关于父母榜样作用的那段教诲。

这个事件促使人们去思考道德教育的两个源泉的问题。第一个源泉是预先计划好的教育工作，这就是集体中多方面的道德、劳动、创造和公民政治的相互关系，专门建立这些相互关系以达到教育的目的；教育者的话；把老一辈创造出来的、努力获得的或斗争得来的宝贵财富传给青年一代。这一切都是由教育者事先计划好规定好的。

但是还有另一个也是相当重要的教育源泉。在童年期这个源泉起着特别重要的作用。这就是儿童周围的复杂**关系**。这些关系对儿童来说是所处的一种环境，它在给儿童们上着揭示各种道德概念内容的直观课。谁也没有意识到这些关系是一种专门的教育方法；但是，成年人越是不把这些关系看做一种能对儿童的精神世界起影响作用的力量，这个力量就越起教育作用。这里必须再一次强调一下"**关系**"这个词，因为儿童把自己周围的一切人（不仅是人，还包括事物和现象）看做具体化了的人的观点、判断、习惯和意向。

长日制的教导员把儿童们带到了学校食堂。他当然没有忘记在吃饭的时候要让儿童们遵守文明行为的准则，使他们在满足自己需要的时候要把道德的和审美的日常生活习惯进一步加以巩固。但是，他把儿童们带到食堂去并不是为了对他们进行教育，而只是为了让他们吃饱肚子。这就变成了最最主要的目的。在食堂里，儿童不仅吃饭，还会看见许多情况。看到好的，也看到坏的。瞧，一个七年级的学生把一个一年级小学生从餐品柜台边挤开，自己买到了需要的食品，而那个小男孩却被挤到队伍的末尾去了。瞧，学校食堂的女工玛莎，一位接近老年的妇女提着一桶脏水朝院子另一头的水坑走去。迎面走来两个十年级学生，他们比玛莎阿姨高出一个头，力气比她大得多。他们都闪到一边，让玛莎阿姨走过去，生怕她把脏桶碰到他们的衣服上，他们皱起了鼻子，因为桶里有些不干净的东西，他们朝食品窗口跑去，从那儿传来了他们的声音："为什么没有干净的大碗？"孩子看见两个小姑娘走到餐品柜台跟前。一个小姑娘买了一块巧克力糖，另一个买了一张领汤的牌子。一个小姑娘在吃巧克力糖，她的女友忘了买面包，又朝餐品柜台走去。在忙乱之中似乎谁也没有看到这一切，这个孩子也没有对他眼前发生的事情思考一番，但是任何一件事情都不会消失得无影无踪，他眼睛所看到的一切都在他的脑子里有所反映。瞧，这个孩子已经注意到一件不寻常的事情了。在忘记买面包的那个小姑娘旁边，坐着一个顽皮的男孩。他绷着脸，看来有什么事情惹他生气了，他面前放着一杯牛奶和一块白面包。他咬了一口面包，就把它放到桌子上，又跑到餐品柜台，买了一些饼干。他把面包推到桌子边上。这个孩子又看到洗脸盆那儿挂着一块脏手巾。谁愿意洗手就洗手，谁不愿意洗就不洗，但是，由于谁也不想多此一举，因此谁也没洗手。窗台上放着一盆玫瑰花。盆里扔了一些咬剩下来的苹果心。玻璃窗被苍蝇弄得很脏。从厨房里传来一阵发脾气的声音：一个男人在骂人，说他们没有把窗子擦干净，没有把洗脸盆下面的墙壁刷白。

这一切似乎在这个孩子的意识表层滑过去了。教导员关心的是不让任何一个人提早离开桌子。孩子们吃完饭，站了起来（他们想快点跑到运动场去），他们在教导员的指挥下喊了一声："谢谢这顿午饭！"（这是教育工作计划预先规定的）；这些话是对女厨师和玛莎阿姨说的，但她们现在没有功夫来接受谢意，恰好卫生检查员在斥责她们，威胁说要把什么事情写进卫生手册。

人们的生活一幕幕越过儿童的眼帘，生活的每一个小滴都反映到儿童的记忆中，有时是绕过意识，似乎不知不觉地就进入了记忆深处。生活不但反映到意识中，也反映到下意识中。记忆是自动地工作的，来自周围世界的信息进入下意识的要比进入意识的多。在那儿，信息不是杂乱无章地堆积在一起，而是分门别类、有系统地排列在一起的，表现出来就是人的**各种社会本能**。如果一个儿童吃完了苹果，手里拿着咬剩下来的苹果心在寻找扔的地方，但是他找不到垃圾箱，就把苹果心藏到自己口袋里去了——这是人的社会本能在起作用，这种本能是通过信息长期积累起来的下意识而形成的，这种信息并不是专门提供教育用的，但却能产生强烈的教育作用。如果没有这种信息，一切善良的劝导都是徒劳无功的，对儿童不起作用。

儿童在学校食堂的20分钟里所看到的一切，有很多好的东西反映到他们的下意识，但也有一些与他们平时经常从教导员那儿听到的教导截然相反的事实同时反映到下意识。这些事实初看起来完全微不足道，然而从教育角度看是很危险的。这种实质上与教育者的教导相矛盾的信息在儿童的意识和下意识中反映得越多，作为人的主要守卫者和行动主宰的理智就越变得软弱无力。有预计、有打算的教育方法和没有预计的教育方法（这是形成人的各种社会本能的介质）之间的差异越大，就越是难于培养和形成实践中所说的**良知的呼唤**。良知的呼唤就是内心要求自己作出有益的、必要的和美好的行为。良知的呼唤是在有预计和没有预计、有打算和没有打算的教育方法协调一致的情况下才会形成。良知的呼唤是一种力量，它会促使儿童在没有找到垃圾箱的时候把苹果心藏到自己的口袋里。这是一种力量，它会促使一个人懂礼貌地夺过妇女手里的脏水桶，把脏水倒进水坑，把桶还给那位妇女而不要人们对他的行动表示谢意。这些看来都是最重要的。

　　如果没有在下意识中经常不断地积累起各种信息，良知就是不可思议的，这些信息中包含着人的高尚行为：对人的热爱，努力去互相帮助，对施暴力于人的现象表示极端厌恶和毫不妥协，对集体和社会的责任感，对饱食终日无所用心、怠惰懒散和寄生虫生活的不能容忍，崇敬老人，扶持弱者，富有同情心。良知服从于意识和理智，即服从于人民的智慧所声称的"脑袋的主宰"。假如没有人受这个主宰的管辖，假如人的高尚行为的各种实际表现并没有使机械的、逻辑的和情感的记忆丰富起来，那么这个主宰就丝毫不起作用了，因为人的高尚行为是人类自古以来积累起来的经验，现在它又被道德修养的最高成就——共产主义理想，即用共产主义方式使人在道德上得到完善——照耀得光彩夺目。

　　要使第一个教育源泉与第二个教育源泉协调一致，就必须把受教育者的积极活动引导去建立一种能强化有打算、有预计的各种教育方法的效能的环境之中。

马克思写道："……但是，**人**不是抽象的蛰居于世界之外的存在物。人就是**人的世界**，就是国家，社会。"[1]教育人的工作只能在人中间进行，教育者有打算、有预计和目的明确的努力效果，取决于人类的道德成就、**人的世界**、社会和国家的思想在人中间反映的深度如何。道德教养归根结底就是指一个人努力做好事，不去做坏事。在我们社会里，**善**这个概念具有深刻而多方面的含义：为确立共产主义理想而积极工作，为人民忘我劳动，巩固祖国的强大威力，为祖国树立荣誉，增添光彩，爱劳动，爱人们，诚实，正直，谦逊，对一切坏人坏事、特别是对祖国的敌人势不两立。人的行为的最大动力是深信善良是道德财富的顶峰。

这种信念也就是人民的智慧所产生的、人类和**人的世界**所创造的"大脑的主宰"。但是，人类世界的智慧只有在下述情况下才能够驾驭意识：人除了懂得从逻辑上分清善与恶之外，还要有善与恶的**感觉**，这是一种本性上的感觉，它已经成为个人的良心和个人的观点。

一个有道德教养的人看到妇女拿着力不胜任的重物，就会感到身边发生了某种不好的事情，如果他不去帮助这个妇女，就会感到自己很可恶。这时候，发自意识和下意识深处的良知的召唤就会立即提醒理智："快行动吧！下命令吧！"理智马上就下命令，双手伸向那个妇女拿不动的重物，而人也就感到自豪。这种良知的召唤是靠了在个人记忆中积累了大量的来自道德上确立的崇高思想的实际体会而形成的。

---

[1]《马克思恩格斯选集》第 1 卷，人民出版社，1995 年版，第 1 页。

我对未来的教育过程的前景和方向考虑得越多，就越是深信：道德上的纯洁、精神境界的崇高、人与人之间关系的和美，形象地说在很大程度上取决于那一根连接童年期、青年早期（特别是童年期和少年期）的红线的牢固程度如何，这些时期是在年轻的心灵中确立观念、真理、思想的时期，对他们个人来说观念、真理、思想是不可动摇的、无限珍贵和神圣的东西。

我认为教育的最主要任务之一，就是要使少年对**世界的观察**和本人对现实环境各种现象的态度能适应他身上内在的潜力、各方面的才能和具备的条件。少年道德教育和道德成熟的基础是祖国这个观念。人在少年期的道德修养和高尚情操，是通过他怀着自己对祖国的责任感来观察世界才获得的；对他来说，最珍贵最神圣的东西是祖国的荣誉、光荣、强大和独立。从一个人对人民最珍贵的圣物的态度中可以判断他的日常行为（对人们的态度、帮助弱者、爱劳动、谦逊）。我们学校集体首先关心的是，要使少年在认识共产主义建设者的过去和现在、生活和劳动的时候，感到自己是一个公民；要使我们努力在每个少年的心灵中激发起来的那种人类的美，首先被他们理解、感受为一个公民光辉的、有意义的、精神丰富的生活。公民的思想、公民的信念、劳动——这就是少年期精神生活的各个方面，这些方面的精神生活构成了高尚的、敏感的和严于律己的良知（人的良知的召唤）的基础。为了使我们的少年珍惜最宝贵的珍品——人民的圣物，少年就应该尊重自己是一个公民。少年期的公民生活是教育工作的一个重要部分。我总是力图使公民的思想、感情和活动**有机地**统一起来，从而使感情和感受通过高尚的行动表现出来，通过为人们、社会和祖国而劳动表现出来。

教育中最细致的方法是表扬好的行为，赞扬好人好事，鼓励人们作出从本质上表现人类高尚情操的行动。形象地说，表扬就像教会儿童去读那些叙述人类基本素养的书籍。家庭和集体的赞扬在儿童心目中提高他自己的地位，确立他的自傲感。但是，如果只有表扬才能够给儿童带来欢乐，那就潜伏着一种危险。真正的教育技巧是使人们做好事而不指望表扬。

不得不感到忧虑，有的学校对儿童的一些理应作为日常行为准则的行动过分夸奖（例如，捡到了一个卢布，把它放在教师休息室的桌子上——墙报上就表扬了他的行为）。这是以人情为儿戏。这种儿戏会使人养成道德上的不求整洁：他洗手是因为人们看得见他的手，可他的脚仍然是脏的，因为反正穿着鞋，人们看不见……在人们面前，他竭力表现得循规蹈矩，可单独一个人的时候却不守规矩。单独一个人的时候诚实，是对人们、对社会尽责的表现，这是在童年期和少年期必须培养的重要的道德特征。

2.

纪律和自律
——集体责任感与个人责任感

让人学会用另外一些人的眼光来看自己

遵守社会和集体已确立的道德准则，是社会教育最迫切的课题之一。和谐的教育是指把纪律教育和对集体、对社会、对自己（即对自己的良心）负责的教育同时开展起来。

在第聂伯河西岸的乌克兰地区的一个村庄里，几年前发生了一件事情。在一个炎热的夏日，一个健壮的青年男子坐在池塘边钓鱼。附近有一个男孩在游泳，这个孩子突然往下沉了，他大声呼救，喊叫，哭泣。那个成年人看到了这一切，可他却无动于衷，完全是铁石心肠。从此大家再也不理睬这个人了，看见他就绕道而行，儿子和妻子也抛弃了他。这个人尝到了集体的谴责和孤独的滋味。他感到痛苦，但从他自己身上找不到回到人们中间去的力量——他自杀了。

我们可以看出，对集体负责是与对自己的良心负责融合成一体的。在对集体不负责任的地方，人就听不到自己良知的召唤。一个人意识到对自己的责任感，他就能更深刻地理解并体会到集体向他提出的规章和准则。

在我们的教育工作中要找出评定教育和自我教育成果的标准是不容易的。这方面的标准首先是，学校造就的是**什么样**的公民，他们的政治觉悟水平**如何**，他们通过自己的劳动和行为确立了**什么东西**，他们赞成**什么**，反对**什么**，爱**什么**，恨**什么**。人们的公民政治觉悟的一个方面的表现，是他对自己良心的责任感。这一点同时也是有无教养的标准之一。如果您能做到使儿童单独一个人的时候也会感到羞愧，为自己不道德的行为而**自己对自己**感到羞愧，如果儿童渴望成为一个比现在更好的人，如果什么比较好、什么比较坏这个概念不仅存在于他的意识中，而且成为他个人的信念，这就意味着您看到了自己教育工作的成果。

为了使理智能有一个像敏感的良心那样灵活而又严厉的捍卫者，还需要些什么呢？怎样才能真正达到下列要求：要使儿童单独一个人的时候也会脸红，要把努力去做一个更好的人的志向成为他最强烈的愿望之一，而这些愿望能鼓舞人上进，使人变得高尚，使集体中的相互关系富有生气。需要作出善良的、高尚的行动，但儿童不应当把这样的行动想像和看做是建立了功劳或者是可以取得某种特殊的幸福和欢乐的权利。儿童所处的环境应该把在为争取人类从社会压迫和精神压迫下解放出来的斗争中所创造和获得的道德财富具体化。**环境**这个概念的含义不是一成不变的，而是包含着受教育者本人创造、更新和完善的东西。道德财富具体化的意思是：学生跨出的每一步、他所做的一切事情、用来满足他需求的全部行动，都在别人身上得到反映——他给别人带来好处，减轻他们生活中的困难，使他们的精神生活丰满而有意义。

要使学生与周围世界的关系在道德上得到充实，初看起来是一件简单的事情，实际上却很复杂。这是一项经常不断的、耐心细致的工作。假如这项工作中断一星期，一个最有组织的集体也会变成一群受本能支配的人。

这项有意义的复杂工作的实质，就在于学生经常不断地在创造物质、财富、珍品、环境、关系和各种依存关系，其目的是给人们带来欢乐，给人们带来好处，给人们带来美，给人们带来幸福，然后才是自己得到欢乐，自己得益，自己美，自己幸福。如果一个人不亲身去做好事，那么在他的意识中就不能积累起，也不能确立起善的观念。生活千百次地向我们证明，训练儿童过渡到少年期和青年早期的工作，没有劳动是不行的，但这应当是一种特殊的劳动——它要使心灵最细微的活动具体化。这就是为什么我在书的第一部分大量论述美角、花、葡萄树、果树和供人游憩的花园的原因。我努力使每个人在**为别人**创造欢乐、福利、美、幸福并在此基础上为自己创造这一切的时候，都能深刻体验到创造者个人的欢乐感，并把这种感觉上升为灵感。劳动中和集体成员相互关系中所表现的高尚风格和道德美的具体化，是我们称做公民性的这棵大树的最重要的根基之一。务必使这个根深深地植到童年期去，这是十分重要的。

当一件不属于儿童本人的东西变成他所珍惜的东西，而且比属于他本人的东西还要珍贵无数倍的时候，儿童身上就产生了灵感。如果到少年期再开始培养这种心灵的复杂活动，那是永远也培养不起来的。我认为我的学生已经做好了跨越那条童年期和少年期之间的分界线的准备，之所以说做好了准备，那是因为，当那些为了人们的欢乐和安宁而创造的物质、珍品、财富受到某种威胁或遭到某人破坏的时候，他们每个人都多次感到痛苦、忧虑和激动。如果一个人在童年期漠不关心，他在少年期就不会体验到这**最初的**感情。

忧虑，激动，关心人们和社会的福利、幸福、美、欢乐——这些感情越深入儿童的心灵，儿童对自己的行为所流露的敏锐的感情就越加显得细腻。于是，道德教养的第一个源泉和第二个源泉就融合在一起了。如果一个人感觉不到在他周围和他本人身上什么是比较好的，什么是比较坏的，如果他不是竭力想使自己成为一个比现在更好的人，那么他就会对教师、父亲和有益的书籍中最正确、最富有情感表达力的教诲和劝告置若罔闻。情感上的自我评定是适宜于道德教育的种子健壮地萌芽的土壤，如果没有那些受人尊敬和有先见之明的人们的教导，就不可能进行道德教育。

如果使人类关系中的道德财富具体化，并通过这种具体化使学校生活得到充实，儿童就会用别人的眼光来看自己。他就能对自己所见到和听到的东西看得清楚，听得明白。道德教导对他来说就不是抽象的东西，而是与他切身有关的真理。单独一个人的时候他也会为自己感到羞愧，因为在他的感觉、想像中都意识到，别人会怎样看待他的不道德行为（或者即使是不道德的打算和想法）。他可以在一个人独处的时候，扪心自问，但是他不能与**人的世界**隔绝——不能与集体和社会隔绝。他根本不去考虑，是不是有人看见他在帮助一位老大娘或者在保护一个小姑娘不受别人欺负，而是他在本性上感到不能不这样做，这已经成为他深刻的个人需要，就像为了使人们欢乐而去关心培植"玫瑰园"一样，也像惦记他那些学龄前小朋友独特的儿童小花园——葡萄园一样，都成了他深刻的个人需要。

使人们关系中的道德财富具体化对于童年期和少年期的交替时期具有特别重要的意义。少年期的本性中就隐伏着某种困难、复杂性和矛盾。下面我们就来谈谈这些问题。

少年时期是通向道德成熟期道路上一个新的、特殊的阶梯。当一个人快要到童年期和少年期的分界线的时候，他应该像照镜子一样，在他亲手创造出来的珍品中照见他自己，因为这些珍品中有着他个人的一份心血——对人们的爱、劳动的灵感。让心血化成一棵果树或者一个小的葡萄园，一丛玫瑰或一束丁香——儿童是用自己的尺度来衡量世界的。归根结底，重要的是使小孩子就有自豪感。只有在这样的情况下，他才希望自己成为一个更好的人。而这个希望也就是公民良心的基础。

当代人的精神世界与童年期、少年期的教育方法

苏联著名的精神病专家 B. M. 班希科夫教授写道："几千年来人在争取生存的斗争中获胜，基本上是靠了肌肉力量和诸如勇敢、残酷和顽强这样一些神经系统的粗野的特性。但最近两三个世纪，人的生存能力几乎完全取决于神经系统各个最精细、最复杂的机构。而这些机构恰恰是最

脆弱的。"[①] 这位学者的思想能帮助我们理解在我们这个时代教育者对受教育者施加影响的这一过程的特点。

世界和人之间的相互关系越往后越复杂。社会主义社会里**世界—人—世界**这个体系的特点是,个人在社会生活一切领域中的作用不断增长。科学逐渐成为社会的直接生产力,而社会的最高目的是为了人——这一情况深刻而多方面地反映到个人和集体的精神世界中。人不再单纯是物质财富和精神财富的创造者。为了替社会和自己本人谋求幸福、福利、欢乐,人用自己的创造性劳动为社会创造荣誉的同时也为自己创造荣誉。

创造性活动逐渐成为人的需要,满足这种需要就会感到最大的愉快。H. H. 谢苗诺夫院士写道:"人们——从天才到最普通的劳动者——的生活经验表明,对劳动或生活的其他方面的创造性工作感到愉快,是最大的愉快……要创造人类的幸福生活,主要的是使精神的创造性活动在某种程度上成为每个人都必须承担的工作。"[②]

要使人们体会到,从各个不同方面来满足创造性活动的需要是一种美德,要使他们在少年期和青年早期为社会工作的时候就感觉到自己具有公民的积极性,这就是教育工作的目的和内容。

在我们社会里,人们所看到的个人的生活面貌就是人所表现的素质、能力、爱好和志向以及这些方面的发展情况。人的创造性劳动、创造发明、劳动生活中积累的智力财富、

---

① 《知识就是力量》,1965 年第 11 期,第 39 页。

② 1961 年 7 月 13 日《消息报》。

不断努力去掌握越来越新的知识——这一切在我们社会里已经成了人的公民自尊感的显著标志。人们越来越深刻地体会和感受到这一条真理：集体劳动首先是一种精神上的交流，在集体劳动中人们互相交换精神财富。马克思所说的那种体力和脑力劳动[2]，在现代人的日常生活中表现为人的个性。人主观上把这种活动看做是创造能力的竞争，在竞争中希望夺取第一名，希望比别人强，比别人美。

那些并不直接与劳动、与物质生产相联系的个人精神生活的方面变得越来越广。这方面最主要的一个需求就是需要人。用马克思的话来说，劳动者始终感觉到"需要最大的财富即**别人**"[①]。在我们社会里个性得到了充分的发展，证实了这个多方面的需要是个人幸福的基础。假如这个需要得不到满足，人就不可能成为别人的朋友、同志和兄弟。

人的全面发展，人对自己的社会作用的深刻认识，人的多方面的需求、兴趣和相互关系——这一切都发展和丰富了社会主义社会的公民感情。按照马克思的说法，情感生活是**人的世界**的最鲜明的表现之一。[3]人的社会活动的范围越大，人的需求和兴趣的面越广，人在劳动中的创造性越多，共产主义道德准则的高尚风格在人的相互关系中表现得越鲜明，那么**感情素养**在人的生活中的作用就越大，情感生活与公民的活动、行为、个人生活的联系也就越紧密。感情素养日益成为人的精神生活的一个特殊范畴。

情感生活的丰富程度并不总是与智力发展、文化修养

---

① 马克思：《1844 年经济学哲学手稿》，人民出版社，2000 年版，第90 页。

和知识水平直接有关。使文化修养与情感素养协调一致，是现代苏维埃学校中教育工作最细致的任务之一。感情素养落后于智力"负担"，是很大的祸害，它往往是某些青年和少年沾染上不良行为的原因。如果深入思考一下这种行为的实质，就会明白，我们当代人意识中的所谓旧时代的残余实质上是智力生活和情感素养的协调一致遭到了破坏。在某些情况下，这一点与智力兴趣贫乏、范围狭窄有关，在另一些情况下则与"有文化知识的"人却毫无素养有关。现代苏维埃人的精神生活具有自己的特点，它促使人们去考虑教育的本质和方法。在教师中间经常可以听到这样的抱怨："我们现在很难对人们进行教育，特别是对少年。难就难在他们除了学校之外，还能通过其他的途径获得很多知识，所有这些东西都需要理解、'消化'。很难对少年进行教育还有一个原因，就是他们极其敏锐地注意自己的精神世界。"

也许，需要把这些因素转化为教育者的同盟军？少年能大量认识事物。因此，需要利用精神生活的这一特点，使认识周围世界的过程同时又是道德成长的过程。教育少年的效果在很大程度上取决于他们对人的认识，这些认识如何变成了信念，而这些信念又如何在实际行动中得到巩固的。建立在我们生活的这个社会基础上的自尊感，对每个人来说仿佛是一道探索个人心灵的光线。必须使它永不熄灭。这就赋予教育者重大的责任，要求他们在人类学这个领域表现出特殊的本领。现在，教育者不仅要敏感细致，而且要了解每个人对自己的精神世界的看法。因此，完全有必要让每个人都对自己的精神世界**具有**某种看法，而且这种看法是**正确**的、具有高度的思想性。我经过多年的努力才懂得，应当如何才能够使少年常常反省自己，思考自己的命运。

一个人如果没有自尊心，就不能成为一个道德上纯洁和精神上丰满的人。我们最重要的一个教育手段是十分尊重自己学生的人格。我们的使命是用这一手段去培植非常细腻而又精致的想法——希望成为一个好人，希望成为一个今天比昨天更好的人。这种愿望是不会自发产生的，只有经过教育才能够培养起来。我们社会的性质和基础提出的要求是，把这种真诚的愿望（受教育者希望自己**成为**一个更好的人，教育者则希望**看到**受教育者成为一个比现在更好的人）成为联系教育者和受教育者的主要桥梁。尊重受教育者的人格，是集体和教师对人们提出严格要求时最主要的前提，是实行真正的共产主义纪律的前提，如果一个人不善于让自己去做正好是社会所需要的、对社会有益的事情，那就不可能有真正的共产主义纪律。只有当人们感觉到自己是个人精神世界的主宰，只有当他的精神世界中有一条谁也无权逾越的明确的界限的时候，才能够培养起自尊心、荣誉感和自尊感。

有一次，六年级学生季娜的母亲来找我，对我谈了家里的隐秘。最近以来他们家里的气氛非常紧张；父亲做了不应该做的事情。季娜对此非常痛心，但她主要是怕别人知道父亲的不体面行为。母亲求我说："请您帮助、支持小姑娘，但务请严守秘密……"是的，教师经常要当外科医生。他要触及最痛的部位，但又要使人们不感觉到。怎样帮助小姑娘呢？有过这样的情况：我们俩人都在专心致志地工作。我给她讲了那些道德坚定、勇敢刚毅、有自尊心、心灵美好的人。我主要的是努力使小姑娘对邪恶不妥协，不采取视而不见的态度。纵然是在没有别的斗争办法的情况下，也得在她身上焕发出对邪恶不妥协和痛恨的感情。我高兴地看到，一种非常美好的情感在小姑娘的心灵里树立起来了。这是我和她两个人个别谈话。多年的工作经验使我深信，在少年期这样的个别谈话也是需要的，就像需要集体对个人的精神世界产生影响一样。

保护少年精神世界的隐秘并使它不受侵犯，是教育的最重要任务之一。如果有什么旁人去干涉少年所想、所感受的一切，干涉少年不愿让别人看到的一切，那就会影响少年情感的敏感性，使他性情暴躁，并变得"冷漠无情"，而"冷漠无情"最终会导致情感上的麻木不仁。

把少年内心深处最敏感的东西公开出来，用冷漠无情的双手去干涉他想自己决定的事，企图用形形色色强加于人的做法去"触及"少年的"痛处"，使之"激动不已"、"十分震惊"——这都是教育上无知的基本表现。如果您要少年向您请教，向您倾吐衷肠，那您就不要去触犯他内心深处的东西，因为触犯了这些东西会使他感到难受的。我们教育者的使命是培养人们从开始独立生活的时候起就具有公民的品质——坚强、勇敢、坚忍不拔，而这些品质的培养在很大程度上要看儿童毅力的发展和巩固，要看他们在童年期和少年期的独立行动的表现，要看他们表现的崇高的品德和独立的意志。

尊重学生的人格，当然会扩大他们个人的那些隐秘的不能触犯的内心世界的范围。现代人的精神生活的逻辑要求把一切与儿童、少年、青年和家长的相互关系有关的东西都包括进这个范围。在我们这个时代，家庭里的精神心理关系和道德伦理关系变得越来越细腻，越来越丰富了。很遗憾，往往有这样的情况，教师向学生提出的问题和建议，（如果深入分析一下这些问题和建议的内容），常常是要求学生把个人隐秘的东西亮出来，把内心"全部摊开来"。有的孩子对自己的精神世界很敏感，有时候把别人的意见理解为不仅是对他本人，而且是对他的父母亲的侮辱。偶然脱口而出的话往往会在年轻人的心灵中惹起极大的风波，使孩子对所受的侮辱终身不忘，而教育者却一点也没有注意到……一位女教师问一个五年级的学生，上星期六他的母亲有没有看过他的日记。男孩回答说："没有，她没有看过。""噢……噢……，她没有时间看你的日记，这我知道……"女教师说，她的话里满是讥讽的味道，男孩气得眼泪夺眶而出。那个男孩猜出女教师已经风闻一些心地不良的人传播的流言蜚语，说他的妈妈似乎行为轻佻。男孩听出女教师话中的含意，变得郁郁寡欢。他的心肠变硬了。他一次又一次地找女教师的麻烦。直到毕业他也没有忘掉所受的侮辱。而另一个学校里发生的情况更令人不安：同班的同学们对一个小姑娘说，他的父亲是个"没有出息的人"，而这个小姑娘竟无动于衷。这简直可怕，这说明儿童已经丧失自尊心了。

有时候，把一些只能和家长们个别谈的情况拿到家长会上来讨论了。这不仅伤了某些家长的感情，也伤了孩子的感情，因为母亲和父亲所听到的一切都会不知不觉点滴不漏地传到孩子们的耳朵里。

托马斯·曼有一次说过，人介乎野兽与天使之间。一个人将成为什么样的人，则取决于教育。凡是人的性本能变得低下的地方，人面临的最大危险是向野兽靠拢而远离天使。人的世界具有多方面的本性，从而使人类种族延续的本能比较高尚，但是还必须有一整套使"血的召唤"变得高尚的专门方法。依我看，在这一整套方法中最主要的是两个东西：崇拜母亲和保持贞节。没有这两点就不可能对少年进行真正的教育。

我总是力图使母亲的名字成为每个学生最神圣的东西。人们从母亲那儿获得一切最美好、最纯洁的品德；母亲的精神财富对少年期和青年早期的儿女所起的影响特别巨大。我竭力使我的每一个处于少年期和青年早期的学生为母亲的幸福和欢乐而贡献出巨大的精神力量。

小丹卡与母亲的关系有点儿异常。他的母亲在远处的田间宿营地干了 3 天的活之后回到了家里，小丹卡听到了这个消息竟无动于衷，他的这种冷漠态度使我感到不安。而这位母亲也不善于在儿子的心灵中唤起激动、不安和关切的感情。他们家里的感情关系（这一点使我感到特别不安）非常粗俗。怎样才能使他们的感情关系变得高尚而丰富呢？怎样才能使这个男孩不至于成长为一个冷酷无情的人，怎样使他长大以后具有一个小伙子爱慕姑娘的感情呢？于是我就进行了长期的、耐心细致的工作。这项工作可以说是非常细致地去触动母亲和儿子的心灵。终于出现了这样的情况：儿子用自己的精神力量使母亲感到快慰。夏天，他在集体农庄劳动，我向他建议说："用你第一次的劳动所得给母亲买一份礼物。"小伙子高高兴兴地买了一条丝头巾送给了母亲。几个星期之后，他母亲的生日到了。我又对他说："你不但要在母亲生日那天送给她礼物，还要代她工作——让她休息几天，你到畜牧场去代替她劳动。"善良是一种伟大的力量，它会在人们的心中激发起纯洁而高尚的感情。丹卡与母亲的关系中的那种曾经使我感到不安的冷漠态度，通过互相体贴而逐渐变成一种温柔的感情。

年复一年的学校工作使我确信，在复杂的少年期要使儿子在自己的母亲身上发现和体验到爱、人的自尊感、正直和对邪恶的毫不妥协的精神，这具有很大的作用。

只有在童年期和少年期就具有高度的人道主义精神——学会做一个忠诚于父母的儿子或女儿，这样的人才能成为一个真正的公民，成为为崇高的理想而奋斗的坚强战士。忠诚并不是俯首帖耳，而是在家庭里建立起高尚的相互关系，为母亲和父亲带来欢乐。

贞节，这是建立纯洁而高尚的爱情的道德前提。有人认为（这也反映在教育工作的实践中），只要把男孩子和女孩子在性成熟期所发生的一切变化向他们解释清楚，就会平安无事，一切顺利了。于是他们就反复地作解释，组织辩论，在青年的报刊上登载14～15岁小姑娘的公开信《怎样才能找到生活中的男伴侣？》,《我向一个男青年表白了爱情——这样做对吗？》。在共青团（14岁就能参加共青团），甚至在少先队的会议上人们常常用谈论一般工作的口吻来谈论爱情和友谊，就像在谈论收集废钢铁一样。这一切使少年之间的精神心理关系和道德审美关系变得粗俗了，使纯洁和崇高的感情庸俗化，在年轻的心灵中撒下了冷漠的种子。性教育中的这类缺点和错误不仅使人们关系中涉及这方面的问题显得庸俗，而且还会在人们心灵中留下粗俗的痕迹、气恼和伤痛。

小伙子和姑娘之间、男人和女人之间相互关系中的高尚情操就像是一棵树，要使它枝叶茂盛，就要通过人的尊严，正直，尊重别人也尊重自己，对丑恶的、使人丧失自尊的现象毫不妥协这些很深的根系来吸收营养而保持它的秀色。教育的技巧还表现在，务必使学生在漫长的成长道路上（从儿童跨进校门的第一天起到他开始考虑独立生活）感到人的尊严从未受到过侮辱，务必使确立个人荣誉感和自尊心的努力成为促使品德更臻完美的最重要的因素。如果一个少年在这条生活道路上遇到冷酷无情、蛮不讲理、肆意凌辱的情况，那也是危险的，因为这些都会使年轻的心灵变得粗暴，会摧残他心中的自尊心和荣誉感，会使人变得冷酷和残忍。

　　粗暴会唤起人们内心深处的低级本能。我们在分析导致个别少年违反我们社会的道德准则，有时甚至导致他们道德堕落的原因时，我们发现：人们在童年期、少年期和青年早期的情感方面和美感方面的活动往往过于贫乏。如果高尚的精神冲动不与坚忍不拔的努力相结合，如果不提倡人们去为他人做好事，为别人创造幸福，不号召人们与邪恶、与伤害人的尊严的现象作斗争，就会出现缺乏情感教养的情况。少年期和青年早期最可怕的敌人之一是情感和美感生活的庸俗不堪，是内心精神世界的表现贫乏。我一直很注意让我的学生能从各个方面去感受各种高尚感情的多方面的表现，比如为别人的善良、幸福和欢乐而表示出同情和怜悯，或者是忧虑和不安，对怀疑的谴责。我一直担心的是：我的学生接触别人的时候，是否能**察觉到**某人现在心神不宁，某人的内心深处非常痛苦？少年是否善于从人们的眼睛中看出痛苦和绝望来？我认为，情感素养的这些基本要求同时也是品德高尚的起码标准。没有高尚的品德，就不可能有人们之间真正兄弟般的团结，也不可能对邪恶势不两立，不可能有友谊、幸福和对崇高理想的忠诚。

　　为了使男孩和女孩了解基本的情感素养，我让他们认识很多人。我们在田间、牧场与许多人接触。我教男孩和女孩仔细听长者说话，从长者的眼睛中看出思想和感情；我教孩子们对一切使人们激动、忧虑、不安的现象都表示关切。孩子们为认识人们的心灵作出了努力，从而使他们的感情变得高尚了，这给我带来了很大的快慰。少年们的心越能体会人们内心的痛苦、悲哀和沉重的心情，他们的心灵就变得越细腻、越敏感、越高尚。有一次，我向六年级的男学生和女学生讲述了一位母亲所遭受的极大痛苦，不久前她年幼的儿子因耍弄从地下挖出来的子弹而变成了残废。我们和炸瞎了眼睛的男孩会了面，这使少年们大为激动。几天以后的一个晚上，浅色头发梳辫子的小姑娘柳达来找我。她眼泪汪汪地说："母亲今天心情很悲伤，一整天都坐在桌子旁边，低着头，捧着脸。我叫她，问她：'妈妈，你怎么了？'可她一声不吭，就像没听见。您帮帮忙吧，给我出个主意，我该怎么办。"

　　至于我如何帮助柳达和她的母亲的情况，有很多东西可以讲，可我们现在讨论的是培养每个学生的同情心和高尚的情感素养问题。为了使我们培养的人的生活变得丰满充实，无疑需要同情心和高尚的情感素养。此外，情感素养，形象地说，好比是调正了弦的小提琴。而只有调正了弦的小提琴才可能演奏。只有当一个人懂得基本的情感素养，才能对他进行教育。没有情感素养，根本谈不上形成和确立高度的公民感情，谈不上培养信念以及生活和劳动中的审美观。

　　在提高教育者和集体之间、教育者和每个学生个人之间的道德情感关系的素养方面，现代人的精神世界要求大大改进教育过程。教育者的使命是发展和完善童年期和少年期的学生那种极为精细的精神机构、心脏机构和神经机构，个人与人的世界之间的关系是通过这些机构才建立起来的。这些机构在童年期和少年期是非常敏感的，必须很好保护，不能让它们变得粗鲁、简单，不能导致道德情感空虚。

我认为，影响少年心灵最细腻的方法是**语言**与**美**。有一段时间曾经批评学校的教育"染上"说空话的毛病。这个批评（它的余音至今还在耳边萦绕）是一种误会。用语言进行教育——是现代苏维埃学校致命的薄弱环节。有些学校没有用语言来进行正确而有效的教育，从而就出现了许多重大的弊病。我认为，用语言进行教育这个课题，是需要从理论上和实践上首先加以研究的最重要、最迫切的课题之一。不掌握语言教育的高度素养，就无法培养人们具有细腻的内心世界和确立高尚的道德情感关系。多年的经验证明，教师的话会在幼儿、少年和男女青年身上激发起**人的感情**，这就是说，他们会深深地感受到身边的人都有自己的欢乐和悲伤，有自己的志趣和需求。

如果你对人没有眷恋之情、不赞赏人的美、勇敢和英雄主义精神，你就不可能激发起并经常不断地培养**人的感情**。我的学生在童年期听了关于人的品德优美的故事，他们为人们所表现的伟大卓越和英雄主义精神，为他们对共产主义理想的忠诚而深深地感到自豪。我写了一部中篇小说，它是以克拉符吉娅·伊里尼契娜·阿勃拉莫娃的英勇事迹为蓝本的。阿勃拉莫娃在反法西斯斗争中表现得十分勇敢，她落到了盖世太保的魔掌中，她和两个女儿一起被杀害了。她高傲地回答敌人："我决不苟且偷生，决不当叛徒！"她吻了一下孩子们，和她们一起走向刑场。在这个英勇牺牲的事例中充分揭示了这样的意义——人是最可宝贵的，祖国的美好和伟大是通过英雄的生和死来衡量的。

经验使我得出一个结论，为了培养高尚的情感素养，为了确立人的感情，必须创作出用鲜明的形象来揭示富于同情心和亲切热情这一思想的文艺作品。我写了一本小说选《对人的思考》。这是一些很短的小说和童话，它们会促使儿童对人进行思考，对人的痛苦和不幸表示同情。下面就是其中的两篇。

为什么爷爷和奶奶掉眼泪？

桌上放着一只小小的收音机。爸爸和妈妈坐在桌子旁边。爷爷和奶奶坐在隔壁房间的沙发上。小阿连卡在地上玩长毛绒做的小熊，并且看着爸爸、妈妈、爷爷和奶奶怎样听音乐。

这个乐曲异常优美：阿连卡仿佛觉得一朵朵硕大无比的奇异的玫瑰花低垂在敞开的窗口上，一只蜜蜂在花上飞舞，天际阳光灿烂，远处的草原隐约可见。

阿连卡发现，爸爸和妈妈的眼睛里迸射出柔情的目光。爸爸用手抚摸了一下妈妈的手指，妈妈的脸上顿时露出了幸福的微笑。

但是，为什么爷爷和奶奶却这样悲伤？为什么他们掉眼泪了？难道他们由于玫瑰花、蜜蜂和太阳而哭泣吗？

难道我们的奶奶是个孩子吗？

6岁的卡秋莎有两个奶奶——卡捷琳娜奶奶和玛林娜奶奶。但实际上她只有一个奶奶——卡捷琳娜。而玛林娜是卡捷琳娜奶奶的母亲，即外曾祖母。她们都已经年纪大了，都很善良，因此对于卡秋莎来说她们俩人都是奶奶。

卡捷琳娜奶奶在春天生病了。她病了很久，后来就去世了。

卡秋莎哭着跟在奶奶的灵柩后面走着。她去给奶奶送葬。走在卡秋莎旁边的是玛林娜奶奶。玛林娜奶奶在哭泣，她一边哭一边诉说：

"我的孩子，究竟要把你抬到哪儿去啊？我该盼着你从哪儿回来，从哪儿看到我的金头发的孩子？"

卡秋莎问妈妈：

"妈妈，难道我们的卡捷琳娜奶奶是个孩子吗？"

"孩子，小女儿，孩子……每个人到死都是个孩子。"

在卡秋莎悲伤的眼睛里露出了不解的神情。

　　"文学是思维的艺术"，Л.列昂诺夫①这样写道。为了培养起高尚的感情，必须创作出能激发儿童把人看做是世界上最宝贵的东西的文艺作品。

　　如果没有同情心和共同的感受，没有体验别人心灵中最细致的活动的能力，就不可能激发起人的感情。我写了一篇小说，取材于艰苦的1941年发生在伏尔加河畔的事件：母亲带了两个幼小的女儿——一个1岁半，一个3岁——向后方疏散，她把两个女儿放在火车站的候车室里，自己则出去盛水。那时候敌机来空袭，母亲被打死了，两个孩子成了孤儿。她们躺在长凳上，用悲伤的眼光仔细端详着每一个走进大厅的妇女，问道："我们的妈妈在哪儿？"

　　语言也正是一种微妙、细腻的工具，用这个工具可以培养孩子们从人们的眼睛里看出各种最细腻的感情：痛苦、不安、委屈、失望、悲伤、绝望、孤独。在小说中我用了整整一页来描写这两个成了孤儿的小女孩的眼睛。我高兴地看到，孩子们读了这篇小说后，开始仔细观察他们周围的人们的眼睛了。

　　这样做并不是为了培养悲悲戚戚的多愁善感，不是的。没有宽阔而丰富的感情，就不能成为一个合格的人。学校里最重要的教育任务之一是培养学生作好精神准备，为共产党的事业进行意识形态领域的斗争。在这个斗争中最重要的是

――――――――――

　　① 列昂诺夫在全苏青年作家第三次会议（1956年）的发言中说："要知道文学就是思维；因此，作家就是思想，而思想是从心灵理智和公民的良心产生的，这是对自己祖国的巨大的爱，这是一种希望，不是希望取得一些什么，而只希望有所贡献……"（《文学和时间》政论文选辑）。——作者

阶级兄弟的感情，与自己的同志和战友在斗争中思想上团结一致的感情。同志的友谊和兄弟般的团结——这是共产主义道德的神圣准则，我们要在青少年的心中确立这些准则并不是为了某种抽象的东西，而是为了使人与人在任何时候都能互相帮助。这里说的帮助，也不是指帮助某一个抽象的人，而是帮助自己的同胞。

十分需要引导少年们去体验微妙的人与人之间的相互关系。我设法使每一个少年都亲自遇到一个要求帮助、需要同情的人。任何集体性的措施都不能代替人的心灵中这种纯粹个人的活动。我终于使每一个少年不仅遇到一个需要帮助的人，而且使每个少年都来分担别人的痛苦，帮助别人解脱不幸，而且（这一点可特别重要）使他做了这些事却认为不需要把这告诉同志们。我看到，这种行动使少年们行为高尚起来。费佳和帕维尔从 90 岁的集体农庄庄员马特维爷爷那儿回来时眼睛里总是显露出高尚的神情。马特维爷爷孑然一身，家里的人都死了，孤独成了他最大的痛苦。费佳和帕维尔经常带着书和杂志到马特维爷爷那儿去，向他讲述许多有关科技成就方面很有趣的情况。很难用言语来表达这两个少年给老人带来的欢乐。而对这两个少年自己来说，这是真正的道德教育和情感教育。他们从内心深处理解我们生活中的伟大真理：在我们中间不能有，也不应该有**孤独的**人。当费佳和帕维尔得知马特维爷爷孑然一身，在孤独地度着晚年时，他们非常不安。我还记得那个夜晚，我们谈论人生的目的、意义和价值，几乎一直谈到黎明。对我来说，最大的幸福是感觉到在这些时间里我一直在培养我的学生具有最细腻的感情。

除了**语言**之外，另一种影响少年心灵的微妙而又细腻的手段是美。理解和感受**美**，为掌握和创造出美的东西而感到欢乐，用马克思的话来说，这是使人在他所创造的世界中直观自身⁴。在少年时代，人们仔细地观察自己，感到自己正在形成积极、活跃的个性，并且把自己与自己的父母作比较，与教育者作比较，——在这个时期极为重要的是要使少年发现、感觉到并理解自身的美，体验到赞赏自身美的良好感情。但是，如果不掌握人类所创造的美的珍品，没有建立起**人对大自然的感情**，集体中的全部生活没有形成和谐的体系，那就不可能在自己身上形成美。学校的任务就是要使人们在少年期就**生活在美的世界之中**。这是进行自我教育和自我完善的一个决定性的前提，也是用理智、智慧和高尚的道德来支配本能的一个决定性的前提，本能是指人类种族延续的本能，它是要经过长期努力才能够变得高尚的。

务必使人们在一些人为另一些人所创造的东西和珍品中看到和感觉到人的美、人的劳动和人的尊严，这是十分细致和意义重大的一个教育课题。为此就必须赞赏多种多样而又包括各个方面的劳动的美，要深刻地体验这种感情。人们尊重自己和尊重劳动的感情是同时形成和确立起来的。如果你体会不到你正在从事的事业的美（要达到目的的美和劳动过程中所表现的美），就不可能也不能设想你会尊重你自己。我深信，这些感情和能力合在一起就形成了**创造力**，也就是对劳动的创造性态度。

哲学家、教育家、心理学家现在正在思考社会的共产主义改造中最复杂的问题之一：劳动将怎样成为人的天然需要？只有当每个人都在人们所创造的世界里看到和感觉到自身美的时候，我们的社会才会上升到共产主义的道德发展阶段。

美作为道德教育、情感教育和美学教育的一种方法，要使学生在认识美的珍品的时候，为人作为一个创造者的智慧和才华而骄傲。对美的美感享受使人了解到人类所创造的一切珍贵和美好的成就。

教育的技巧和艺术就在于，要使美的珍品在童年期就成为受教育者生活中个人所具有的美。

必须培养现代人以智力上细致、同情和敏感的态度去对待人类的智慧。仅仅靠上课、掌握必要的知识、完成家庭作业、回答教师的问题等方式，是不可能培养出这些品质的。求知欲、认识事物的热情——是人类自古以来根深蒂固的需要，这是人类通过几千年社会劳动和认识世界的实践所形成的需要。但是，如果把满足这些需要变成**仅仅**是尽到责任和义务，那么求知的热情就会熄灭而代之以冷漠的态度来对待知识。智力上的冷漠态度、缺乏热情和精神贫乏——这一切都会使人们对智慧、新事物、知识财富和知识美的反应迟钝。这对于少年的脑力活动是十分有害的。如果教师讲解之后学生提不出任何问题，一切都懂，那就不好了。这是第一个征兆，说明满足智力需要已成为使人讨厌的苦差。

作为教育者的教师（每个教师首先应该是一个教育者），他的任务就在于使每个学生的意识中渴望获得知识的星火永不熄灭。这些星火照亮了人们，帮助人们理解和认识自己，使人们互相关心。这是人们相互进行精神上的交往和交流精神成就这一复杂过程的起点。我努力使学生们在童年期，特别是在少年期就能相互交流自己的思想：他们在思考的时候由于什么而激动，有哪些感受，在感受的时候他们又在思考些什么，而最主要的是他们在争论些什么。思想不见面，就不可能有什么相互间的精神交往，也就不可能树立起需要别人这一思想。我努力使每一个少年都能找到一本使他开窍的书，使他经常不断地去寻求这样的书，以解开使他激动的各种各样的秘密。在少年的生活中，书是教育的一个重要方面，可惜这个领域还很少被人们研究。

多方面广泛的美的要求、美的兴趣和美的需要同样也能促使人与人之间相互接近。个人的美感生活贫乏，就像一堵石头砌的墙，它使人们互相分离；这是成年人之间精神交往的基础不深厚的根本原因之一，这也是人们相互之间的严格要求受到限制的原因，特别是在一个人建立了家庭之后尤其如此。要关心个人，使之有丰富的美感，形象地说，也就是创造一个能使人与人相互接近的磁场。

特别重要的是使男孩子和女孩子之间、男女青年之间的关系中具有丰富的美感。一个男青年在受本能的支配把一个姑娘作为异性来相爱之前，在把这个姑娘作为女人来追求之前，他应该首先把她作为人来爱她。丈夫和妻子之间相互关系的高尚、纯洁和细腻，取决于我们的受教育者对这个巨大的创造——把一个女人首先作为人来爱她——所作的精神准备如何。总的说来，这就是道德素养、情感素养和美学素养的根源，也是向人的世界这棵大树提供一辈子营养的根源。如果说在少年之间交流精神财富对树立高尚的情操、培养个人的精神世界的素养方面起着巨大作用的话，那么在男孩子和女孩子之间、青年男女之间、成年男女之间交流精神财富就起着特别重大的作用。要使男孩子与女孩子之间的关系在少年时代就建立在共同的精神爱好和需求的基础上，这是十分重要的。个人的道德面貌、智力表现、情感和美感生活的丰富，精神财富的交流——这是人与人之间相互认识的基础。我们的道德理想要求我们在学校里就从这种**相互认识**、相互深入了解别人的精神财富开始，来培养成年男女之间相互关系中的纯洁与美。我一直认为一个很重要的教育任务是：要使男孩子在童年期和少年期就能赞赏女孩子的智慧美、精神美、意志美和性格美，而这样的赞赏使男孩子本人的感情变得细腻起来，希望自己变得更好这一愿望激励年轻人去好好劳动并促使他去努力加强自我道德教育。

这里可以回顾一下席勒的一个卓越的思想，他认为，有一些精神力量的紧张能创造**非凡的人**，但仅仅在它们是均匀地配合时才能创造**幸福**完美的人 ①。关心道德、智慧、感情的和谐发展，注意培养高尚的心灵，使一切精神冲动和意向保持纯洁，这是培养新人最根本的要求。

---

① 席勒：《关于人的美育的书札》"……有一些精神力量的紧张能创造非凡的人，但仅仅在它们是均匀地配合时才能创造幸福完美的人。"（见《世界美学思想文献》第3卷《西欧和北美的美学》）——作者

3.

少年期的矛盾

少年会像有了一个新的发现那样，产生一种想法："我是一个像我父亲、母亲、教师以及任何一个成年人一样的人。"这种想法往往会在少年的头脑中产生大量激烈的矛盾。少年把周围的一切事物以及所有他们在生活中所遇到的人明显地划分为善的与恶的。少年还不善于深入思考一些事实和现象的本质。他对善恶的评价是直率的，首先是充满激情的——强烈、公开和生硬的。他往往会仓促地作出结论。

我在自己笔记的开头部分讲到有个少年，在教师指责他不尊重人的劳动之后，突然发起火来。为什么他竟会对教师出言不逊？（如果可以把那些语气生硬，然而从少年的观点来看是正确的一些俏皮话看做是粗暴无礼的话）他已进入到那样一种精神发展时期：对周围所发生的一切都会感到激动不安并且兴致勃勃。他似乎觉得，他所听到的和在生活中所见到的事物之间有一种相互抵触的东西，这使他感到惊讶。少年的突然发火正显示出少年期精神发展的一种矛盾，即是**一方面对邪恶和说假话毫不妥协并准备与那种稍微偏离真理的现象作斗争，而另一方面却又不善于理解生活中的一些复**

杂现象。

　　对少年精神发展的这一矛盾必须注意。在少年期的这一矛盾中有好的一面，也有坏的一面。好的一面是对邪恶的不妥协。这是对邪恶的一种非常强烈的情绪——对一切贬低少年关于真善美概念的一切现象表示仇视与厌恶。要像珍惜无价之宝那样珍惜少年心中这种对邪恶不妥协的火花。不要去扑灭少年不妥协的冲动，也不要要求少年做到在生活的一切场合，凡事都要首先进行周密思考与权衡，然后再决定他自己应该做什么？爱或恨、喜或怒，进行干预或袖手旁观。记得康·乌申斯基说过这样一句话：一个人的性格是在青春烈火之中铸成的[5]。千万不要去压制少年对他见到和知道的丑恶现象的那种急躁的和充满强烈感情的反应。当您看见少年冲动的时候，当少年对我们生活中的不良现象说出自己看法的时候（当然，在他的话里也会有错误），不应当忘记，我们遇到的正是人的性格的形成过程。心灵之火，假如不去刺伤它的话，是不会熄灭的。只要心灵之火在燃烧，就是莫大的幸运。请支持少年，帮助他理解他自己的各种想法和疑难问题，这是最重要的。如果真理是在少年一边，教育者自己也会充满一种崇高的激情。他就会成为少年的同伴、朋友和同志；而这在教育工作中是一种多么巨大的力量啊！当然，事先规定的感情是没有的，教育者不可能预见到自己内心的冲动，然而他的感受应该是他真正的精神世界的反映。

　　如果教师力图扑灭那种希望战胜邪恶而点燃的情感的火花，就会使少年养成冷漠和伪善的性格。一个孩子或一个少年，当他看到邪恶与欺诈行为后，无动于衷地瞧上一眼，然后走来向您请教，他该做什么？如果这样的话，那么，但愿您不要以为，您在教育的田地里培育出了好庄稼。这可不是小麦，而是飞廉。冷静地审视和预见只能培养出胆小鬼和对周围所发生的一切漠不关心的庸人。

只有当狂热的激情使少年人的心灵激动不安的时候，教育才能成为一种塑造人的工作。虽然少年们还缺乏经验，他们难以找到一种抒发自己心灵之火的途径，应该使少年在接受周围一切事物时，在他们的心田不留下一个平静的角落。少年教育工作中的最大危险是感情上的沉睡状态。如果一个少年的心处于沉睡状态，任何崇高美丽的话语对他来说只是一种空话。而如果一个人的心处于睡眠状态，则真理可以为其理解，然而却不能成为他的信念。在认识事物的过程中，如果没有情感的参与，少年是不会把教育者对他所揭示的真理运用于自身的；这样，教育就不能成为一种自我教育，因而也就不能算是真正的教育。

如果您想要使自己的话始终为少年所理解的话，那么请您点燃对周围世界进行情感评价的火花。请仔细倾听那些使少年感到激动和不安的东西。不偏不倚是个无能的教育者。但愿偏袒会使教师所说的话充满生气和有血有肉的思想性。

当一种思想在心底里确立的时候，它就会成为一种十分可贵的、神圣的准则。所以应该使少年的心灵充满丰富的思想。表明一种思想不可能不带感情。我们心爱的共产主义思想就是为全世界劳动者造福的一种最崇高的关切和对共产主义、民主、和平以及正义的敌人的仇视。教育的艺术在于要使每个人的心坎里都有一个小型的斗争领域，也就是惟一真正的善——共产主义与最可怕的恶——仇视人类的世界观和人压迫人的资产阶级思想的斗争领域。当善意味着只是斗争、只是勇敢、只是工作和只是鼓足干劲的情况下，少年教育的艺术就在于使每一个开始踏上社会的人能正确地确立自己的立场。一个真正的教育者不仅要有一颗燃烧着高尚火焰的火热的心，而且还要有智慧与能力。要指导青年生活，这就是说，首先要教育他们永远不要做一个"心安理得"的人。这就是要教导他们在地球上，在自己的周围发现这样一块土地。年轻人在开垦与耕耘这块土地的同时，树立起一种真正的善，即共产主义思想。您要为少年的心灵之火未能迸发而感到不安。只有当受教育者在您的帮助下，找到了一条确认自己是个公民的正确的斗争道路时，他才会倾听您的有益的劝告。

少年期的第二种矛盾：**少年想要成为一个好人，追求理想，而同时他却不喜欢别人对他进行教育，不能容忍赤裸裸的思想和倾向。这种赤裸裸的思想和倾向有时会成为学校教育的真正灾难。**弗·恩格斯说过：倾向应当从场面和情节中自然而然地流露出来[6]。这种思想对教育工作来说是十分重要的。假如一个人像发现真理那样为认识真理而竭尽自己的努力，那么这个真理对他来说就会是十分珍贵和亲切的，尤其是在少年时代。您应该找到一条通向少年心灵的途径，使少年的心对真正的道德美的榜样倾羡不已，并产生一种惊叹和景仰的感情。如果少年有了这种感情，那么概括道德原则的思想就会成为一种个人思想上的收获与个人所获得的精神力量。

在谈到我们心中最珍贵的东西——对祖国的爱和准备为祖国的荣誉、光荣与强大而献身时，教育中那种赤裸裸的偏见尤其不能容忍。崇高的言词只有当它们埋藏在心灵深处不受侵犯的时候，只有当个人的思想渗透到自己最珍惜的领域中去进行自我反省并提出问题："我为什么活在世上？我应该为祖国做些什么？"的时候才会激动人心。

我对少年们讲述有关谢尔盖·拉佐的故事，我的主要目的是要使我的学生，人人都能作自我反省，把自己的力量，自己的命运和自己想做好事与建立功勋的意愿看做是祖国的一个小小的组成部分。我坚信，集体的教育作用是以自我反省和自己想对祖国的宏大事业有所贡献的想法作为起点的，更确切地说，一个少年在对自己的生活目的问题作了考虑之后，就会产生另外一种想法："人们对自己是怎么想的，是怎么看的？"只有当刚刚被您引上艰难的生活道路的那个人把他自己与他所向往的和受到鼓舞的道德理想进行比较的时候，教育才会产生预期的结果。

当一个集体里的成员都能进行这种内心比较时，这个集体就能成为一种强大的教育力量，因为集体的每个成员都向自己本身提出较高的要求，因而对同志们也提出同样高的要求。教育者仅仅在我们社会的基层组织中把一个集体划分为"纯的"与"不纯的"两类人，把好学生与坏学生加以比较，这样的教育是极为简单和软弱无力的。集体对个人施加影响是一种非常细致的教育方法。可以毫不夸大地说，这是一种存在于人们相互精神关系中的最为娇嫩与脆弱的东西。只有当一个精神最脆弱的人从自己绝大多数同伴的眼神里看到了一种对道德理想的向往，看到了他们一定要攀登道德美的顶峰的强烈愿望时，集体才能成为一种真正使人上进的力量。要建立一个作为教育力量的集体，就必须从形成思想观点与思想信念着手做起。

在许多学校的集体中，我们常常会看到一种不能不令人感到担忧的现象：一个被叫来参加整个集体"讨论"的学生往往会感到，别人对自己施加影响的目的与其说是为了他好，倒不如说是为了教育别人。对精神生活的各种复杂现象在那样一些场合进行集体讨论不可能是富有同情心的和诚恳的；少年往往要经受一种"掏心"的痛苦，而他之所以变得"桀骜不驯"，拒不回答或者对那些"忏悔"和"保证"之类千篇一律公式化的东西嗤之以鼻，这一切并不能说明他道德败坏，恰恰相反，而是证明他的精神冲动是纯洁而高尚的，他对虚伪是毫不妥协的。

对少年和孩子的教育，像对成年人的教育一样，只有在自我教育的基础上才能进行。而自我教育是人的尊严的具体体现，是推动人类尊严的车轮前进的强大潮流。教育少年的真正艺术就在于给少年提供一种机会，让他自己去思考，如何教育自己，如何变好，如何在克服困难和感受胜利喜悦的过程中进行自我奋斗。如果想"迫使"他作出改正错误的许诺，强迫他说出"坚决改正"的话，那么他至多不过感到，这是一种骗人行为，因为他并没有想过，应如何改正错误以及在这件事情上对他有些什么要求？如果谁也不想去深入了解一下产生不道德行为的那些个人的原因，小孩子往往会感到自己只不过是一个无话可说的教育对象而已，而当着整个集体的面是很难让他说出自己心里话的。在学校工作 30 年中，我得以分析 **100 例**几乎完全相同的过错：青年对家长隐瞒了教师打的不及格分数。然而每次都有着不同的原因，不同的道德和感情动机，而主要的是：假如教师不是在学校一家庭联系册上打上不及格分数（这是专门给家长看的），而是和这个少年谈一谈，给他布置个别作业，约定好个别谈话的时间（当然，不是考试，而是谈话），这个少年就会有较多的自信心和自尊感，而这对教育工作来说就算是取得了一半的成绩。

令人十分痛心的是我们看到的不是一种对人的精神世界深入的研究与探索，而是一种刻板的、公式化的决定：有过错或没有过错。可是在生活中往往会有成千上万各种各样迥然不同的情况，在这种时候是根本不能从这样一种角度来作出判断的。应该从发展的观点来看少年的思想成长，最主要的是应该看到，少年在确立公民的尊严感与自尊心。

如果缺乏科学远见，如果不善于今天就在少年的心中撒下数十年后会发芽成长的种子，教育就变成一种最原始的照料，教育者也就成为没有文化的保姆，而教育学就会成为一种巫医术。必须有科学的预见，教育过程的技能主要实质就在于此。细致的，深思熟虑的预见愈多，则意想不到的不幸就会愈少。在作为意图基础的思想与使这个思想变为现实的具体的人与人的关系之间有一个活生生的人，有他的思想，感情，感受和意愿。我从不召集家长来讨论某个学生内心世界的一些细微末节。我曾对少年们说过这样的话："我们将花一年的时间准备家长座谈会。谁愿意，就让谁朗读自己的作品。让家长们听一听。"少年们被创作竞赛的气氛给吸引住了。人人都想**露一手**；连一点儿奖励好的和批评坏的痕迹都没有。而集体教育力量恰恰就在于使每一个人都想要别人对自己有好的看法和好的评价。要努力做到，使您的每个学生在少年时代渴望在集体面前显示自己的长处，并努力做到让那些激励的感觉因为人们对自己有好的看法而长久地保留在少年的心中。

现在我们来看少年时期的第三个矛盾：**希望自我肯定但没有能力做到这一点**。少年有个重要的发现：一个人的道德尊严，他在社会中的地位及其在工作中的成就表现在社会的好评上。

大家以尊敬的态度谈论某一个人，以鄙视的态度谈论另一个人，而对第三个人却什么也谈不出，就像世界上没有这个人似的。少年想要成为一个真正的人。在少年期的这几年中，他们的心对一切英雄主义、浪漫主义以及不寻常的事物表现出如此强烈的关切，这并不是偶然的。

对自我肯定的渴望，想要成为一个真正的人并获得社会好评的愿望激发了少年内心的精神力量。他感到必须有所行动。但是，要行动就必须有目标。共产主义式的自我肯定乃是教育的理想境界。一个人，我们引导他走上生活的道路并为他准备了走上工作及为祖国服务的漫长道路所需要的一切，他就应当像一个为全国人民的利益而去创造物质与精神财富的人那样，像人民的忠实儿子那样，像反对我们的思想敌人的坚强战士那样来表现自己。人们只有在少年时代经常去克服困难与障碍，才能形成这些品质。只有那些来之不易的东西才能成为一个人的珍贵心爱之物。

真正的自我肯定只能在**精神斗争**中产生，也就是当一个人在集中意志力并将次要的行为动机服从于主要的，起主导作用的行为动机，同时感受到战胜困难的喜悦和激动人心的自尊感并亲眼看到自己成长的时候产生。

应该把少年的精力引向何方？应该用什么来考验他们

克服困难的志向呢？这是少年时代教育实践中最主要的问题之一。斗争应该表现在哪里？少年应该反对什么？不能片面地来对待这个重要问题。就是说，在我们的社会里，如果一个人的信念没有经受过考验，没有在克服困难与障碍的过程中得到磨炼的话，那他就不能成为一个真正的人———一个公民、劳动者、继承人类创造的精神财富的全面发展的人和自己孩子的教育者。这种信念的考验，就像我多年经验证明的那样，乃是少年时代和青年早期的人的自我肯定的实质。

应该把精神斗争理解为就是一种世界观的斗争，一种为自己的信念而进行的斗争。为共产主义理想而斗争的杰出战士谢尔盖·拉佐在自己的日记中这样写道："信念应当通过饱经忧患痛苦的途径获得，应当检验其生命力。一个人与其放弃自己的信念，那么他还不如早点死去的好。"7 人类在不断完善人的精神面貌的漫长而又艰难的道路上迈出了第一步。世界上还存在着一种最大的恶，即资本主义和人压迫人。

世界各国都在为争取人们的心灵、信念、人生观以及各种情感而进行着斗争。资产阶级的思想家们竭力在苏联青年中散播冷漠与不问政治并煽起不信仰共产主义理想的情绪。我们社会里的每一个男女青年都投入了反对这种精神邪恶传播者的斗争，投入了为争取共产主义的信仰，为对世界上惟一的真理———共产主义思想的真理坚定不移的信心而斗争的行列。当前，教育青少年的艺术就在于用浪漫主义的斗争精神来吸引他们，使每一个人都希望成为一个对敌人进行不屈不挠与毫不妥协的斗争的真正的战士。

今天，在走向生活的一代代人的面前还存在着很多恶习：懒惰、无知、感情粗野与浅薄、缺乏美感、迷信、自私以及把本能的冲动凌驾于崇高的责任感之上——很遗憾，所有这一切在我们周围还比比皆是。现在，在人类面前，在研究和利用自然力量以及智力向自然界奥秘渗透的范围内，正展现出一个高尚的，波澜壮阔的精神斗争的场面。

教育者的任务就是要教会青少年肯定自己。我们的职责，形象地说，就是要把少年引导到使他能够看到敌人的环境里，使他产生要与敌人进行决斗的强烈愿望，使他能够认识自己，就像谢尔盖·拉佐说过的那样，通过饱经忧患与痛苦的途径去获得自己的信念和坚定的信心。真正的教育大师只会为走向战斗的学生祝福，而不会害怕他的学生会干出什么不体面的勾当和越轨的行为。不道德的和卑鄙的东西是永远无法进入一颗受到高尚激情鼓舞的年轻人的心中去的。应该在年轻人的心中激发起为别人做好事的愿望，以此来防止邪恶的侵袭。一个人只有在与邪恶进行斗争时，才能成为一个善良的人。

在我们这个时代，善的标志不只是要为自己亲近的人创造幸福与欢乐，而且还要对邪恶毫不妥协以及与思想上的敌人进行无情的斗争。

为了教会少年肯定自己，不应当寄希望于找到一种万能的方法。自我肯定过程对少年来说应成为他生活的真谛。在学校里学习的少年的生活首先是一种智力生活。我们应力求使学生的丰富多彩、内容充实的智力生活成为一种思想领域的生活，力求在我们学生的年轻的心灵中锤炼出锋芒指向资本主义意识形态与道德的武器。对少年的精神生活及其内心的精神斗争进行指导，这就是锤炼思想武器。我是这样想的。当青少年在自己的观点与他人的观点发生冲突时，照谢尔盖·拉佐的说法，往往会用自己的见解去与敌对思想进行单独的决斗，在年轻的心灵里燃烧着对敌对思想势不两立的熊熊烈火。那些被资产阶级宣传家们所撒播到我们土地上来的思想上的飞廉种子会被年轻的心灵之火烧为灰烬。少年只有处于一种进行思想教育最必须的环境中，即在少年的见解并不是背诵真理的产物，而是思想冲突和意识形态斗争的结果的环境中，他才会作出结论："我是对的，而我的敌人是错的。"

要使每一堂学习社会问题的课都成为青少年进行精神斗争和自我肯定的场所，这大概是表现教育技能的一个最复杂的方面。帮助学生作出自我肯定正是在智力生活领域中开始的。少年想"表现自己"的最初萌芽就是在这儿破土而出的。人们的思想和精神生活是构成他们的品行与活动的内核。对少年缺乏思想性与不问政治的倾向应当十分警惕。产生不道德行为的根源就寓于这类不幸之中。少年的鲁莽、不听话、用巧妙的方法博得同学们赞赏以及忽视对他们提出的要求、义务与纪律——这一连串"反抗精神"正是一种缺乏坚实的自我肯定过程——丰富多彩的思想生活——的基础的表现。

我们的少年在成熟之前的很长一段时期中都要受到社会观念与社会意向的影响。教学过程中真正的公民教育是在少年对道德理想的追求受到某种思想的鼓舞、激励和肯定的时候开始的。人类的知识是在艰苦的、常常是在流血的斗争中获得的。知识是人类自我牺牲，建立功勋的精神美的标志。在通向幸福的顶峰——共产主义的道路上的人类斗争史上的每一页都像烧红的铁块那样热烈而激动人心。这部历史的每一行字都为少年燃起永不熄灭的激情的火焰。培养激情满怀的共产主义战士，这就意味着要使年轻的公民把自己的心与伊凡·苏萨宁、谢尔盖·拉佐、费里克斯·捷尔任斯基、亚历山大·马特洛索夫等人的剧烈跳动的心紧紧地贴在一起，使那些火热的历史篇章激发年轻人的心，鼓励他们去努力创建英雄业绩并**教导他们生活**。

一个人在少年时期比一生中任何其他时期更需要别人的帮助与建议。聪明而敏锐的教育家往往就能成为这种年龄少年的精神导师。那么为什么在实际生活中还会遇到这样一种少年期的矛盾：**一方面非常强烈地需要别人的帮助和建议，但同时又似乎不愿意向长者请教？**在这样一个初看起来令人奇怪的矛盾中隐藏着一种少年想要独立行动和表现自己的愿望。

怎样才能克服这一矛盾呢？教育者要成为真正的精神导师，一个重要的条件是教育者与被教育者思想上的一致。教育的不幸就是因为缺少这种一致性。一个少年做出了不体面的行为，教师就会严厉批评道："难道你在家里看到过这样的事吗？！"然而，不幸的是少年有时候会感到孤独，虽然他处于人群之中。处于人群之中而感到孤独，那是很危险的。因为不管是谁——教师还是家长——都不知道少年的精神寄托是什么？特别不能允许的是不了解少年有哪些精神需要，不了解脑力劳动、书籍和艺术在他的生活中占有什么样的地位。如果一个少年感兴趣的只是电影、电视、晶体管收音机和磁带录音，如果这个少年不知道，他费劲地攻读的那本书并不能激发他去对自身命运作什么思考的话，那么不管你为他操多少心，他仍然会感到孤独。

教师应当是一个能够懂得和觉察少年思想和情感脉搏的人。当然，如果教师走到少年身旁询问："喂，你在想些什么，请谈谈吧？"——这样做是会把学生给推开的。只有那种能与学生思想感情一致，共同关心社会利益并与其休戚相关、苦乐与共的人才能成为少年的导师。只有当我和学生感受同样的思想和感情的时候，当我能够把自己心灵的一部分灌注到学生心灵中去的时候，我的心和学生的心达到了彼此了解。精神上的一致就表现在从自己的学生身上看到自己，看到自己的愿望与理想。如果我能够把自己心灵中的东西倾注到学生的心灵中去，那么学生就会来向我讨教并要求帮助，就会来向我倾吐衷肠。

一方面是数不尽的期望，另一方面是实现这些期望在能力、经验与条件上的限制，这两者之间的矛盾也是少年期的一个复杂的自我肯定过程。少年时代的认识特征可以这样来确定，即他们以关切的眼光注视着人们。少年对那些建立了功勋以及在劳动、科学和艺术方面作出成就的人颇感兴趣。无论是能工巧匠的作品、无论是演员的创造性劳动，或者是运动员的成绩都能使他们感到激动。因此，少年的爱好是多方面的，其兴趣是经常在变化的。他昨天迷恋技术创造，而今天却醉心于绘画了；昨天他感兴趣的是少年自然科研组的工作，今天却是摄影，而明天他想的却只是足球了。而当长者对他们说："别贪多嚼不烂，考虑考虑学习吧，"——他就会觉得成年人的要求过于苛刻。这就是产生"违拗症"的原因之一，即总是竭力违背别人对他提出的合理的要求与劝告。

用禁止的办法是不能在少年的愿望、兴趣、志向与其力量、能力、爱好之间建立起协调一致关系的。少年有各种各样的愿望，在这些大量的愿望中他们表现出一种自己也感到莫名其妙的想试探自己的力量、条件与能力的渴望。他们的爱好经常在变化，这本身就是一种探索。应当帮助少年进行这种探索。然而应当注意，少年对别人对其活动进行过多的干预是持怀疑态度的。如果教育者不了解少年的精神世界，那么即使是善意的劝告也会被理解为禁止做这件事或者命令去做那件事。少年在感到迫切需要明智的劝告时以及在选择活动方面感到犹豫不决时，他甚至自己本人也害怕承认这一点。他害怕自己会给别人留下一种不全面的印象。他不能容忍带有倨傲语气的劝告而往往反其道而行之，以达到用故作姿态的信心来对抗对自己活动的干预以及想用坚定果敢的表现来掩饰自己的束手无策。教育者的任务是要使少年的许多爱好中有一个比较坚定的爱好并使这种爱好成为他自觉的志向。在少年时代，尤其是到年岁较大的时候，合乎规律的一般情况是他们不再沉湎于抽象的对未来的憧憬，而是有意识地估量自己的力量与能力以及考虑自己将成为怎样的人和自己能够做些什么？我们教育工作者必须保护这种爱好并使那种更加符合少年力量与天赋的活动成为他们长时期从事的活动。重要的是不要有那种将来一事无成的轻率的爱好。爱好劳动与创造——这是做人的根本。

不热爱事业，在事业中没有取得出色的成就，没有自尊感，也就失去了做人的意义。如果一个人在少年时代不能在劳动中找到自己的位置，那他长大后就可能会一事无成。教育不应该归结为只是寻求一种手段来防止懒散以及为使少年不入"坏伙"等等而随便用一些什么东西去填补他的心灵。愿望与爱好的培养是教育过程中最细致的一部分工作。在这方面只注意表面上的平安无事是十分有害的。所有少年都已有所爱好了，但愿这不会使教育者感到高枕无忧。主要的是要注意每个人爱好什么？应当看到每个少年的愿望与兴趣是在发展变化的。最后，应当把少年所必需的东西变成他的愿望。不要把一些任性的念头当做愿望。假如教育者允许少年们每天在体育室玩几小时的话，那他当然会使少年们感到满意的。К. Д. 乌申斯基写道：如果教育希望一个人获得幸福，那它就应该不是为幸福，而是为劳动而对他进行教育。幸福不可能是无忧无虑和无所用心的。

故意否定权威、向往理想的东西，但又怀疑我们日常生活中是否可能存在理想的东西，——少年时代的这种矛盾心理是以反映个性的自我肯定过程的复杂心理现象为基础的。

如果失去了对理想的道德目标，也就不可能对少年进行教育。脱离生活，脱离"恶罪的土地"是有害的，可是把对理想的热望"具体化"，其危害也不亚于前者。不能把小学生守则中的每一个细节和道德标准相提并论。一个少先队员没有带红领巾，就马上责备他："你忘了我们中队是以谁的名字命名的吗？是以一个英雄少先队员的名字命名的。他为了红领巾献出了生命，而你是在干什么呀？"一个教师发现少年顽皮淘气，立即来一段关于英雄与理想事迹的冗长的谈话："我们昨天谈过一个为抢救社会主义财产而献身的一些拖拉机手的故事，而你是在干什么呀？在课桌上乱画乱涂……难道奥列格·柯舍沃依是这样对待公共利益的吗？难道卓娅·科斯莫杰米扬斯卡娅在课桌上乱画乱涂过吗？"

教育者的任务是要牢固地树立一种对理想的纯洁而崇高的想望。不要贬低这种想望，不要使年轻人的心中对有可能接近理想这一点产生怀疑。不要把神圣的真理与神圣名字变成零星的小铜钱和浇在少年火热的心上的一瓢冷水。对理想的纯洁而崇高的热望是人的一种巨大的内在精神力量。对它应十分珍惜，十分爱护。在日常的教育工作中一般不需要讲很多关于理想的话。关于少年对理想的信仰和希望成为像理想人物一样的人的愿望，这些都要他们多思考，而少在口头上念叨。不能在孩子的淘气行为与对理想道德的要求之间画上平行线。淘气鬼也能够成为真正的英雄。理想的人就是一个具备一切他所特有的感情、意向和爱好的人。

为了认识和确立道德准则的理想而在思维与心灵的内部所进行的活动是一种初看起来不易察觉的，非常复杂的教育过程。它要求教师具备巨大的精神力量与高度的文化修养。应该教导学生，照马雅可夫斯基的说法，"照谁的榜样来生活"，但是要教得得法和关心体贴。在这种情况下，教育与自我教育往往是融合在一起的。而这种融合愈是自然紧密，就愈能通过内心和感情来影响智慧。

少年鄙视利己主义、个人主义，同时具有**敏感的自尊心**，这种少年时代的矛盾要求教师掌握严格的分寸和尊重学生的个性。对少年的教育工作应当着重于发展健康的进取心，即自重与严于律己。多情善感、禀性聪颖以及对语言与美的敏感——这是影响人的心灵的最细腻的手段。所有这一切都取决于教师如何巧妙地和恰如其分地肯定少年心灵中那种他们应当感到自豪的以及被社会看做是美德的东西。同时，十分重要的是要做到，社会对个人的优点的好评不是在奖金、奖励等等方面反映出来，也不是通过用一个人的优点与另一个人的缺点相比较的方法反映出来。因为这样的评价方法只能培养儿童的个人名利主义，而不是集体主义，这种做法的危害性在于它会使少年把精神的炸药一辈子隐藏在自己的心中：从一个小小的功利主义者成长为一个大坏蛋。

这种建立在比较基础上的美德教育，比如说教育孩子要做像瓦尼亚那样的好人，而不要做像彼契卡那样的坏蛋，这样的教育会把年岁还很小的孩子就给引入了歧途，它对少年来说是一种精神毒药。要让小孩子为自己的长处感到自豪，而且并不因为自己有这些长处而期待任何奖励、好处和奖品。我了解这样一件事：在六年级曾经有个很有数学才能的学生。每次测验总是只有他得 5 分。可是有一次测验的结果却使大家感到惊奇：得 5 分的不仅仅是那位天才的数学家，而且还有 4 个学生也得了 5 分，不及格的一个也没有，绝大多数学生得 4 分。那位天才的数学家就不高兴了，并且还大声地哭了起来……教师对此感到奇怪，他不明白究竟是怎么一回事。可是孩子们却是明白的。有个小女孩就说："他之所以哭是因为得 5 分的不只是他一个人，而且还因为不及格的一个也没有。"

这种建立在对比基础上的教育往往造成这样一个结果：教师总是把优秀生的才能与平庸的常得 3 分的学生作比较。于是这样一种思想就在少年的头脑里深深地扎下了根：我之所以是个好学生是因为有差学生。要使每个人都能有引以自豪的东西。如果一个教师不轻易责骂学生，能够经常发现学生工作中的好的方面，那么教师偶尔对学生的夸奖就会被看做是一件难能可贵的事。自尊感是一种高尚无私的感情。它表现出人们之间细致的、美的和崇高的相互关系。当一个人仿佛在镜子里在另外一个人身上看到了自己的时候，也就是当他把那种存在于他本身的善良的东西贯注到另一个人身上去并在另一个人身上体现的时候，就特别感到有一种纯洁而高尚的自豪感。我总是力求让少年把自己点点滴滴的精神财富赠送给别人，以便使友谊、同志情分和兄弟关系建立在紧密地相互交织在一起的人的精神交流上。

精神财富的交流，把这些精神财富从一个人的脑海转移到另一个人的脑海中，从一个人的心中转移到另一个人的心中（这也是个人生活中很细腻的一个方面），构成了集体关系的一部分。防止孤僻和个人精神世界的隔绝乃是一种避免利己主义和自高自大的方法之一。要达到这样一个教育目的并不像原先想像的那么轻而易举。教学过程的内在规律本身就包含产生孤僻与隔绝的危险性，因为在学校里总是不断强调（别无他法）："要用自己的努力去获得成功，别指望别人，因为对脑力劳动的评价总是个体地进行的。"为使学校生活充满集体主义精神，就不应该只局限于课堂教学。丰富多彩的课外智力活动是交流精神财富的重要条件。

一方面是面对浩瀚的科学所产生的惊奇感，强烈的求知欲，灵感的闪现和智力劳动的喜悦，而另一方面是对学习和日常作业抱不踏实的，甚至是轻率的态度——少年期的这一矛盾反映了少年在智力活动范围内的自我肯定的矛盾。一个人在少年时代第一次感觉到学校教育只不过是科学知识海洋中的一滴水，只是科学巨著中的第一页。集体的智力活动愈丰富，科学的地平线就延伸得离学生的视线愈远；一个少年知道得愈多，就愈深刻地意识到自己知识贫乏。

因此，教育的艺术就在于使少年的智力兴趣在掌握科学财富中得到满足。在思想和智力活动范围内肯定自己——就意味着把日常的、单调的学习劳动不仅看做是一种义务，而且也看做是一种精神需要。这完全取决于教师。真正的教育家永远不会忘记自己正在对少年智力的自我肯定做引导工作。他善于把学校知识与科学相结合，努力使学生觉得自己不是一个听话的"知识购买者"，而是一个有求知精神的研究者。在对学生的智力活动进行引导的时候，要注意他们的个性特点，这在教师的创造性实践中有着很大的意义。在准备给二三年级学生上课时，可以较少考虑具体的孩子，较多考虑智力劳动总的内容。可是在准备给六七年级学生上课时，教师首先要考虑少年们的个人特性：应该如何引导才能使他们每一个人都想到，他们在掌握学校知识的同时正在接近（虽说是缓慢地）科学的地平线？

少年期的这种矛盾在很大程度上是由于在这一时期思维方法的改变所决定的。因为儿童的具体的形象思维正在让位于抽象思维。少年开始用概念来进行思维，而这仿佛在他面前展现了一个新的、陌生的世界。他力图用逻辑思维的方法来认识生活现象，但是很难把多种多样、错综复杂的世界纳入形式逻辑。由于对某些现象的分析缺乏经验造成了判断的片面性，因而产生了一些少年所特有的错误、仓促的结论与总结。可是由于少年关注的对象不仅仅是他的身外之物，同时包括他自己，他对他自己也作出了片面的与仓促的结论，时而夸大自己的优点，时而又夸大自己的缺点。由此而产生那种一方面对自己力量充满信心，另一方面又不满意自己的两种心情奇怪地交织在一起的现象。我的一个最机灵的学生尤尔卡，在五至七年级时曾经被认为是个杰出的数学家。在集体中形成这样一种评价：尤尔卡任何题目都能解答出来。有个女孩在每次测验前总是"丧失信心"；尤尔卡以自己的信心与朝气从精神上支持了意志薄弱的同学。可是，同学中谁也不知道他的这种信心是靠什么力量来支持的以及他单独一个人时内心有什么感受。他对我说，代数对他来说是门最可怕的课程。"我怕做习题，"——尤尔卡把自己的秘密告诉我。——"可是，为了不让别人以为自己不行，我做起习题来往往一做就是几个小时。我挑那些最难的题目一个劲地做呀，做呀……可是临到要去测验的时候就像上刑场一样。然而我却装出若无其事的样子，以便同学们，特别是女孩子们，以为我什么也不怕。假如他们在我的眼神中看到了恐惧，那么他们就会惊慌失措，解不出题目。"

在思维的特殊性中包含着少年的逆反心理。逆反心理往往是从反对或者否定学校布置的作业开始的，作业是每天都有的，对少年来说往往是十分单调的工作，他觉得这种工作与宇宙飞行相比，就像是蚂蚁在忙忙碌碌搬东西，——舒尔卡（六年级学生，也是最好的数学家之一）就是这样把学校的学习与科学的发展作比较的。对学习的轻率态度就是由此而产生的。由此也形成了少年反对成年人"侵犯"其独立性的"保护性反应"。

"教师问我有关南美洲某个地方的地形，可我却认为：这有什么意义呢？现在人们已经发射了人造地球卫星，难道还能够认为这些山谷与盆地有什么重大的意义吗？"——尤尔卡说道。

要克服这一矛盾，就要求教师在指导智能劳动过程中

71

掌握高度的艺术。这不仅是教学论方面的问题，而且也是一个普通教育学方面的问题。不要把现成的知识教给少年，把他看做一个记忆的个体，而是应该在学生面前进行思维——这是使少年思维协调发展的重要条件。一个懂得少年精神世界的有经验的教师就好像是在号召少年向科学的地平线进军一样。他把点滴的科学知识和科学真理用到自己所教学科的学校基本课程中去，于是少年就忘记了，他离那些使他如此激动的"高级问题"还远着呢。他觉得自己是一个研究者和思想家。他把课堂教学、课外阅读和阅读其他书籍连成一条线。少年从智力劳动中得到了快乐，这不仅使少年对课外阅读材料产生了兴趣，而且也对课程本身有了很大的兴趣。

我把造就思想劳动者和使列宁的形象成为少年们仿效的榜样看做是教育者的使命。像列宁那样掌握知识，像列宁那样珍惜知识，这是在课堂上进行的公民教育的主要基础之一。优秀的教育工作者总是善于这样地来阐明材料的内容，务必使学生十分重视科学的真理，这个真理是在科学与愚昧无知、进步与反动的斗争中产生与被确认了的。

浪漫主义的热情洋溢与……粗野的举动，道德上的无知；对美的赞赏与……对美的嘲讽——少年期的这些矛盾往往会给教师们与家长们招来许多不愉快的事情。娜·克鲁普斯卡娅曾经写道："常常会有这样的情况：一个文静的孩子突然像脱缰之马那样出言不逊和恣意破坏等等。"[1] 有些家长和教师认为，似乎那种想折断、毁坏东西和想要打人，一般

---

① 《克鲁普斯卡娅教育文集》（11 卷本）第 3 卷，莫斯科，1959 年版，第343 页。

是少年天性所固有的特征。这是非常错误的：残暴行为从来就不是**人类天性**所固有的特征。

少年时期智力与感情领域的相互关系发生了质的变化，而这些矛盾就是隐伏在这一变化之中，但这种变化往往不被教师和家长所注意。对这一变化研究得还很不够，而教师们由于对此缺乏准确的科学认识，在自己的工作实践中往往根据猜测和少年对一切涉及其个人的事物反应总是异常强烈的一般推论行事。

智力与感情领域相互关系的变化是以解剖生理过程为基础的。这种过程使少年的思维产生质的变化。他一边进行抽象、概括和好奇地仔细观察周围世界和自己本身，一边思索着人的精神世界的复杂现象——思想坚定、刚毅、勇敢、忠于信念、大胆无畏、渴望认识和洞察大自然的奥秘以及决心为崇高的理想而斗争。追求浪漫主义的东西就是认识过程的一个新的质变阶段的结果。

对人的精神世界的认识为浪漫主义精神添了双翼，也是少年进行道德上自我肯定所必不可少的动力。做少年的导师就首先要让他们用好奇的眼光看到人类思想、爱好与理想的世界。这就是说，要在少年的意识中树立起关于生活的崇高目的和人民理想永垂不朽的思想。浪漫主义的热情奔放和对人的伟大精神的赞叹能使少年的感情变得高尚，培养细腻的感情。没有浪漫主义精神就不会有感情素养。

可是，少年的浪漫主义的热情奔放似乎与其智力活动开始发生矛盾。浪漫主义精神受到了思维的剖析。少年力图在理解周围世界的种种现象的同时，也要了解自己的感情。他为自己的感情感到羞愧，怕别人把自己看做是个过于多情善感的人。他觉得那些细腻、善良和仁慈的感情是儿童所特有的，而他希望尽快地与儿童时代的一切东西一刀两断。他不善于在人们的精神现象中发现细腻的感情，这些现象只能使他感到惊奇并为之神往。少年感到精力旺盛，他靠了自己体格上的健壮有力，能够吃苦耐劳，希望通过有关的活动来表现自己的能耐。如果教育者对少年的感情素养的教育有片刻的忘怀，那么少年就会很快丧失在儿童时代所获得的那些东西。

我想起这样一件事。我曾经与一些七年级学生在第聂伯河沿岸旅游，在一个夏季温暖的傍晚，我们不知不觉地走到了一个荒僻的，仿佛是与世隔绝的地方：一座古老的公墓，它的一边与一个不大的沟壑接壤。在悬崖的顶端长着一棵不高，但相当挺拔，枝叶茂盛的杨树。我们就在离它不远的地方停下来休息。当我在朦胧之中听到我的学生纵声大笑的时候，夜幕已经降临。我站起身来，看见男孩子们站在小杨树的周围，而维加正在拼命地想把这棵小杨树连根拔起。杨树已经弯倒在沟壑上，眼看就要折断了。我走到孩子们跟前，他们感到很窘，都回到帐篷里去了。而维加则低头站着。我找他谈了话，我们谈了生活与理想，一直谈到深夜。我发现了少年精神世界的新的境界。维加钦佩一些大胆、勇敢的人物，他只看到他们力量的外部表现。他读了很多关于斯巴达克的书籍，留在他记忆中的斯巴达克是一个力大无比的人，而斯巴达克的高尚而细腻的情感和内心活动却没有引起这位少年的注意。

如果要培养一种可以称做**没有旁人在场的个人诚实**，就需要对自己的行动实行感性与理性的统一的监督。这种监督是自律的一个重要方面。

这些就是少年期的矛盾。这些矛盾并不是不可避免的，然而要绕过它们或者完全把它们给推开是不可能的。高水平的教育工作可以使这些矛盾得到缓和与减轻，而笨拙低能的教育工作则会使这些矛盾更加深化、激化并导致冲突。在希望和努力达到自我肯定与实现这种愿望的能力之间不相适应是这些矛盾的共同特征。为了使少年时期这一矛盾不导致冲突与破坏，应该把年轻的公民培养成具有成熟的思想、刚毅顽强和思想上坚定不移的人。

4.

少年的身体发育与心理素养
一个人犹如再生……

个性的形成

我仔细端详少年们（昨天的儿童）的眼睛，希望找到一种解答：为什么在少年时代——10～11岁至14～15岁的人的本性中会发生一种令人惊奇的飞跃？在少年的身上我往往已认不出昨天的儿童：眼神变了，嗓子也变了，对周围世界的看法（这是最重要的）也和以前不一样了，待人接物的态度、要求、需要与兴趣——一切都发生了质的变化。

晚上，每当思考我学生的命运的时候，我常常这样想：进入少年时期仿佛就是一个人的第二次诞生。第一次诞生的是一个活的生物，第二次诞生的则是一个公民，一个不仅看到周围世界，而且也看到自己本身的积极的，有思想的，正在起作用的人。第一次诞生的人是用叫喊来显示自己的："我出生了，请关心我，要为我操心，我是软弱无力的，一刻也不要把我忘记，要保护我，屏息静气地坐在我的摇篮旁

76

边。"第二次诞生的人就用完全不同的方法来显示自己:"别照看,别总跟在我后面,别束缚我的手脚,别用监督与不信任的襁褓把我捆起来,千万别提起有关我孩提时的事儿。我是个独立自主的人。我不要别人搀着手走路。在我面前有一座高山。这是我生活的目标。我看见它,想着它,我要爬上这座山,可是我要独自攀登顶峰。我已经在攀登了,正在迈出第一步;越往高处走,我的视野就愈宽广,我见到的人就越多,我对他们的了解也就越多,见到我的人也就越多。由于我看到了事物的宏伟与浩瀚,我简直感到害怕起来。我需要年长朋友的帮助。如果我能靠在一个坚强而有智慧的人的肩膀上,我就一定能达到自己的顶峰。可是我又不敢,并且羞于说出这一点。我要使大家都认为,我能独立地,用自己的力量登上顶峰。"这就是一个少年所要说的话,假如他能够把使他心神不宁的原因说出来,而且最主要的,是他愿意把这一切坦率地说出来的话。

在 10～11 岁至 14～15 岁这个时期(男孩有时到 16 岁)我们在生理解剖发展方面可以观察到一个迅猛的飞跃。首先是身高的急剧增长。大自然仿佛急于要完成自己的作品,而且在匆忙中没有发觉它自己所雕刻的那尊塑像还存在着许多疏漏之处及凹凸不平:人物的特征是粗线条刻画出来的。然而大自然很忙,它没有工夫对自己的创作进行一番研磨加工。骨头生长的速度是如此之快,以致肌肉组织赶不上骨骼的生长。因此,少年往往会患肌肉疼痛的毛病,这种情况既使少年也使家长感到惊讶与害怕。少年的整个外表也发生了明显的变化,尤其是那些 13～14 岁时期的男孩:他的体型变得很不匀称,又高又瘦,四肢细长,他不知道把手脚往哪儿放才好。如果注意到，在这一时期的少年，特别注意和聚精会神地进行自我观察的话，就会明白，他的那些对自己的不满情绪、神经过敏以及好动肝火的性格是从何而来的了。

在少年身体内部进行的生理过程中有着内在的矛盾。少年在体格的生长上要消耗大量的能量，致使他经常感觉疲劳和需要补充休息、需要专门的营养与睡眠制度。心脏的体积明显地增大，可是血管的容量却依然像一两年前一样。由于这个原因少年往往会有血压升高的现象（尤其是在男孩从12～13岁，女孩从10～12岁时期），血压可达140，有时还可达150（在9岁时是90）。这种血压升高是暂时性的，可是少年的机体很难适应这种情况，所以他会感到头晕，产生消化不良，还常常会有腹痛。

少年常常惊恐不安地感到自己遇到了某种不愉快的事，然而他不清楚，究竟是什么？他怕难为情，不肯说出这种自我感觉，企图通过运动逐步摆脱这种令人不快的感觉；而剧烈的运动却再次使他疲惫不堪。身体各部分生长的不相称还表现在胸围与肺活量的增长缓慢。这种情况再加上血压的明显增高会产生一种特别不舒服的感觉：少年感觉胸部窒闷，由于心悸经常久久不能成寐，由于猛烈的心脏搏动使他从睡梦中惊醒；在某些情况下还会出现心律失调。

像性成熟开始这样的生理过程对少年有特殊的影响。这一过程对少年的思维、情感以及他们与成年人和同龄人的相互关系方面都会产生巨大的影响。遗憾的是几十年来性教育问题一直被看成是次要问题，对他们的注意很不够，所以对少年时期的一些复杂而又相互矛盾的现象了解得很不够。

一些深刻的生理过程也会影响到少年的神经系统。在大脑半球的皮层里发生着剧烈的变化。大自然这时正使出浑身解数，使一个人能够从儿童时期的形象思维向抽象思维过渡。通过 20 年来的观察，使我得出结论，在少年身上（女孩稍早些，男孩则晚些）会出现一个非常重要的思维特点：他们总是力求把周围世界所发生的事，在学校里所学到的，在书本里所读到的一切东西与自己本人以及自己的思想，情感和感受的内心世界进行对比。少年既考虑在他周围所发生的事情，同时又考虑自己本身。他从自己所听到的（尤其是读到的）东西中挑选出与他个人的兴趣、需求和观点有关的思想。这种选择自己所关注和感兴趣的事的做法以后还会进一步加强。

在思维过程中能分别注意到周围世界的客体和自己本身的这种能力，依我看，是一种在心理学上称之为少年的自我肯定的重要组成部分。少年精神发展的这一特点——自我评价、自我表现、自我检查和自我教育——同时也是产生一系列相互矛盾现象的原因，这些矛盾使家长和老师都感到非常担忧。在少年的头脑里产生一种想法：我是个像我的父亲、我的老师以及每一个成年人一样的独立自主的人。这种想法来得很突然，像一种新发现一样，它使少年深感惊奇并产生了一连串新的想法。一个人在童年期从来不会像在少年期那样，在心里暗暗地把自己与父亲、老师进行比较。少年认为自己是个像任何成年人一样的独立自主的人的这种想法仿佛把父亲与老师的地位一下子都降了下来。少年开始对成年人进行仔细的观察；发现他们身上有许多缺点。他阅人愈多，对自己本身的观察也就愈细致。然而这样一种**对自身的观察**远非总是能产生一种向上的愿望的。一切取决于环境的教育力量和集体的影响，取决于我们在上面谈到过的那种精神财富的具体化。

　　幼儿毫无保留地信任自己的教育者：这行，这不行，这样好，这样不好。就连教师**信口**说说的事情对幼儿也是一种真理的依据。如果教育者没有觉察到，在少年身上已经产生了一种他与成年人是平等的思想，少年认为自己也像成年人一样，有自己支配自己的权利；如果教育者没有觉察到，少年看到的不仅仅是世界，而且也看到了他自己，并且把自己与成年人加以比较，总想证实自己是一种有创见的，明智的和杰出的力量，——如果看不到这些情况，教育者往往会用对儿童使用的那种断然命令的口吻机械地照搬到少年身上去。教育者往往觉察不到一个真正的人诞生的时刻，这是教育工作的一个很大的缺陷。善于思考的教育家会在少年的举止中发现一种转折：对成年人说的话抱警惕和批判的态度、心情急躁、态度生硬、有时还容易激动发怒和粗暴无礼。

　　几年前，有一位现在当了农艺师的从前我们学校的学生交给我一个本子，这是一个从他少年时代起就奇迹般地保存下来的本子。这是一部极其珍贵的文献。这个少年给每个教师和自己本人都记了一页纸，他记录了他在教师们和自己身上所看到的所有优点和缺点（我们是这样教导少年的：要自己教育自己）。这本笔记就摆在我的面前。它们使我看到了一种令人惊奇的情况，这种情况不能不在少年的头脑中引起矛盾的思想。每个教师的缺点并不比少年本人少。而某些教师的缺点要远远超过他们的优点。

　　这个事实启发我去思考少年时代的教育与自我教育的相互依赖性以及少年观察世界的能力。少年"用自己个人标准去衡量"他在自己周围所看到的一切事物的能力，尤其是衡量一个人的能力，——这是一个使教师与家长都感到突然的，在更大程度上形成少年的新的思想、感受、徬徨不安和忧心忡忡的发展阶梯。少年阅读小说，遇到了要思考生与死的问题，于是"我也会死去"这样一种念头会像闪电一样地注入他的意识。这种念头往往会使少年感到惊慌失措，在许多场合使他感到痛苦。我认识一个男孩子，他在发现了这一实情以后，神经受到猛烈的冲击。好些天他在课堂上对一切都漠不关心。他觉得奇怪而又不可思议：人们怎么能忘记，他们有朝一日都会死去？他们怎么能如此坦然地工作、娱乐以及念念不忘那些生活琐事呢？

这并不是一种病态现象，因为每个少年总要有这种经历；无视这种复杂的心理状态（其根源就是关于生与死的想法）是绝对不行的。尽管，在这个时期一些重要的唯物主义思想正在开始为学生所理解，他们的头脑里正不断地在充实科学知识，但他们还是容易接受宗教思想、教规和宗教训导的影响。我永远不会忘记9月的一个寂静的早晨，柯斯佳在上课之前到学校里来找我（当时我教的是八年级学生）。在小伙子深邃而又显得慌乱的眼神中，我感觉到有某种痛苦。"发生了什么事，柯斯佳？"我问道。他在长凳上坐了下来，叹了口气问道："怎么会这样呢？过100年之后谁也不会再存在了——无论是您、我还是同学们……无论是柳芭、丽达……大家都会死去。怎么会这样呢？这是为什么？……"后来，我们进行了长时间的谈话，谈到了生活与劳动、谈到了创造的喜悦与人们在世界上留下的痕迹。谈了这些之后，柯斯佳对我说："大概，那些信神的人是比较幸福的。他们相信永生。可是有的人却喋喋不休地对我们说：人是由某种化学物质组成的，不存在什么永生，人是一定要死的，一个人的死与一匹马的死是完全一样的……难道可以这样说吗？"

在那一瞬间，我又一次感到对人的心灵所负的责任的整个深度。我觉得，我们在对一些最重要的问题所作出的解释中，在所有我们涉及到人本身的谈话中，有着许多肤浅的看法。真的，难道可以把那种**只是**喋喋不休地反复强调：不存在什么永生、我们大家都会化为灰烬的，就像我们那些动物界的其他亲族一样，——算作是在进行无神论教育吗？为什么不能号召每个受教育者在某种永恒的事业中肯定自己生命的价值，号召他们创建一种流芳百世的事业以使自己永垂不朽呢？为什么不能根据这一点肯定地说，人与马的不同之处就在于人是永生的，也就是说，他的精神是永存的呢？当然，这里说的并不是像牧师们传道时所说的那种意思。通过与柯斯佳的谈话使我坚信，我们正是需要通过这样的途径来进行教育。

不能忘记，现代人的精细的神经机构一代比一代更为发达，他们的道德、智力和美感的发展取决于他们的思想和心灵的敏锐、细腻和朝气蓬勃。发展人的细腻的精神世界乃是教育的首要任务之一。而且，学校对这一课题解决得越好，学生就能更多地思考有关生活的意义、理想、永生与死亡、宇宙的无边无际、物质的无穷无尽以及其他一些问题。关心幼儿和青少年的精神世界是一个教师教育技巧的重要特征之一。我最担心的是自己不能察觉，理解和真正感觉到从幼儿变成少年的那一时刻，那一短暂的时期。

……这件事发生在 4 月的一个凉爽的傍晚。我到校园中去观赏日落时殷红的天空（明天要起风）与苹果树上初绽的花朵。这时在林阴道上我遇见了瓦里娅。她一边走着，一边贴胸紧紧抱着一本列夫·托尔斯泰的小说《复活》，显得若有所思和有点儿聚精会神。瓦里娅一直是个面带笑容、乐于向人倾吐自己衷肠的女孩子。我预料她会走到我跟前叽叽喳喳地讲起来，把自己的什么秘密讲给我听。可是，结果并非如此。她把书抱得更紧、显得很窘、神情紧张。她好像怕我会窥见她的思想似的。我感觉到，她以极大的自制力抑止住自己眼睛里的微笑。瓦里娅的目光变得更深邃、更富于沉思和更忧郁了。她不想和我讲话，女孩子想自己单独呆一会儿。我的心高兴地跳了起来：多好啊，瓦里娅，我觉察到了你由女孩子成长为姑娘的那一时刻……

一个男人的诞生，一个女人的诞生

人的第二次诞生……这不仅仅是人在自己的精神世界的成长中攀登的最艰难和最重要的一个阶梯，而且也是具体的人——男人和女人的诞生。

在童年时代，我们还看不到这样一个具体的人。我记得有这样一件事。有个母亲把 6 岁的小男孩带到理发店去。他的头发理得很短。他 5 岁的小妹妹哭得很伤心，她向妈妈请求道："把我的头发也剪得像彼得里克一样吧。"

少年成长为男人或女人，这是个人生活中的一桩如此巨大的事件，一个如此意想不到的启示，以致少年由于诧异和惊讶，用完全不同的眼光来审视周围世界、人们以及自己本身。抽象的少年（人们通常习惯于称这种年龄的人为"少年"）已不复存在，只有具体的人——在我们眼前诞生的男人或女人。

男人和女人的诞生是以复杂的解剖生理过程为基础的，这种过程是在机体中进行的。性的成熟往往同时伴随着身高的猛增。20年中，我们学校为 1660 名 9～15 岁的男孩和 1810 名同样年龄的女孩进行了身高测量。身高的增长有一些个别的差异，但是发现所有的人都有个规律性：身高增长最快的时期也就是性成熟最迅速的时期。

近几年来，科学家们对一种所谓的加速现象表示忧虑。这种现象的实质就在于人的身体（同时也是性的）发育过程的加快。许多资料证明，在最近的七八十年中，世界各国人的身体和性的发育过程加快了 1 年半至 2 年。这种加快过程是在少年期与青年早期进行的。

现在 14 岁的女孩子已经达到几十年前一个 16 岁女孩同样的体格和性的发育程度。对这种加速现象科学家们众说纷纭（营养与总的生活条件的改善、文化水平的提高、体力劳动作用的减少等等）。

男孩子从 13～14 岁是身高增长最快的时期，这时他们正在七年级学习。女孩子身高增长最快的是 10～11 岁这个时期，也就是比男孩子大约要早两三年。女孩子身高的增长开始时比男孩要来得快些，而后来就拉下来了。与身高的增长同时进行的复杂的性成熟过程往往会影响到心理，而同时又取决于心理。男孩子意识到自己是个像父亲一样的男子，这一点对他来说是个巨大的启示。他开始用新的眼光来观察父亲与母亲的关系，从中看到了自己以前所没有看到的东西。

女孩子的性成熟期要比男孩子早得多。女孩子成长为女人要比男孩子成长为男人早 2 年，有时甚至早 3 年。这并不是一种可以用强大的教育力量所能"延缓"或"拉平"的自然界的"变幻"。教育只有在考虑到自然界最细微的"变幻"时，才是强有力的。而如果自然界的规律性遭到忽视，就可能发生不幸。几年来有个思想弄得我坐卧不安：我想，11～14 岁的男孩和女孩在五至七年级学习，这些年级的教师实际上是在与处于各种不同的（有时是互相差距很大的）生理与心理发展阶段的人打交道，我不知道，我的这个猜想究竟对不对？

舒拉和卡佳从二年级起就交上朋友了。他们的友谊曾经是牢固和感人的。有一次，卡佳在与全班同学一起到森林去远足时，脚部受了伤。当时没有水洗伤口，舒拉就跑到两千米外的地方取来了水，为了给卡佳包扎伤口，他撕毁了自己的衬衫，还抱着她走了两千米路，把她送到了村里。舒拉常常到卡佳家里玩，卡佳也常常往舒拉家跑。他们有自己的秘密。四年级以前的情况就是这样的。可是，有一次舒拉来找我，神情十分激动。他含着眼泪向我诉说了自己的痛苦：卡佳不要他上她的家，也不要他把玩具带去……对这种不幸我能帮什么忙呢？

教育家们早已注意到，处于向成年人过渡这个年龄的女孩学习起来要比男孩更认真，更努力，也更能聚精会神地工作。这一般说来被认作是女人所特有的长处。如果是这样，那么又是为什么呢？在低年级，大约在 10 岁之前无论是男孩还是女孩学习起来都同样勤奋。可是女孩子到了 10～11

岁这个时期，会常常沉思默想，不能集中精力做功课；有时精神涣散，不能有条不紊地从事脑力劳动。如果放松教育（不考虑到孩子已经长大了），女孩子智力发展中的这些特点就会明显地影响她们的学习成绩。然而这个时期并不长，往往只延续几个月，以后就会有显著的变化，女孩子在智力上变得看上去出乎意料的"老成"：她们在学习上变得爱思考、态度认真、能够长时间聚精会神地进行工作并乐于帮助同学。这种情况是出现在小学学习结束阶段和八年制学校学习的第一年。

在女孩子的智力发育过程中，在她们的精神和心理以及道德和美感的关系中，那些"危险"的和令人不安的现象要比男孩子少得多。在进行正确的教育工作的情况下，性成熟期对她们的心理能产生一种良好的影响——能大大加速与加深**她们智慧的增长**并促使她们对未来进行认真的思考。因而必须使集体中的每个成员在他们的童年时代就树立起对同志和对自己本身的责任感，要使那些集体成员的相互关系充满关心人的精神，要在集体成员的活动中培养对他人内心世界的关切心情。性的发育对精神和心理关系能否起到良好影响，主要取决于如何在童年时代用相互帮助、关怀和体贴同情来使集体与个人的精神生活丰富多彩，如何理智地，策略地防止利己主义。重要的是要使每一个学生把自己的同学首先看做是一个人。

性的本能，传宗接代的本能是一种非常强烈的自然现象。这种本能需要通过一些细腻的关系使之变得高尚，所以在出现这种本能之前，早就应该开始这项工作。如果在童年时代的男孩子与女孩子之间的相互关系中热诚的关怀愈多，感情愈亲切，那么性本能就会变得更加高尚纯朴。良好的、正确的教育和对男人与女人的诞生做好充分准备就在于建立起热诚与亲切的关系，在这样的关系中一个人会把自己的精神力量灌注到另一个人身上去。我认为，教师的最高艺术就是善于引导孩子把自己的精神力量用来为他人创造欢乐。

在受过良好教育的儿童集体中，女孩子能意识到教育者的话："你是未来的母亲，自然界和自古以来人类的经验要你肩负起整个人类繁育的责任。"必须用简单明了、纯洁高尚的话对女孩子讲清楚这层意思。对这个问题的思考会使女孩增长智慧。道德的纯洁和父母之间关系的高尚在发展这一明智的信念中具有重大意义。如果在这些关系中存在着卑鄙龌龊、欺骗与虚伪的东西，那么教育者要进行自己的工作是很困难的。

我曾经多年思考这样一个问题：男孩子与女孩子，比如说，六年级的男孩与女孩，在对待友谊和同志情谊的看法上存在着差别。六年级的女学生在阅读有关忠实的爱情、舍己忘身的英勇行为的书籍时，对主人公的命运往往会寄予深切的同情，会热泪盈眶。可是男孩子对此却往往表现得无动于衷。在体格与智力发展的某些时期，男孩子与女孩子有时会相互不能理解，因为在女孩子机体中所进行的复杂的生理和心理过程遥遥领先，并且影响到她们对周围世界的态度，然而在男孩子的机体中这些过程却还未开始或者刚刚开始。这种不平衡的状况是怎么产生的呢？这是为什么呢？

大自然是英明的。它赋予人类这种不平衡的状况，仿佛已经预见到，在人们相互关系中传宗接代的本能将不再只是一种本能，母亲将不仅是当奶妈，而且还要当教育者，以及教育一个人是需要花费许多年的时间。到 13～14 岁时，女孩子开始发育成为女人，而男孩子则还远未到达那种能够理解生儿育女和传宗接代的奥秘的阶段。

在 13～14 岁时，尤其是在 12 岁时的男女孩子之间常常发生冲突，其根源就在于他们处于不同的发育阶段。六年级和七年级女生突然有了九至十年级的男朋友（或者是年轻士兵），教师感到震惊："这是怎么回事啊？为了巩固学生集体我不是作了很大的努力了吗？"如果你忽视了那些人的意志所无法改变的东西，如果你忘记了在人体中诞生男人与女人的那个时期，人的机体发育的自然规律的话，那么你将一筹莫展。

男孩子的迅猛的性成熟时期，正如我们已经指出过的，是从 13～14 岁（个别可能会有差异）这个时期到来的。解剖生理过程对男孩子的心理与行为所产生的影响要比从 10 到 11～12 岁时期的女孩子更为强烈。一个男人的诞生比起一个女人的诞生，形象地说，要经历更多的痛苦，虽然似乎情况应该相反。问题在于，这时候男孩子智力的发展程度与社会见识比同一时期的女孩子要高得多和丰富得多。男孩子区别于女孩子的特点是：比较急躁、性格直爽、对周围世界的一些现象的看法偏激，能比较敏锐地作出判断和决定。而女孩子则遇事多持不偏不倚的态度，依我看，这就是未来母性智慧的幼？。大自然加快女孩子的身体的发育并不是偶然的，因为女人的热烈的情感必须与母亲的冷静的理智结合起来。

怎样才能在教育工作中把所有这一切都考虑周到呢？在五、六、七年级的学生集体中我看到一种令人惊奇的两种因素相互交织在一起：男孩子的急躁而狂热的激情与女孩子的稳健和女性的聪慧。当然，别以为女孩子的所有这些性格特点生来就是如此的：只有一开始就教育孩子不要消极地贪求欢乐，而是要首先为别人，然后也为自己创造欢乐，只有在那样的集体中才能发展这种性格特点。教育的艺术就在于使这些因素能相辅相成。要使男孩子的激情在女孩子的细腻的感情的影响下变得高雅起来。我从来不喜欢有些女孩子过于勤奋、过于精细，而缺乏主动性、独立性和果断精神。必须使未来的母亲养成公民的刚毅性格与自尊感，而不是默默的顺从。片面的教育（这样做可以，那样做不行）所养成的顺从会导致思想上的无原则性。应当这样来组织集体的活动，要使男孩子与女孩子所从事的一些积极的活动充满激情，并能激起女孩子对其周围的事物以及她们自己所从事的工作作出鲜明的感情评价。一个未来的女人、母亲、妻子的尊严只有当她以一个公民的身份对集体的利益以及大家所关心和忧虑不安的事情充满崇高精神的时候，才能形成。不是要去做什么抽象的好事，因为这样的好事是不存在的，而是应当为了社会的利益、为了人的荣誉与尊严而进行积极、顽强和目的明确的斗争——这就是对女孩子思想上的锻炼。

我总是尽力使集体首先把每一个女孩子作为人来对待，尊重她们，以她们作为自己思想上的志同道合者而感到自豪，并在她们身上发掘那些能够对集体和个人起到良好作用的品质。女孩子们应当积极参加社会生活。如果过多地把注意力集中在自己个人身上，深深地钻到自己内部的精神世界中去，而对**人的领域**，为共产主义理想而进行斗争的领域在理智上和感情上缺乏充分与深刻的认识，如果没有在个人的需求与兴趣中反映这一领域的情况，就会导致感情上的贫乏与空虚。而感情的贫乏会导致女孩子在青年早期需要捍卫自己的荣誉与尊严的时候，变得无力自卫。因此使集体的活动充满具有高度思想性的高尚情感是少年教育的一个大问题。

男孩与女孩——男人与女人

女孩子的性成熟期在四年级时就已开始。10～11岁的女孩子在高度上"跳"得如此迅猛，以致她们都变得使人认不出来了：长长的手脚，瘦长狭窄的胸脯，瘦削的脸盘，——所有这一切都提醒人们，一个女人诞生的神秘过程开始了。这时，女孩子的一双眼睛就仿佛是在性成熟影响之下开始进行的内部过程的一面镜子。女孩子的目光变得好奇、惊觉、不安和惊讶，仿佛在问："我这是怎么啦？"

女孩子从10岁开始发育乳腺，到12岁末就已经成为少女的乳房了。这是一个发育最快，对女孩子和对教育者来说都是极为重要的女人的形成时期。由于女孩子比男孩子的成熟要早得多，所以她们往往觉得似乎自己成为女人是为时过早了，并为此而感到惴惴不安。男青年一看到女孩子极不匀称的身材，会惊奇地想到，这就是变成女人的过程，而女孩子也已感觉到，男青年在想些什么，在男青年的目光注视下，她仿佛感到极不自然，这种目光使她感到惊奇和不安，并引起一些神秘的愉快的想法。必须奉劝父母与教育者：要注意保护这一时期的女孩子不受成年人的那种不体面的、过于好奇的，有时甚至是淫荡的目光的侵犯。女孩子觉得，成年人的那种不体面的，"鉴赏的"目光仿佛是一种奇怪的、不十分理解的东西，然而同时她又猜到（感觉多于理解），人家把她看做什么样的人，他们正在仔细打量她，这在开始时会使她感到心慌意乱，继而则会使她产生有关两性关系的一些想法。我们要求男青年和成年男子具有一种道德修养："不去注意"在姑娘机体内所进行的那些变化。尽可能少进行一些有关爱情、性生活和两性关系的谈话，尽可能不要过分注意女孩子的性成熟情况，在集体成员之间的相互关系中尽量多一些人道主义、诚恳相待、互相同情与关心——这是进行正确的性教育的前提。

在学校里应提倡崇敬母亲，这是对待妇女（人类生活和美的源泉）的一种崇高而又纯洁的精神。这可以使人的自然的性欲变得高尚起来，消除掉人类心灵中的那种兽性的、粗野的本能。凡是受过教育，知道应当尊重、崇敬母亲的人是永远不会用淫荡的眼光来瞧女孩子和姑娘的，他的眼神不会使女青年瑟缩和警惕，或者相反，报以女性的卖弄风情。培养对母亲的崇敬必须紧密联系形成个人与集体的精神面貌的有关问题综合起来进行专门的研究。

男孩子的性成熟期要比女孩子迟两年左右开始。男孩子的大脑垂体和以自己体内激素引起性腺活动的甲状腺的最剧烈活动是在 13 岁，尤其是在 14 岁时进行的。这个时期大部分女孩子的性成熟即将完成，而男孩子却刚刚开始。这加重了教育工作的困难，但同时也使它变得简单了，因为女孩子由于性成熟所引起的兴奋状态和对外部影响的强烈反应因她们觉得自身发生的情况是异乎寻常的和具有巨大的隐秘性而力图掩饰自己变成一个女人而得以缓和和消除。内部的兴奋状态仿佛被对一些次要的性特征，特别是乳腺发育的想法所遏制。这些特征提醒女孩子们，她们正在变成未来的母亲。这个想法在很大程度上使少年时代的矛盾得以平衡。男孩子与女孩子之间以及日后的小伙子与姑娘之间关系的纯洁性取决于集体和每个个人受到多少尊敬母亲的崇高精神的鼓舞。**人类的母性**不仅仅是对种族延续的关切，这是数千年来形成的最最巨大的精神财富。它是一种强大的精神力量。它把男孩培养成这样一些丈夫和父亲，他们由于能够把女孩子看做是未来的母亲来尊敬，像珍惜家庭的荣誉那样珍惜她们的尊严，所以也能尊重自己，珍惜自己人格的尊严。

除上述情况外，男孩与女孩性成熟开始的时间不同，使女孩子见到男孩感到害羞，这也使得教育工作易于进行。低年级的孩子们夏天在一起游泳：兴高采烈地在池塘边奔跑，用潮湿的沙子建造各种各样的建筑物，在水中互相泼水相戏。可是到三年级结束之后，女孩子就开始喜欢单独活动了。男孩子不明白，为什么女孩子不愿意和他们在一起游泳了。尤尔卡对女孩子们说："你们都是些个人主义者。"可是女孩子什么也不回答，只是莞尔一笑。看来，她们已经懂得那些男孩子还无法理解的事物。在女孩子身上显露出来的这种母性的聪慧恰恰给教育工作带来了方便。

但是有许多情况也会给教育工作造成麻烦。对于少年不能理解的一切与性成熟有关的现象，都必须与男孩和女孩单独地进行谈话。这种极为隐秘的谈话（与男孩谈话由男人进行，与女孩——则由女人进行）应该不致引起孩子们对性成熟更多的兴趣，而恰恰相反，是要减弱这种兴趣，并使其变得高尚起来。

我还要再一次地强调：只有学校里充满了崇敬母亲的高尚精神，有关性成熟的谈话才不会引起不健康的好奇心。有关人的修养的每一次谈话都应该含有道德意义。这一点很重要。我曾对男孩与女孩们说："你们都是未来的父亲与母亲。若干年之后，你们都会有孩子，你们也会像现在你们的父亲与母亲对待你们那样的来考虑对孩子们进行教育。要记住，男人与女人之间的相互关系会导致一个新人的诞生。这不只是一种生物的行为，而首先是一种创造人类的伟大壮举。只有坏蛋和恬不知耻的鄙夫才会把这些相互关系看做似乎是一种污秽的事。"

这几年我编了一本文选读物《母性的美》。在书里收集了描写母亲的伟大、高尚和美的短篇小说与故事。这里有描写列宁、尼古拉·奥斯特洛夫斯基、廖夏·乌克兰英卡、米哈伊尔·科秋宾斯基、塔拉斯·谢甫琴科、尼古拉·果戈里、奥列格·科舍沃伊和卓娅·科斯莫杰米扬斯卡娅等英雄人物的母亲的不朽功绩的故事。书里也介绍了那些在保卫祖国的战斗中英勇牺牲的军人们的母亲。书里还有一篇描写一个英雄母亲的悲剧命运：在法西斯占领年代，为使自己家族不蒙受耻辱，她迫使自己的一个当警察的儿子用自杀来结束自己的生命。我逐页逐页地在我的学生面前翻开这本文选读物，目的是使他们对母亲的美与伟大所表示的敬爱的火花炽烈地燃烧起来。

我努力使我的每一个学生尽可能多献出些自己的体力和精神力量去为母亲创造欢乐与幸福，安谧与康宁。要把从树上摘下来的第一个成熟的苹果献给母亲与祖母，这棵树还是在上一年级时为了对母亲表示敬意而种植的。要把第一串葡萄献给母亲与祖母。为别人做了点好事不必喧嚷，要更多地关心自己的生身母亲——这就是我们教育工作的座右铭。

这里有一个从文选读物《母性的美》中选出的故事，这个故事我给低年级学生讲过：

七个女儿

从前有位母亲，她生了七个女儿。有一次母亲出门到住在远方的儿子那里去。只过了一个星期她就回家来了。当母亲一走进自己的屋子，女儿们就一个接一个地诉说，她们是如何如何地思念母亲的。

"我思念你，就像一颗罂粟花种子盼望阳光一样，"大女儿说道。

"我等你，就像干旱的土地盼望甘霖一般，"二女儿说道。

"我想你想得哭了，就像幼小的雏鸟想念老鸟一样，"三女儿说道。

"没有你我感到非常痛苦，就像蜜蜂没有花儿一样，"四女儿叽叽喳喳地说道。

"我梦见了你，就像玫瑰花梦见露珠一样，"五女儿低声说道。

"我望眼欲穿地张望你，就像樱桃园张望夜莺一般，"六女儿说道。

而小女儿却什么也没有说。她替母亲脱下靴子并为她端来了一盆洗脚水。

我努力使我的每一个学生从小就为母亲承担一部分不轻松的、单调乏味的工作。所有这一切也就是崇敬母亲的具体体现。

我十分关心男孩子与女孩子在对待所有与性成熟有关问题——对待自己的身体、美和某些身体上的缺陷的态度中树立一种隐秘的感情。我对少年提出的所有建议几乎都不涉及与性腺的机能有直接关系的生物与解剖生理现象，而是它们对整个机体，尤其是对身材的长高，对大脑与心脏，对中枢神经与植物性神经系统所产生的影响。我劝说少年不要挑食，因为不挑食是使身体得到匀称发育，使所有器官得到协调和长得美的一个十分重要的条件。我向他们介绍，如何才能养成迅速入睡与醒来的习惯。男孩子与女孩子就养成了每天早上按时起床的习惯。几乎所有的孩子都对我说，他们在闹钟铃响之前两三分钟就醒过来了。有的人甚至没有闹钟也能按时起床。

我给男孩子和女孩子解释，为什么在他们这个年龄的人会容易感到疲劳、感到头晕、心悸和脉搏减弱，同时，我使他们相信，这一切都是一些无法避免的暂时现象。我向他们介绍，如何预防疲劳过度以及如何保护心脏和神经系统。

把在性教育方面的许多重要的内容与这方面直接有关的一些建议联系在一起是最不相宜的。尽可能少谈有关两性关系中生理方面的情况是进行性教育的正确方法。这里特别重要的是身体的发育要与精神生活协调一致。游手好闲会造成精神空虚，而我们社会生活中存在的一切卑鄙、肮脏的丑恶的东西只要找到一点点微小的缝隙，就会钻进来填补这个真空。这个缝隙首先就是集体与个人精神兴趣的极端的贫乏以及性成熟时期的男孩子与女孩子之间没有或是极其缺乏在智力、美感和创造性的精神财富方面的交流。如果一个男孩子在女孩子身上发现的只是她外表的变化，如果他看到的只是一些次要的性的特征的话，那么这就是一种缝隙，通过它犬儒主义的毒素会侵入空虚的灵魂。因此，男孩子应该首先在女孩子身上看到和感觉到她的智慧、精神需要与兴趣，而最主要的是她对人的高度严格的要求、自尊、自豪和不可侵犯的感情。在男孩子把女孩子当做一个女人来爱之前，他就应该把她作为一个人来爱并怀有一种敬佩、自豪和充满高度人类快乐的崇高精神的感情——一种人与人之间在智力与美感方面的交流的快乐。

在对少年进行性教育工作中，我们特别注意做女孩子的工作。应该把它称为培养母性自豪感的教育。当女孩子们进入性成熟期的时候，经验丰富的教师 А. И. 苏霍姆林斯卡娅[①]在她与女孩子们进行的一些谈话中首先要让女孩子们想到：我，一个女孩子，就是一个明天的母亲。大自然和社会赋予我一个崇高的使命——在孩子们身上重现自己以及自己所爱的人，并且把人类所创造的一切美好的东西移植到他们身上去。我应该成为一个聪明、严格和谨慎的人。我是一个女人，我与男人的关系会造成生孩子的结果。爱情是一种伟大而崇高的感情，可是这种感情不应该掩盖关于我与男人的

---

① 安娜·伊万诺夫娜·苏霍姆林斯卡娅：——瓦·亚·苏霍姆林斯基的妻子，帕夫雷什中学的俄罗斯语言文学教师。——译者

关系会造成建立一个家庭的思想。我应该成为一个骄傲的，严肃的人；我应该比男人——我孩子的父亲高明 100 倍，因为在人类传宗接代，保持和增加人类的精神财富的使命中，大自然赋予我的责任要比赋予他的重大得多。

母性自豪感教育的最终目的是：女孩子，女人应该在某种程度上成为一个青年，男子，未来的父亲的教育者。她应该成为贤惠的家长。只有当女孩子具备了人类足以自豪的精神财富的时候，才能在她心中确立起母性的自豪感。为了使自己成为一个自豪、贤惠和严肃的人，她必须具有一个人值得自豪的东西：个人尊严、崇高的生活目的、创造能力、爱好与志向。

所有这一切在女孩子的心中是日积月累地形成起来的。如果女孩子在其变成女人之前的时期和在性成熟时期就已获得所有这些财富的话，她就会成为一个具有强大精神力量的人，而这种力量能够影响男人，使他变得高尚。

在七年级结束前不久，瓦里娅与一个 18 岁的青年——年轻工人相识了。有一次她与他坐在公园里。谈话不知怎么地总是谈不起来，女孩子已经看出，同这个青年是没啥可谈的。突然，他把她一把搂住，接着就开始吻她。所有这一切意外的情况使瓦里娅惊呆了，一下子感到不知所措，一动也不动地坐在那里。男青年把这点理解为同意与其发生亲密的、性的关系。女孩子则给了他一记响亮的耳光作为回答。后来，瓦里娅噙着眼泪对母亲叙述了事情的经过。

"我开始打算谈谈文学与音乐，可是他要么闷声不响，要么就讲一些使我听了害臊的话。接着我谈了关于写生画，想找一些使他感兴趣的东西，但是我发现，他竟然无知到了令人可笑的程度。我以为，男青年往往对技术感兴趣。于是我就谈量子发生器——我们那里的小伙子们一个劲儿谈的就是这个问题，——可是他却一言不发……后来，他就挨过来和我接吻……我揍了他之后，他以嘲笑的口吻对我说道：'别假作正经啦，你们全都是这样的……你以为，我会相信，你到这儿来是为了津津乐道地讨论有关诗歌与其他一些玩意儿的吗？'……可是，在这之前，我是喜欢他的，他看上去很谦虚。我觉得，他的沉默寡言是一种羞怯的表现。可是，他简直是个不学无术的人。现在，我一想起他，就不能不感到厌恶。他长得很漂亮，然而却是个傻瓜……"

我感到高兴的是瓦里娅出色地经受住了这样一个考验。我把这种人类的可贵品质称之为女性的，即母性的自豪感。而在这方面美感所起的作用是很大的。每一次，当我的女孩子们遇到粗暴的情欲、鄙俗行为与厚颜无耻的勾当时，她们都表现出了清醒的母性自豪感，我愈来愈深信：如果美——人的心灵的美、道德高尚的美和忠于伟大理想的美，如果一个人忠诚的美（根据奥列西·冈察尔的艺术定义）已经成为他的个人财富，那么，这种财富就会使姑娘成为一个在道德上不可动摇的、明哲的和目光远大的人。

体　育

体育是一个人全面、和谐发展的最重要的因素。

体育，这首先是注意健康，关心维护作为无价之宝的生命；其次是保证人的身体发育与精神生活以及多方面的活动协调一致。

如果说，儿童的体育主要是表现在执行劳动制度方面，这种劳动制度能够促进机体的正常发育和增强健康，那么，在少年的教育工作中执行劳动制度就具有更加深刻的涵义。在少年时期，解剖生理过程与精神生活以及意识的形成是非常紧密地联系在一起的，并且十分深刻地反映着一个人的未来，从而使体育已经不可能仅仅局限于锻炼身体与增进健康，它涉及到像培养道德尊严、建立纯洁与高尚的感情和相互关系，具有生活的目的、确定道德与审美的准则以及对周围世界作出评价与自我评价这样一些人的个性方面的复杂的问题。

少年时期在人的机体中会产生一种本质上全新的东西，即人的性本能，这就是具体的人——男人与女人，——它在很大程度上反映着人们相互关系中的道德本质。那个一生下来就具有人的大脑、人的思维中心和人的感觉器官的生物将成为一个怎么样的人？成为一个真正的人，还是成为一个由盲目的本能力量支配其行为的人类动物？这取决于少年时期人体自然的解剖生理因素如何变得高尚以及高尚到什么程度？实际上这种因素往往在少年时期才正式出现。如何使这个时期男女相爱的那种盲目本能人性化？这与未来的父亲与未来的母亲之间相互关系的道德修养关系极大。而未来的父亲与未来的母亲之间相互关系往往对他们的道德面貌的发展起着决定作用。

在少年的身体内发生着复杂、剧烈而又相互矛盾的变化过程。这些变化过程对一些最重要的系统——神经系统、心血管系统、呼吸系统和消化系统——的功能产生终身的影响。这个时期正在奠定一个人的最重要的创造性的精神活动——劳动的解剖生理基础。

人的精神世界的多面性——对提高道德、智力、情感和美感方面的需求与爱好——都取决于身体的发育、健康与劳动的协调一致。今天，人们的劳动要求人体中各个精细的系统与领域（思想、记忆、关注和创作灵感）协调一致地发挥作用。现代人的劳动每日每时地对身体最灵敏的系统（中枢神经系统、心脏和脑皮下层的神经中枢）产生多方面的影响。这种影响不仅有积极的一面，也有消极的一面：劳动会使神经衰竭。善于休息、善于爱护神经力对于一个现代人来说，就像善于工作一样重要。

体育应当保证少年能自觉对待自己的身体、养成爱护健康的本领、用正确的劳动、休息和饮食制度，通过体操与体育运动来增强体质、锻炼体格与神经、预防疾病。

我认为，举办一些有关人的问题的座谈是有重大意义的。这种座谈是与少年们一起举行的，每两周举行一次。这些座谈的内容有一定的体系：从一些不太复杂的解剖生理现象逐渐过渡到涉及人的心理形成与发展的一些深奥的，隐秘的现象。例如，某些座谈专讲肌肉与骨骼的组织、消化器官、呼吸器官、心脏血液系统、中枢与植物性神经系统和感觉器官（视觉、听觉、嗅觉、动作的协调系统和内分泌腺）。有关人的心理和脑力劳动的卫生的座谈大约每一个半月举行一次。

我力求把理论的论述与直接研究学生的个性结合起来，以便使每一个少年把我们曾经谈到过的一些生命的过程与现象看做并不是一种抽象的总结，而是自己机体活生生的现实。这也说明，为什么少年对有关人的问题的座谈感兴趣，因为这些座谈促使他们深思熟虑地进行自我剖析。这样一些目的明确的座谈要求严格掌握分寸：在分析解剖生理和精神过程与现象时，任何时候，任何情况下都不能涉及到个别少年的一些具体的身体发育特点。

座谈大大促进了自我教育的过程。我看到，少年们怀着多么激动的心情在聆听一次题为"心脏与劳动"的座谈。这种座谈在五至八年级每年举行两次。我十分重视这种座谈。每次座谈时，我都要向他们揭示一些新的事实、现象与规律。少年们一边仔细地倾听每一句话，一边变得好沉思默想，这说明，他们求知的目光正在转向自己本人。我发现，有一次我谈到关于少年型心神经官能症，我警告说，正是在少年时代，如果对心脏不加爱护，就可能导致永久性的内伤，这使季娜与沃洛佳感到惊恐不安。从与医生的交谈中我了解到，季娜与沃洛佳都有明显的少年型心神经官能病的症状；在沃洛佳的心脏里有时甚至还可以听到一种像瓣膜缺损那样的杂音。在他们的心脏中，并没有发现任何气质性病变，可是，如果使心脏负担过重的话，就可能出现这种病变。我的话首先是说给季娜和沃洛佳听的；我还谈到了她们违犯劳动、休息和体育锻炼制度的一些做法，但是我并不指名。季娜和沃洛佳在考虑自己的事，这点就很清楚了。

每个人是他本人的最敏感，必不可少的医生。我在教育儿童、少年和男女青年时，深深地确信这一真理。众所周知，在少年中抽烟的坏习惯是多么根深蒂固。抽烟会给心血管系统、大脑和消化器官带来巨大的危害。由于大脑垂体与甲状腺活动增强，提高了神经系统的易激性与易怒性，因此，这个时期抽烟就成为一种特别可怕的灾难。

我深信，正是因为吸烟，才使许多少年的本已兴奋的神经超过了极限，使他们做出了一些不良的和应当受到谴责的行为。尼古丁在毒害神经系统的同时，使人的脑半球大脑皮层的某些细胞群在少年时代就已经丧失了工作能力。凡是从少年时代起就开始抽烟的人，到 40 岁就往往已经感觉到脑硬化的早期症状。我一再向青少年提出警告，向他们讲述吸烟这种习惯的严重后果。我的努力取得了成效：我的学生中没有一个人在学生时代抽过烟。起主要作用的是："每一个人都是自己本人的医生，每一个人都与自己的不良嗜好作斗争"。

体育与德育、美育密切相联。在关心自己健康的同时，少年往往会为他人的健康、休息与美满的生活去创造必需的环境并爱护这种环境。对自己的关心不应该建立在对他人的漠不关心的基础上。

饮食制度、劳动制度和休息制度

少年机体中，一切都处于形成与变化的过程中。复杂的解剖生理过程往往会引起旺盛的新陈代谢。消耗在身体生长上的能量是十分巨大的。我们所有的女孩子在 12～13 岁时就不像她们在三至四年级时那样，就像一些圆圆的，胖乎乎的"小面包"。有的人还具有消瘦、胸部扁平、容易疲劳以及感觉头晕与心悸等特征。这多半发生在一些好动、容易冲动，活跃的男孩子与女孩子的身上。

　　在这一时期，教育者应当非常注意方式方法，要能够洞察人的心灵。在少年的生活中，我们往往会碰到不能叫他们站起来回答问题的时候，这是因为他们的神经系统与心脏过分紧张了，要是教师不能洞察他们的心灵的话，就不可避免地要发生冲突。

　　旺盛的新陈代谢需要正确安排饮食。饮食必须简单（这点很重要）、必须定时和有足够的含卡量。如果在儿童时代就已养成遵守饮食制度的习惯，就能减轻在少年时代教育工作的负担。我与家长们一起为每个少年制订了工作与休息的制度。男孩子与女孩子通常在 6 时起身，有些人在 5 时半起身。起身之后就做早操、用冷水淋浴，然后到小花园和葡萄园里劳动（冬天就到院子里铲雪）。这对所有男孩与女孩来说都已经习以为常了。在有关人的问题的座谈中我特别强调做早操和用湿毛巾擦身。我使少年们相信，一个人的自我感觉的好坏、劳动能力的大小和是否具有清晰的思维能力与他如何开始一天的生活、他从睡梦中醒来时头脑情况如何以及机体对一天的劳动的情绪如何有关。

　　与家长们进行的一些专门的座谈，主要讲下面一些问题：少年们每天早晨，早餐之前和上午，下午应该从事什么样的体力劳动；少年们应该吃些什么样的食物和应该怎样安排饮食。如果一个少年早晨不搞体力劳动，我认为整个教育就缺了一个环节，我要努力使他去从事这种劳动。

　　我与家长们商定，给少年提供简单的饮食：足够数量的黑面包和灰面包、红甜菜汤或肉汤、蔬菜、乳制品和水果。我注意不使少年们的食品中含有过多的高热量蛋白（肉、干酪）和不加辣味、带刺激性和辛香的一些作料。我建议吃甜煮水果而不喝茶，不要单纯吃肉，而是要放在蔬菜里一起煮。不让少年们吃砂糖、糖果，或者其他甜食。根据我多年来的观察，过多地食用提炼过的、含热量高的碳水化合物是有害的，它会引起食欲不振和肠胃病。如果您想让儿童和少年身体健康的话，那么就请给他们简单和普通的食物，糖果只有在过新年时给一点。

在性腺剧烈活动的时期，特别要注意饮食营养。蛋白质过多的食物、辛香作料和过多地食用甜食会更强烈地刺激大脑垂体和甲状腺，而它们的激素会刺激性腺。

在少年时期必需的热量吸收要与足够数量的细胞组织相结合，这是十分重要的。尤其不能允许把含有高热量的蛋白与大量的精制糖、蜂蜜一起食用。这种饮食会引起性成熟的加快；女孩在 12～13 岁时就能发育成为女人，男孩在 14～15 岁时就能发育成为男人。此外，在性成熟时期还会对成年人的私生活产生强烈的不健康的兴趣。如果在儿童期与少年期采用高热量饮食，而没有通过体力劳动把能量消耗掉的话，甚至还会引起一些病态现象。

我在和家长们、少年们的座谈中，常常举一些有说服力的事例来证明，饮食简单、有节制、不用营养过多的食物和不挑食对一个人的健康、自我感觉、劳动以及整个精神生活都会产生极为良好的影响。

在教育计划中，我们对劳动很注意。不是一般的劳动，而是到室外去劳动、一年四季都在野外劳动。这样的劳动对少年来说恰恰是很重要的。它是使身体发育和精神生活的发展协调一致的因素。当少年感到精神上的快乐与同学们的支持时，集体劳动就显得特别可贵了。但是，也应当教会少年单独一个人，在野外进行劳动。在父母住宅旁的自种园地上，每个少年都有自己的一块种植园地。

下午，少年们在学科小组里活动、阅读文艺和科普书籍以及从事体力劳动，而不是紧张的脑力劳动。我与少年们及家长们进行过多次座谈，希望男孩与女孩的就寝时间不迟于晚上9点钟（如果6点钟醒来的话），或不迟于晚上8时半（如果5点半醒来的话）。八年级学生可以晚睡一个小时。少年需要提醒和监督。然而，如果没有自我教育的话，则任何提醒与监督都将无济于事。这就是为什么我努力要使男孩与女孩成为和我看法一致的人。我使他们相信，养成早睡早起，在早晨、上学之前做家庭作业，下午的时间主要用于体力劳动、学科小组活动和诵读（不是为了死记硬背，而是为了全面的智力发展）的习惯好处很大。

在身体蓬勃生长的时期，每年给少年量几次血压。身体长得愈快，血压就升得愈高，并且血压跳跃的现象也出现得愈多——早晨血压接近正常，而将近中午时就明显地升高了。我对少年们谈了在他们身体里进行的一些变化过程，我向他们建议，在这一时期应该怎样保护心脏和血管，尤其是脑血管。某些女孩子需要特别注意。一发现女孩子由于悲伤、惊慌和激动而引起某些不易察觉的自我感觉恶化，我就想办法使她们摆脱抑郁状态，使她们乐观起来。乐观的情绪是预防疾病和健康状况反常的最好方法。

所有少年都需要在户外休息。我建议他们在天气暖和的日子里（春天或秋天），午饭之后，躺上半小时，在小花园里休息一会儿。我告诉他们，在休息、劳动、走路和做课堂作业时，应怎样正确地进行呼吸——要知道，少年对氧气的需要大大超过成年人。我教会少年们在花园里休息时做呼吸练习。教师们做课间操的时候，对呼吸练习也是十分注意的。在教室里安装通风设备，窗外种植大量花草树木，就能保证良好的空气条件。

我们在假期里的劳动与休息

学年结束之后，我们到野外劳动和休息。我们有自己办的少先队夏令营。每年我们都是准备好自己需用的物品：行军与游览用的装备、劳动工具。考试完毕后，我们就在森林里架设帐篷，建造伙房。

由少先队中队委员会分配假期任务。每天指派 4 名值日生完成我们"欢乐的阔叶林"（少年们这样称呼自己的夏令营）里的日常事务。昨天还需要炊事员玛莎阿姨照料的五六年级学生，今天已经是七八年级的学生，他们已经能够自己照料自己了。

大家都学会了做饭、保管食物、建造与修理砖木结构的伙房、不管什么天气都能迅速点燃篝火，学会了找到林泉、收聚和保存雨水以供饮水和烧煮食品之用，学会了洗涮碗碟、洗衣、架设帐篷、挤奶、保存牛奶、用牛奶制成黄油和乳酪、给马和牛喂饲料、照料牲畜、收集并晒干森林里的果实和各种药用植物，以备一旦患病和身体不适时使用。每天做三顿饭。伙食完全符合营养要求，同时又很简单，菜肴里没有任何辛辣的东西。

在少年的大脑中出现激烈的解剖生理过程时期，要使少年的食物具有丰富的铁和磷，这一点非常重要。在七八月份，少年们每天吃大约两千克苹果。他们每天吃新鲜的蜂蜜和西红柿，西红柿能使食物富有丙种维生素，它对于消化食物以及中和对性腺有刺激影响的肉类和其他含有高蛋白的食品是必不可少的。就寝之前，我们是不允许吃含有高蛋白的食品的。

男孩们与女孩们朝夕相处在一起，天气炎热，大家穿得很单薄，每天要洗三四次澡——所有这一切都要求我们关心集体中精神生活的丰富多彩，注意各种活动的身体与精神方面的协调一致。劳动与休息的制度是建立在自我教育的基础上的，也就是以克服困难、进行锻炼和毅力的训练为基础的。经常让孩子们晒晒太阳，这特别重要。少年们逐渐习惯灼人的阳光，在行军与游览期间，他们能够在酷暑中晒上几个小时的太阳，头部当然是要保护好的。夏天，一个个都变黑了，晒得黝黑黝黑的。

每年夏季，我们都要到第聂伯河沿岸行军——研究故乡。苏联红军抗击法西斯占领者英勇奋战的那些地方，令人产生强烈的印象。在寂静的夏天的傍晚，男孩和女孩们屏息静气地聆听战斗的参加者和目击者们讲故事。

行军时，我们经常在露天过夜——在草垛底下、在田野里、在林中空地上。新鲜的空气、良好的营养和丰富多彩的精神生活——这就是使身体与精神生气勃勃地健康发展的源泉。不管少年们在什么地方——在夏令营，或是在行军中，我总要想办法让男孩与女孩们的心脏得到充分的休息。少年们在"欢乐的阔叶林"里度假的时候，白天要休息两次。在家里度假，也要保证这样的休息制度。在小花园里、在宅边自种地上，每个少年都有一只板凳，以便能够坐一坐和歇一歇。

在"欢乐的阔叶林"里度假不仅仅是休息。在这里，少年们也参加劳动、研究故乡的资源、观察大自然和组织军事游戏。在童年，尤其是在少年时代和青年早期，都不应该有"单纯的休息"。如果没有创造性的精神生活，如果思想、感情与愿望不具体体现在事物中和在这些事物中人化，如果劳动不能创造人的世界，不能使感情和兴趣变得高尚起来，那么休息就会变成一种令人生厌的无聊，而在无聊中，一个人的性情会变得粗野，就会产生道德上的麻木不仁和缺乏公民责任感。

当少年变成男人与女人之时，身体与精神状态的一致尤其显得重要。在树立纯洁、高尚的道德伦理关系中，个人的尊严感和自尊心起着特殊的作用，只有当一个人在别人身上不断发现道德上完美纯洁的东西的时候，才会形成这种尊严感和自尊心。也只有在这种情况下，人才会有一种不断向上的愿望。

在寂静的夏季早晨，我们到草原去寻找最大的麦穗。要找些种子做试验。在这种劳动中，体力与思维结合起来了。特别重要的是，女孩子们成了善于思索和聪明能干的劳动者。

五年级结束后，木刻成了女孩和男孩们喜爱的工作。成年人帮助我们在橡树的树阴下摆好几张小桌子，在临近傍晚的时分，我们手里拿着小小的木刻刀就坐到这些小桌旁边。我们雕刻出别出心裁的木刻画——一些飞禽走兽以及一些只在神话中才有的与幻想出来的事物的雕像。这是一种艺术创作，每个人的思维与创作构思的特点就是在这种艺术创作中

展示出来的。童话中的一些形象栩栩如生——欢乐的巨人铁匠、和蔼可亲的苏姆拉克爷爷、瘦骨嶙峋的妖婆和小云雀。孩子们兴致勃勃地雕刻出一些军人，他们听到过关于这些军人所建树的丰功伟绩。有些少年一心埋头于这种创作活动，然而它却并未能引起另外一些人的特殊的兴趣。怎么也不能使佩特里克、瓦莉娅和尼娜对木刻产生兴趣。在仔细地观察了少年们的工作之后，我确信，在智力发展、智能和手的操作技巧之间存在着相互依存的关系。

我们也参加在集体农庄的果园里采摘水果，消灭护田林带上的害虫并为新的果树苗圃收集种子。

军事游戏使孩子们感到莫大的愉快。男孩与女孩们不止一次通宵达旦地去侦察，在假想的湍急的河口，在"敌人"的火力下建立抢渡点……

冬天，我们在户外工作。碰到不刮风不太寒冷的日子，男孩与女孩们在果园中堆雪，保护树木不受兔子破坏，同时为夏耕和农田积雪而刈席草。

每个冬天，我们都要在树林里工作几天——在风和日丽、气温为零下 5℃～10℃ 的日子里，我们用干树枝制作积雪的挡板。五年级的少年在森林里工作 3 天，每天 6 小时，六年级的工作 3 天，每天 7 小时，七年级的工作 4 天，每天 7 小时，八年级的工作 4 天，每天 8 小时。

这是一种非常好的锻炼体力与精神的方法。少年们穿得不多，可是要穿暖和。黎明时分，我们就来到森林，在一块林中空地上安营扎寨，煮好热气腾腾的食物，坐下来吃早饭。吃过早饭，我们工作 3 个小时。3 小时之后，大家都想吃东西了。又得生火做饭，吃午饭。在这里人人食欲倍增，有些人的食量甚至比在家时多两倍。谁也不觉得寒冷。从未有人在工作时或回家的路上冻坏过。也没有人生过病。吃过午饭，男孩子们就到森林深处去取洁净的泉水。大家都想喝"森林之水"。午饭后，我们再工作几小时，于是大家又想吃东西了。我们再熬煮肥肉稀饭——它仿佛是世界上最美味可口的饭菜。吃过晚饭，我们欣赏晚霞，在暮色苍茫中踏上归途，有时候来森林接我们的不是汽车，而是雪橇，这对大家来说是件大喜事。

我并不了解，那充满针叶味的，洁净的寒冷空气对人体所产生影响的全部奥秘，但是从一些观察中，可以得出这样的结论：冷天，在森林里工作，在明显地高出地平线的二月的明媚阳光的照耀下工作，是增强体质，培养沉着镇静与顽强不屈精神的最好方法。

每年冬季，在校园里也能找到工作：我们为葡萄园和果园收集积雪，保护树木不受严寒与兔子的侵害，为冷藏库采集池塘水面上的冰块。

每年冬天，少年们要在森林里休息几天。我们就像在儿童时代那样，一清早就来到森林，迎着朝霞，搭起窝棚，建好行军灶。我们乘上雪橇到森林深处，取来了泉水。吃过早饭，我们建造雪城堡，里面有各种宫殿、地下密室。还有有趣的、引人入胜的军事游戏……午饭之后，我们就分散在林间空地里走走，听着冬季鸟儿的歌唱，欣赏披着银装的树木。我们回到了雪城堡，在冰冷的炉子里点起火来，一边烤土豆，一边听故事。这些日子将永远留在少年的记忆中。

每年，我们都要挑个好天气，到一个遥远的冰封湖面上休息，那个湖泊景色秀丽，遐迩闻名。我们在这里呆两天，在帐篷里过夜。我们用冰块建造起水晶宫殿。在宫殿晶莹透明的壁上，阳光便闪出一种很难用言语表达的奇异景象，它令人感到惊奇和神往；每个人都想在宫殿里坐上一会儿，幻想一阵，听一听有关到远方旅行和善良反对邪恶的神话或故事。

冰晶体中光线变幻这一神奇的美景使人们浮想联翩并鼓舞人们去进行创造性的想像。我们坐在冰台阶上，我们的头顶上是宫殿的拱顶。在冰块联结的地方，每时每刻都迸发出各种新的色彩；这些色彩闪耀变幻，相映交辉。在白天的某个时刻，太阳降临到森林上空，这时候，水晶宫殿里笼罩着一片朦胧的绿色，就像在海底深处一样。接着它变幻为像晚霞那样的玫瑰色闪光，最后，又散射出紫色的光辉——这种独特的色彩和色调的变幻是如此地令人神往，令人精神振奋，大家坐在那里像是着了魔一样。

于是，在暮色降临之际，一首关于冰魔术师的诗产生了。这是我们集体编写的诗。下面就是这首诗：

> 蓝色的波浪荡漾在森林湖上，
> 冷飕飕的风在游荡。
> 浪拍阴沉沉的湖岸，
> 风在空枝残叶的林中喧响。
> 太阳刚要落在山后，
> 冰魔术师就来到湖岸旁。
> 用冰冷的寒气吹拂着水面，
> 那蓝色的波浪不再动荡。

　　　　　　冰魔术师站在林边，

　　　　　　那里有着彩色晚霞映着的光亮，

　　　　　　他在挥着手，呼着冰冷的气，

　　　　　　向着冻僵了的波浪……

　　　　　　晶莹的冰中，

　　　　　　宛如蓝色的、红色的、蔚蓝色的、玫瑰色的、绿色

　　的、黄色的、紫色的细针在闪闪发光。

　　　　　　冰魔术师把太阳之光

　　　　　　注入到冻结了的蓝色湖波里……

　　　　　　点点光芒在冰的深处休憩，

　　　　　　期待着春天的到来，

　　　　　　能在潺潺的小溪中嬉戏欢唱……①

　　这里，在水晶宫殿里，一种有力的，充满激情的思维刺激因素在起作用：奇异的美景孕育出鲜明的形象，激起了充满灵感的幻想突然迸发。在湖面上休息是一种增强与活跃我的一些"难教育"的孩子的思维能力的好方法，他们是佩特里克、瓦里娅、尼娜和斯拉夫卡。

　　我们有时还到离村不远的那个积雪很深的山沟里去休息。这里曾是一个山洞，它与我们每个人的童年时代许多令人难忘的回忆联系在一起……我们往往在严寒的天气，或是暴风雪来临之前，来到这里，打开只有我们才知道的山洞入口，把炉子生旺，煮起了稀饭，在寒风凄厉的呼啸声中阅读有趣的书籍。在这里，我们读完了杰克·伦敦和斯坦纽科维

───────────────

　　① 此诗在原译稿中漏译，现在补上。此诗由蔡汀同志译出。——译者

奇的一些短篇小说以及宙里·维尔和奥勃鲁切夫的长篇小说。在这里，我们还读了许多有关飞往星球的幻想故事，读得简直入了迷。

　　冬季的劳动与休息是使体力与精神协调的源泉。我关心少年的身体健康，首先是他们的心脏。在空气新鲜的野外工作与休息、在集体的精神交流中所获得的欢乐以及对生活美景的欣赏——所有这一切，对于强壮少年的心脏是极为必要的，因为他们的心脏正处于迅速形成与激烈、深刻的内部变化过程之中。现在，有半数以上的人死于心脏病。为什么总是要患这样的疾病呢？为什么有些人到了四五十岁，他们的心脏就会变得衰弱无力、功能不全了呢？这是因为，在心脏迅速生长的少年时代，没有对其加以保护、爱惜与锻炼的缘故。在这个时期，心脏对许多刺激因素反应迅速并容易接受。它是一些敏感的神经的集中点。正是在这种年龄，心脏会由于体力活动与精神生活的失调以及由于抽烟、伤风感冒、喉头炎、流行性感冒和鼻炎（这些对少年都是最危险的疾病）而遭受损伤。

　　我们预防伤风感冒、锻炼机体、增强和保护心脏，就是要延长寿命。我的男学生与女学生从未患过伤风感冒。这就是在童年进行长期的身体锻炼的结果。男孩与女孩从幼年时起就已严格遵守对他们提出的许多要求，这些要求已成为习惯：夏天锻炼双脚（在任何天气都赤脚走路），睡觉时打开通风小窗，用湿毛巾擦洗身子和做早操。

动作的灵活与优美

在少年时期，尤其是那些力气大的男孩子，动作笨拙而又生硬是他们的典型特征，这样的学生，在我这里居多数。少年的力气无法遏止地想脱颖而出，因此使一些复杂和细腻的动作与体力互相配合是十分重要的。不正是由于这样一个原因少年才会作出这么多轻率莽撞的（冒昧的）举动吗？不正是由于这样一个原因少年们才会经常折断和损坏那些他们根本不想要折断、损坏的东西吗？

尤尔卡把球往网里抛，可是却命中了窗户，打碎了玻璃，要不是我亲眼看到，他是那么不善于估计自己动作用的力量，就会认为，他是在恶作剧了。帕夫洛在搬床时竟弄断了一只床脚，这一点成年人恐怕也未必能够做到。舒尔卡在关闭书桌时，把书桌盖用劲碰了一下，使固定桌盖的螺丝脱落了。我发现，少年受集体精神生活中各种事件所引起的刺激愈多，则在他们行动的目的与他们在这个动作中所费的体力之间的不协调就愈大。生活告诉我们，训练动作灵活、轻巧和优美是必要的，这是协调体格与精神发展的最为重要的一个组成部分。我训练少年做一些复杂而细腻的动作，这些动作要求技巧与体力的结合。首先我关心的是使少年的双手成为他们灵巧的、技艺高超的，与大脑有着千丝万缕联系的劳动工具。自觉而又灵活地指挥全身的运动，首先是从指挥手的动作以及手对大脑的反作用开始的，由于这种反作用就能够训练出各个系统优美、敏捷的协同动作：手——大脑，身体——大脑，劳动——大脑。

手的细腻、敏捷的动作以及它与大脑的联系首先是在劳动中训练出来的。在少年的劳动中，我注意，不让他们多做那些只需要体力的粗野单调的动作，以防止这种工作所造成的疲乏使他们对自己身体与周围世界的敏感变得迟钝。经验使我深信，如果在少年期单调粗野的动作占了优势，即在这些动作中取得成功的惟一条件就是巨大的体力，这不仅会给人的体格发展，而且给人的智力、情感和美感的发展打上烙印：他不仅笨拙、迟钝，而且还不能理解思想与感情上的一些细腻的东西。在实验工场、小组工作室、实验室、试验田和果园中主要是从事动作灵巧，技巧高超和精巧细致的工作，它要求计划好体力与智慧的协调一致和经常性的自我检验；要了解，做了些什么？完成的质量如何？正因为如此，我们十分重视木刻这一活动。少年们在实验工场从事对木材和金属进行精细加工的劳动。在生物专用教室里，他们把小麦种子的幼芽移植到黑麦的种子上。男孩子在果园里工作的时候，学会了使用园丁的万用工具——接芽刀。他们把培育出来的幼芽嫁接到野生树苗上——这是一项精细的农活，它能培养人的灵巧，实践能力和美感。在机器上操作同样具有很大意义。少年们学习同时完成几个在劳动过程中所必需的动作。有些农活做起来要求整个身体的活动都参加进去，而且如果没有驾驭全身活动的本领，就很难使灵活、轻巧的动作与体力配合起来。七年级或八年级结束后，男孩们非常高兴从事刈草劳动。在这种劳动中，体力与轻巧、灵活和优美的动作极为明显地结合在一起。凡是爱好刈草劳动的人，他的体格一定匀称而优美，也善于在劳动和体育运动中驾驭全身的活动。

我们很重视骑自行车、溜冰、滑雪以及游泳等运动项目。这方面的本领也能培养与锻炼一个人动作的协调、轻巧和优美。男孩与女孩们自行车骑得如此熟练，拐弯时甚至可以不必扶车把。在组织溜冰比赛和游泳比赛时，我们定出一些条件，首先要求动作轻盈与优美。

夏天，在"欢乐的阔叶林"里有3匹马拨给我们使用。在离我们宿营地不远的地方，集体农庄庄员造了个夏季用的马棚。男孩与女孩们高高兴兴地储备干草，到村里去取燕麦。六年级结束后，他们还在晚间放马。这使他们感到特别快乐。每次，有3个男孩去值晚班。有时候，给我们几匹马，我们就骑着马，到遥远的草场去，直到第聂伯河附近的一个湖岸边。我们在这里听到了有关奇异的生物和遥远的星球那样一些令人惊奇的神话故事。

男孩酷爱打排球与篮球，女孩们则迷恋乒乓球与篮球。女孩们在家里也打乒乓球。整个少年时代，男孩与女孩都参加体操组。这是我们全校学生最最喜欢的运动项目之一。劳动与体育运动把男孩与女孩们的体形美渐渐地塑造出来。

爱护少年的神经系统

少年期是大脑发生深刻质变的时期。在额叶、颞叶以及顶叶部分，正在进行着树状突快速发育的复杂过程，这些过程导致人类所特有的认识、思维和创造功能的形成。把神经元节和某些质点以及把大脑皮层各区和皮层神经中枢联结在一起的联想神经纤维的数量正在增加。

确定抽象思维的解剖生理前提并不是一种平稳的、没有痛苦的过程。这一过程涉及到少年精神生活中表现自我肯定、自我认识、自我监督和自我评价的各个范畴。少年的神经元与脑皮层下中枢变得特别敏感，在一定条件下会变得近乎病态地容易受刺激，这是因为来自周围世界的任何一个信息不仅被"破译"，被加以系统化并与早先获得的信息联系起来，而且与思考者本人的个性也有关。少年仿佛把周围世界和他本人放在一起考虑。从一个神经元节到另一个神经元节的神经脉冲的转换变得很快，快到不仅能够在意识中，而且也能在下意识中积累和保存信息的程度。

能善于考虑因解剖生理过程的急剧变化所引起的少年思维的这些性质上的新特点，对于教育工作来说意义特别重大。少年的神经系统有时会发生极度的紧张：只要稍有不慎或不适当地触犯，少年就会"暴跳"、"发火"。因此，教育者必须首先对思想与感情领域，对思维与情感的复杂的相互作用过程以及意识的和下意识的领域采取非常谨慎和敏锐的态度。应当注意到，在这一时期，在脑皮层下的神经中枢内特别强烈地印下了认识和自我认识的情感痕迹。

柯利亚、米沙和托利亚在自己的家里有时目睹人与人之间不公正与冷漠无情的关系。当男孩子们来到学校时，他们看到的一些事实与情况似乎在记忆中已经消失或者印象淡薄了，可是认识的情感痕迹却铭刻在他们的行为和自我感觉上。假如我向他们中的某个人问起："你们家里情况怎样？"——那么回答我的往往是勃然大怒。在男孩们那种急躁的，求知心切的，仿佛要刺穿人的心灵的目光中，或者在沉默寡言的孤僻中，我察觉到了他们内心紧张的精神状态。

我猜度，少年正是在这时候需要帮助和忠告，可是如何来体察他们敏感的内心世界？我并不把帮助与忠告强加于人，我力求使一些骄傲的、自尊心很强的少年向我倾吐自己的衷肠。要做到这一点，就需要有精神上的一致，使我和我的学生都忘记，我们是师生。

正是在这个少年时期，在神经系统产生重大变化的同时，他们的内心深处进行着自我肯定与自我认识的最初过程，这个自傲而又爱好虚荣的人感到与自己在一起的不是一个用教育家的自作聪明来对他人行使巫术的教育者，而只是一个富有同情心的，诚挚的朋友，这是多么重要啊！一个教师，他愈少摆出教育者的架子，愈少一本正经，他就愈是个优秀的教育者，少年们也就愈喜欢接近他。

兴趣与爱好的一致仿佛是一种能将少年拉向教育者的力量，由此而形成精神状态的一致，首先是道德情感状态的一致，表现在对邪恶、不公正和轻视人的尊严的毫不妥协。当我对米沙的父亲对家庭所做的坏事表示憎恨的时候，当我怀着不安的心情看着凝神沉思和存有戒心的米沙的时候，他就对我倾吐了自己的心里话。对痛苦的共鸣战胜了残忍，而残忍则是少年敏感的心对邪恶、谎言与不公正行为的最激烈和最危险的反映。残忍不仅会使少年的心灵变得粗鲁，而且还会影响到神经系统，破坏体格与精神发展之间的协调一致——使少年的身体与精神受到压抑。

少年仓促地作出错误的结论，把嫉恶如仇的感情从对个别人转到对所有的人。有时他还会对世上的一切都变得残酷无情。他觉得，所有的一切都是凶恶的和与自己格格不入的。

让我们仔细想想伟大的艺术家和教育家列夫·托尔斯泰所说的有关自己少年时代的一些话吧："是啊，我在对我一生中的这一时期的描写中越往前走，这种描写对我来说就变得越来越吃力和困难。在这段时期的回忆中，我极少能够找到那种能如此明亮地和经常地照耀着我的生命开端的真正温暖的感情。我不由自主地想快些越过少年时代的荒漠，达到一个幸福的时期，在这个时期，真正温柔而高尚的友谊感情以明亮的光线重新照亮这一年龄的结束并开创一个新的，充满美好和诗意的青年时期。"[8]

为什么列夫·托尔斯泰出人意外地把少年期称之为荒漠呢？因为人在少年期对他看到的各种事情总是反应尖锐，激动不安。最微小的忧虑不安也会在他心中留下很深的创伤。因为人对世界从感性上极其敏锐而又清晰的认识是从少年时代开始的。而少年这时的心往往变得敏感与易受伤害，它对那些使他精神受到压抑的见解特别敏感。少年只要一想起那些在一天、两天、三天，甚至一个星期以前使其惊讶和激动不安的话，他的心就会不安地跳动起来，血压就会"突然升高"，浑身上下忽冷忽热，脸上红一阵、白一阵。如果在这个时候，少年开口说话，他的嗓音往往会打颤和由于极度紧张而断断续续。要善于注意和理解这种精神状态。不要去问："你怎么啦？"一般来说，这种对学生的"掏心术"是不适当的。人在少年期的内心生活比任何其他的发育成长期都更为丰富，而这种精神生活会影响到他的身体健康，影响到他的思想和行为。内心的震荡会引起少年机体各部分普遍的不协调。我遇到过这样一种情况：少年对邪恶与不公正表现了愤怒不平，过了几分钟之后，这种情绪就引起了体温的急剧升高，然后就产生了长时期的神经系统疾病。在强烈震荡的影响下，少年往往还会引起消化功能的紊乱。

保护少年的中枢神经系统，也就是爱护他的心脏和整个机体。教师应该掌握一种隐藏着同情心和对少年短处的宽容态度的最巧妙的工具——语言。要小心谨慎，别使你的话成为一根触摸娇嫩的身体，灼伤它并使它永远留下难看的伤疤的鞭子。正是由于这样的触摸使少年时代显得毫无生气。富有哲理和同情心的话语，就像是一种活命的水，它能使人得到安慰，对一切都表现乐观并激发起正义必胜的信念。

只有当教育者说的话是真诚的，出自内心的肺腑之言，话里不掺有虚假、成见以及要对学生进行"严厉责备"和"痛骂一顿"的愿望，这样的谈话才能起到保护和爱惜少年的心灵的作用。为了要在少年身上产生强烈感受而特意去挑选一些尖刻的字眼，这是一种缺乏最起码的教育常识的标志。如果少年处在心情紧张和异常激动的状态中，当他的大脑与心脏之间的感受之弦拉得很紧的时候，他是永远不会感到自己有过错的。只有在平静下来之后，少年才会体会到自己的过错。因此，教师的话应该首先使少年平静下来。如果我们说，教师的呵斥在教育工作中本来就是一种毫无用处的方法，那么把这种方法用来对待少年，这只能说明是教育上的无知。因为呵斥本身——不管少年有无过错，——在他们看来就是一种不公正。想用呵斥来压制少年的倔强，迫使他们处于一种战战兢兢地听话与服从的状态，这好比是挤压弹簧，我们愈是用力挤压它，危险就愈大，因为它会压断或者是弹出来击中那个挤压它的人。

每次，当您努力设法，使少年处于不敢说话的顺从状态时，您就像是在激怒和过分地刺激那个本来就已经很紧张的心脏。当教师在大声呵斥的时候，少年的心脏，形象地说，就像是着了火一样：紧张的神经敏感地、近乎病态地把信号输送到大脑，而大脑一次又一次地刺激心脏。

有时候我见过一些心情十分容易激动的少年，特别是尤尔卡、维克多和舒尔卡。这点始终使我很感不安。少年们好像在等我开始谈论有关他们的一些事情，可是只要我一提高嗓门说话，他们就会面红耳赤，全身瑟缩。这时候，我就竭力保持镇静。我尽量轻声地，然而有表情地，以饱满的热情说话，仿佛我并不是有意地在缓和他们的情绪。少年（有时候两三个人在一起）注意听我说话；他愈是全神贯注，我就说得愈轻。过了一两分钟，紧张气氛就消失了，危险的激昂情绪的火苗熄灭了。我看到了一颗平静的心。如果这是在全班面前说的，教室里就会一片肃静。在这种情况下，就可以控制对少年说话的口气：略微提高一下嗓门，可以使他们觉得是一种要他们注意听讲，勤奋学习和明白事理的合理要求。

用断然命令，不容反驳的语气说话往往会使少年的神经系统极其疲劳、衰弱和过度的兴奋，而后又感到压抑。少年的智力活动就其性质与功能来说是有独立的要求的。真理只有在少年对其正确性仿佛产生怀疑，从而对它从各方面进行仔细观察，检验并独立地得出应该按教师建议的那样去做的结论时，才能变成他的信念。少年不仅研究自然界各种现象与规律，而且也研究道德真理，研究人。他们特别注意研究教师。教育者与少年们的谈话不应该是绝对的命令，而应该是一种发人深省的话；在这种条件下，少年会发现您身上一切美好的东西，您思想的一些细枝末节就会清晰地呈现在他们面前。

当绝对命令和不容置疑、不许反对的精神占统治地位的时候，就会出现一种教师常常觉察不到的危险状况。绝对命令往往会在少年的意识中激起内心的反抗。少年期由于控制情感的脑半球皮层的作用增强了，少年几乎从不公开表示自己的反抗。可是他的感触却更深刻了。一方面是不耐烦和不能容忍，另一方面又要默默无言地顺从——这些感受使少年的心脏经常处于一种兴奋激动的紧张状态。在强大的情感刺激下，脑皮层下神经中枢开始发生作用，它们仿佛对理智提出警告：别屈服，你自己肩膀上也长着个脑袋。这些来自脑皮层下神经中枢的信号是如此之强大，以致少年虽然听到了您说话的声音，但却没有深切地注意到这些话的意思，它们仿佛是在少年意识的表面爬行。接着抑制过程就开始了，心脏不再紧张，它变得软弱无力。可是，当教育者说出某个想法时，却又会重新激起少年剧烈的反抗（当他感到，教师的言行不一，或者感到教师所说的与他在实际生活中所见到的现象有矛盾时），少年的心脏会重新紧张起来，来自大脑皮层下的信号又重新送入大脑皮层。

教师没完没了地在折磨着少年的心，他不让少年有边思考边认识和边认识边思考的机会，——而这种认识和思考的过程正是少年自我肯定的开始。少年的心经过若干年这样的折腾之后，会变得粗野与冷漠无情。对具有这样一颗心的人来说，往往是不存在什么神圣的东西。下意识不再成为良心的敏锐的卫士。这不仅造成道德的沦丧，而且还会给健康带来巨大的危害。用默默无言的顺从精神来教育少年，必然造成感情上的压抑。他们不可能具有乐观愉快的世界观。

尊敬的读者，请不要把我的意思理解成我反对教育工作中的命令、要求与秩序。假如没有教育者合理地显示自己的意志、没有集体与社会的要求，则教育将变成一种自发力量，教育者的话也就成了抽象善行的玉露琼浆。然而，真正的教育是要培养一个人对他人、对社会和对人民的一种责任感，而没有坚强的意志，没有严格的要求，没有断然的命令，没有合理的教导和不善于把自己的个人利益服从于多数人的利益，服从于集体、社会和人民的利益是不可能有什么责任感的。少年往往尊敬、爱戴和器重意志坚强的人，而不能容忍优柔寡断的人以及空洞无聊的废话。这是我们教育体系中极其宝贵的真谛和准则。我要大家防止那种除了命令与要求之外别无他策以及不尊重少年个人意志的现象，这种现象是令人厌恶的，在教育工作中是不能允许的。教育者对少年的心灵施加意志影响的艺术在于，要使少年在了解自己职责的同时，愉快地自己对自己下命令，自己对自己提出要求，要使您，一个教育者，用人的责任感的道德美来吸引和鼓舞少年，要有一种严厉的、必须无条件服从的纪律，这种纪律与鼓吹宽恕一切和抽象善行是势不两立的，并且要使这种纪律成为少年的自我肯定和他本人的道德力量的一种表现。

如果人们相互关系中的道德侧面对于儿童来说，主要是在一些鲜明的图画和成年人的行为与品行中展示出来的，那么少年则已经可以通过言语来认识道德领域。他往往仔细地倾听别人说的话。成年人的话对他来说就成了说话者的道德鉴定。少年的敏锐的意识与下意识不仅能听出别人说话的内涵，而且还能看出一个人的言行是否一致。对于少年来说，言语的教育力量与其说是取决于言语本身的正确性，倒不如说是取决于教育者的言行一致。一些漂亮话会被他们看做是谎言与欺骗，如果说话者说这些话并不代表他个人的信念，而只是一种职务上的需要，如果这些话出自一个会讲漂亮话，但是过去和现在都没有能够作出什么漂亮事的人之口。在这种情况下，话说得愈漂亮，话里虚假的激励愈多，则它就会激起少年更为深刻的内心反抗，对其心灵的压抑就愈大。

给少年讲道德真理的深刻含义的人，本人一定要具有高度的道德修养，以此作为他说这些伟大而又神圣的话的基础。这对于少年的精神与体格的协调发展是非常重要的！

在少年的教育中，十分重要的是设法使少年的神经系统与心脏不要受到伤害。多年的观察证明，当少年在课堂上等待教师提问的时候，他的心情特别紧张。当教师的眼睛在名单中选择向谁提问的那一瞬间，孩子们敏感的心会紧缩起来，停止跳动。当全班学生终于（有时经过长久的思考之后）听到了被叫学生的名字的时候（假如这时测量一下血压的话，就可以看到，指针会突然抖动一下），往往会如释重负地松一口气：叫到的不是我。（当然，只有那些从小受到的是循循诱导的教育，没有听到过恶言恶语，没有亲身体验过强烈"意志"教育方式的人，才会有这种灵敏的反应。而对于习惯于皮带与敲后脑勺的少年，则反正无所谓，叫谁都行。）由于经常经受这种考验，一些少年的心会变得不灵敏了，而另一些少年则还会患一种学生所特有的神经官能症。当我的学生升到五年级时，我在瓦里娅与柳霞的身上看到了这种神经官能症的一些最初的征兆（顺便提一下，女孩子们学习异常勤奋，原因就在于她们由于解剖生理上的特殊性比较早地表现出意识与下意识对言语的敏感性）。我们这个教师集体考虑了这么一些问题：为什么要使少年经常地受到这样一种神经紧张的考验呢？如果在上课一开始，教师就在谈话中不知不觉地说出，今天将由谁来回答问题，这岂不是更好些吗？事实证明，这样做要好得多。少年们不会激动不安，他们心里已经准备好教师的提问。而这并不影响学生的勤奋，也不会影响他们学习的积极性。

实践证明，为了不使少年的神经系统兴奋，需要采用一些特殊的教育方法。这首先是到野外劳动，单独一个人，听不到喧哗声与叫喊声。每个少年在一天的紧张学习之后，在果园里劳动半个小时。由于精力转向体力劳动，从而使神经系统平静下来。使神经与心脏平静下来的最好办法是进行一些单调的体力作业，这种作业是达到考察目的的一种手段（例如，用铲子或切菜刀整理土地、施肥、浇水、截枝等等）。这种劳动就像"充电"一样，对于神经系统和心脏是十分有益的。

对于神经与心脏来说，最好的休息是到田里去劳动一整天，或者就像上面讲过的那样，到森林里去进行冬季劳动。那一望无际的秋季草原、洁净无尘的空气、蓝蓝的天空以及在马铃薯田里就地做起来的美味可口的饭菜，——所有这一切造成了身体与精神的协调一致。在这样的劳动之后，就可以同全班学生进行那种将会引起惊慌与不安的谈话。

在集体中呆的时间长了，就需要换换环境———一个人单独呆一会儿，保证充分的休息以消除那种因精神交往而引起的紧张。在课堂里进行紧张的脑力劳动之后，不宜举行会议。这样做，会使神经系统疲劳、衰竭，尤其是当大家在这种会议上谈到个别少年精神生活中某些细腻、十分敏感和脆弱的领域时，更是如此。如果需要集中精神力量（当谈话会引起骚动与惊慌不安时），我总是在体力劳动之后把大家召集起来（特别是在需要谈到一些会引起少年们极大愤怒的事情时）。明哲的思想会使易动感情的直率和高尚纯洁的情感火花变得更加高尚，而对于一个少年来说，只有当他的心在谈话之前没有因许多其他的令人不安与操心的事情而变得激动的时候，他才会有清晰的头脑。

在长时期的学习生活之后，需要有一个离开集体的较长时间的休息。在每个学季之后，少年应该一个人单独呆一阵子，在家里住上几天。这是完全必要的，就像他们需要集体的丰富多彩与生气勃勃的精神生活一样。我与家长们商量，在家里的这段时间应该给少年找哪些他们所喜爱的工作。

心理素养

令人感到奇怪和费解的是，为什么在一个人进行自我肯定的时候，学校并没有给他有关自己的任何知识，其中也包括有关人的知识，特别是没有给他关于人之所以能高于一切动物的一种特殊的知识：有关人的心理、思维和意识，以及人的精神生活的感情、美感、意志和创造方面的知识。人对自己实质上一无所知，这一事实常常是造成巨大的不幸的根源，社会往往不得不为此付出昂贵的代价。没有心理的修养、体格；精神与美感的修养是不可想像的。我努力授予少年一些专门有关人的最基本，最必需的知识以及在生活、劳动和与别人的相互关系中使用这些知识的本领。

心理素养的知识并不是一个简短的心理学提纲。我把这些知识称为自我认识与自我肯定的入门和个人精神生活的素养。在传授这些知识时，我力求做到，使少年不仅仅只是懂得有关身体与精神的统一和心理的物质基础的科学唯物主义的观念。复杂的生化过程是精神的物质本体，任何脱离了肉体的灵魂是不存在的，像世上所有的生物一样，人是必定要死的，——要使少年相信并反复确认这样一些观念并不困难。但这样做，就意味着把人与动物等量齐观了；所以与此同时，还需要让少年在思想上明确，人是充满崇高理想的创造者。

要用心理素养的初步知识来鼓励少年，使他树立起乐观主义的精神以及对自己力量的信心，这是十分重要的。首先我确定了心理素养基础知识的内容。我就从感觉的基本概念讲起。五年级学生掌握了各种感觉的概念，便兴致勃勃地观察起自己的感觉来了。我们还进行了提高视觉与听觉灵敏度的专门的训练。这些训练在形成感觉素养中起了巨大的作用。

在游览与远足时，少年们常常去识别树叶、草和天空颜色的各种色调。他们能够看出由于季节，阳光照射以及其他一些因素而形成的蓝色苍穹的 10 种以上的色调。在森林里、在河岸上、在海边训练鉴别各种不同的声音。这些训练在对本族语及其发音的细微特点的敏感性的培养中起了极为巨大的作用。我们全体教师都坚信，语言素养在很大程度上取决于声感的素养。声感的素养还决定着美学素养的形成。男孩与女孩学会了区分 40 多种玫瑰花颜色的色调。由于在语言中找不到能够对所有色调命名的词语，少年们还想出一些自己独创的富有诗意的名称。

为了发展嗅觉素养，我使学生们养成一种机体上不能容忍发霉气味的习惯。他们无法待在一间空气混浊的房间里。他们在做任何一项工作之前，首先要使房间透透风。[①]

培养知觉素养的工作在五年级就开始了。我用明显直观的例子给他们讲授了感知周围世界的事物与现象的概念。我特别注意培养他们对事物的协调一致的认识能力，进行了提高空间的知觉素养的训练。我们从位于高处的草原墓地上，在不同的季节里，观察物体的轮廓是如何因远近距离的不同而发生变化的。少年们对做这样的训练都很感兴趣。我用几句话描绘了某个事物的外部轮廓。少年们仔细地倾听每一个字，考虑一番之后，就打开绘画簿，根据自己对所听到的话的理解，用图画表达出来。这种训练的目的就是要发展一种综合的，即视觉—听觉—动觉的理解形式。

少年们渐渐地进入到了思维领域。在野外，我用明显的例子，向他们介绍了有关思维及其过程的知识。对思维修养问题的实质的讲解具有很大意义，因为在少年时期，抽象思维的比重愈来愈大。我们的一些课与练习多半是用来培养抽象能力的。我们对周围世界的一些事物与现象进行分析、排队和对比并进行推论练习。在观察周围世界时，少年们找到了因果关系；他们对自己的发现感到惊奇：同一种现象在一种情况下是结果，而在另一种情况下则是原因。这些发现丰

---

① 有关感官教育中的嗅觉素养将在"情感教育与美育"部分叙述。

富了智力的感受。

在讲授语言的心理素养课上，我对他们讲了语言的起源与发展、语言与思维的统一以及语言的表现力、感染力和形象性。学校教育中一个严重的缺陷就是语言素养的教育与思维素养的教育脱节，我把防止这种脱节看做是一项非常重要的教育任务。多年来的观察证明，少年的精神生活是如何因死记一些他不太理解或根本不理解的词句而变得空虚、迟钝的。心理素养的一个重要特点是要使学生把语言作为现实生活的生动而鲜明的反映接受下来，要在概括和抽象的概念中贯穿着明确的含义，使语言的相互联系反映出思想的相互联系。

自我观察在语言的心理素养教育中占有重要地位。少年们学着进行自我检验：我是否明了我自己所说的话的意义？我能否正确地用语言来表达我所想的东西？为此进行了一些练习：少年对自己的所见所闻作口头描述，同时力求表达一些最细微的差别（颜色与声音的），经验证明，这些练习对于形成内部语言修养是很有价值的。

课堂上，少年们学习在叙述、讲解与谈话的过程中进行自我观察与自我监督的能力。在开始学习新材料之前，我提出了一个任务：不仅要理解意义，而且还要作出逻辑分析（例如：列出主要的组成部分和判明概念之间的依从关系）。

关于感情的生理基础的概念，关于高尚与卑鄙的感情、情绪和感情冲动的概念——所有这一切，六年级学生已经能够理解了。我把发展高尚感情与预防卑鄙的感情看做是一项重要的教育任务。在说明某种感情的性质时，我力求向他们说明感情范畴与道德范畴的一致性，使他们相信，只有高尚的思想与行为才能产生高尚的感情。于是，男孩与女孩们就学着发展自己的高尚感情了。

少年精神生活的一切方面是与意志素养的教育紧密相联的。刚毅的行为比心理修养的任何其他方面更能深刻影响他们的精神生活。这种精神生活就是自我观察与自我教育的广阔的领域。我给学生们讲述一些意志坚强的人的故事，用这种方法教他们提出目标，作出决定和克服困难。对一些意志薄弱和优柔寡断的学生进行了个别的工作：我教他们先给自己提出一些困难不大的工作，克服它们，然后再过渡到一些困难较大的工作。

记忆力的培养与自我锻炼在心理素养中占有特殊的地位。我逐渐地发展与加深有关记忆力生理基础的概念。我根据少年的年龄特点使他们懂得，在脑力劳动过程中，他们的头脑里发生了什么变化？什么东西决定着他们努力的成果。通过多年的观察，我得出结论：在有意识记与无意识记接合点的某个地方藏匿着培养记忆力的源头，因为学生愈是深入思考他所学习的东西的意义，事实与现象的本质在他的思想中浮现得愈清晰，则这些事实与现象就记得愈牢固。少年们掌握了认识的研究方法。大量的事实证明，如果学生的知识是通过对日新月异的实际情况进行研究分析而获得的话，那么这里进行的不仅仅是有效的识记，而且还有记忆力的培养。这是一个需要进行专门研究的少年时代精神生活的大课题。

为了使少年很好地了解自己，我对他们谈了气质与性格、神经系统的类型与思维的类型。在这些谈话之后，少年的自我观察明显地得到了加强。

少年们逐渐地懂得了诸如才能、嗜好、兴趣以及志向这样一些概念。精神生活的这样一些方面的心理素养与一个人的道德素养以及社会政治积极性是不可分割地联系在一起的。教育的目的是要使每一个少年在能力的培养中成为我的助手和同志。我教导少年们："在从事任何一件工作的时候，要专心一致，把智慧与感情贯注到工作中去，只有这样，才能认识自己和找到与自己志向相宜的事业。"

"这些有关心理素养的谈话应在何时何地进行呢？"——一个教师同行向我问道。"要知道，在教学计划中没有安排进行此项工作的时间。"如果学生与教师没有共同的精神生活，就不可能进行教育。我们把关于少年心理素养的一些谈话称做"关于人的故事"。在我们长时间的精神交往中，这些故事引起了极大的兴趣。在行军休息的时候，在我们"欢乐的阔叶林"的寂静的傍晚，在暮色苍茫的教室里，我都讲"关于人的故事"。当少年们为了要我给他们讲点有趣的东西而特地来到学校的时候，我也讲。世界上没有任何比人更有意义的东西了。

今天，当人的生命活动中细腻的神经系统的作用一代比一代增强的时候，心理素养的培养就成了人的全面发展的主要因素之一。

5.

少年的智育和教学

教师们的各种教育观点和信念的统一

在担任五年级教学工作的前一年，我就根据学科的教学特点开始准备大幅度改变教学上的做法。除我之外，到这个年级任教的还有 8 位教师。这就要求班主任倍加操心，他首先要注意教师中各种教育观点和教育信念的统一。

我教本族语、俄语和历史 3 门课。我认为这样做体现了一条极其重要的教学和教育统一的原则：班主任（教导员）应尽可能担任从学生开始学习到毕业一直开设的课程。

作为班主任和校长，我认为自己的使命是使教师们在教育和教养的一些最重大的问题上具有统一的观点和信念。观点的统一能使每个教师的个人创造性得到充分发挥。任何一位教师都不可能全面地（尔后是抽象地）体现出一切优点。每个人身上都有某一方面的优点，每个人都具有独特的活力，都能在精神生活的某个方面比别人更鲜明、更充分地表现自己。每个教师正是在发挥个人擅长这个方面对教育少年这一复杂过程作出自己的贡献。但同时，每个教师都应当是统一整体的一分子，这个统一的整体就是智力素养、道德素养、美育素养、体育素养、心理素养和情感素养的源泉。

我们的教育观点和教育信念是在工作过程中形成的，包括下面几方面的内容。

1. 每个教师不仅是个教学工作者，而且是个教育工作者。由于教师和少年集体在精神上是一致的，因此教学过程不仅仅是传授知识，而且是表现为一种多方面关系的形式。有智力方面，道德方面，美育方面和社会政治方面的共同志趣把我们每个教师同少年联系在一起。课堂教学是点燃少年求知欲和道德信念火炬的第一朵火花。

2. 我们每个人都应当对每个具体的学生施加个人的影响，用某种方法去引起少年的兴趣，使他专心致志并受到鼓舞，激发起他特有的个性。我们每个人都不应当是教育智慧的抽象体现者，而是帮助少年去认识世界、同时认识少年自己的活生生的人。少年把我们看做什么样的人，这一点具有决定性的意义。对于少年来说，我们应当是具有丰富的精神生活的榜样，只有具备这一条件我们才能在道德上有权教育少年。世界上惟一能吸引少年，使他们感到钦佩，有力地启发他们积极向上的是那些智慧过人、智力丰富而又慷慨大度的人。在我们的学生身上具备未来的数学家和物理学家，哲学家和历史学家，生物学家和工程师的素质，具备创造性地在田间和车床边劳动的能工巧匠的素质。只有当每个少年从教育者那儿得到"活水"，他们的才干才能发挥出来。没有"活水"素质就枯竭、衰退。智慧培养出智慧，良心培养出良心，有效地为祖国服务培养出对祖国的忠诚。

我们的学生把自己的命运托付给教师，我对这些教师已经有了多年的了解。这是一些聪明、诚实的人，他们热爱孩子、热爱科学、热爱书本。渴望获得知识和认识事物——这股强大的力量使我们大家亲密无间，把我们联结成一个集体。我们每个人都觉得自己是个学生，每个人在智力生活方面都有某种爱好：奥·皮西缅娜娅精通法文和德文，自学了英文和拉丁文；玛·雷萨克有一个设想，认为必须从五年级起开设代数课，他自己编出了算术习题集；阿·菲力波夫制定了五年级的物理导论课的大纲，并且深信，这门课的开设将为孩子们的智能教育创造有利的条件，他同时制定了物理课外作业的大纲；奥·斯捷潘诺娃研究了土壤中的生化过程，进行了有趣的实验；在她教过的每个年级里都有两三名学生立志献身于农业劳动；玛·司罗瓦塔柯研究了家乡自然财富，绘制了几幅地志地图；阿·伏罗希洛努力要在实践中证实自己的信念：一个人的智慧就在他的手指头上，劳动不仅能培养实践的熟巧和习惯，而且能培养好学不倦地进行创造性劳动的智慧；格·扎伊策夫一直在考虑，怎样把图画课和思维修养的培养统一起来；斯·叶弗烈缅科认为在自己的课上主要是培养音乐修养，他制定了欣赏音乐作品的大纲。

3. 我们认为，完备的智育只有在集体和个人丰富的智力生活环境中才可能进行。我们认为，一个人在少年期的智育中出现的飞跃和本质上崭新的阶段，不仅反映在从形象思维到抽象思维的明显的过渡（过渡这个概念是假定的，因为小孩子有抽象思维的因素，而少年还保持着形象思维的因素），而且表现在少年智力生活中的自我肯定：在正确的教育下，他感到要把自己的智力财富贡献给别人的这种精神上的需要，同时从别人那儿获得智力财富。课堂教学，课上获得的基础科学知识，教学过程中智能劳动素养的培养——所有这一切在智能教育中具有很大的意义，但是所有这一切都不过是涉及面很广的智力生活的一个组成部分。在集体中应当经常跳动着好钻研的思想脉搏，跳动着渴望科学知识，渴望解决有趣的、引人入胜的课题及书本知识的脉搏。

教师又是集体智力生活的源泉、引路人和第一个动因。智力生活能不能存在，这件事本身就取决于教师的知识、思想、志趣的丰富程度和博学多才。对于童年期的孩子来说，教师是事物和现象的世界的开拓者，而对于少年期的孩子来说，教师是思想世界的开拓者。而青年精神意向的纯洁、高尚和无私，在自我肯定期所表现的刻苦钻研和强烈的求知欲，教师和学生之间亲密无间和富有人情的关系都取决于集体的智力生活的丰富程度。要防止少年期和青年期出现内心空虚这种巨大不幸，这种不幸还表现在糊里糊涂地消磨时光，对长辈的漠不关心，甚至沦为罪犯。防止这种不幸的办法首先要使一个人在少年时代就体会到智力生活的丰富多彩，美不胜收，十分完善。知识会使人的心灵变得高尚，不仅因为知识所反映的是真理（苏联学校中道德教育是以真理为依据的），而且事实上在我们社会里知识能提高一个人的价值。

4. 我们相信，世界上每一个神经正常的人都能分享智力的财富，都能分享生气勃勃的智力生活所提供的幸福。在课堂上，不管采用怎样完善的教学方法，都不能保证十全十美的教育。对于课堂上各门学科基础知识学起来也非常困难的人，就更不能把他的智力生活只局限于基础知识。一个人只有当他知道了比要求他知道的东西多得多的时候，他才感到获得知识的快乐。要防止学生学习成绩不好（学习掉队，对知识、科学、书本、学校都表现冷漠），不能是无止境地督促和挽救成绩不佳的学生，而是要把他们中间的每一个人引导到丰富的集体智力生活中来。某些少年由于生活中遭受到无数的挫折和不正常的情况，使他产生痛苦的想法，只看到一个方面：我什么都不会，我在学习上毫无希望，别人能够学会的东西我学不会。如果一个人在自我肯定的年代面对的是这样一种严酷的现实，就会酿成悲剧。他就会失去做一个好人的信念，感觉不到集体对自己的良好影响。因为有了这种想法以后就没有真正的集体了。他变得孤僻、多疑、恶毒。要是还有人常常指责他是懒汉、二流子的话，他就会变得冷酷无情，并且真的成了懒汉、二流子，他堕落沉沦了。书本对他来说是苦难，而不是快乐的源泉。

少年的内心空虚，这是很大的不幸。

5. 我们确认，少年期的智能教育和教学完全不同于童年期。我们不仅向少年展示了自然和社会以及它们的发展规律，而且指出了少年本身的情况。这里指的不仅是少年的心理修养，而且包括所有课堂教学的智力劳动的性质和目的性。少年在认识世界的同时认识了自己本人。少年在认识自然规律和社会规律的同时，应当确立这样的信念，他的进步不仅是因为知道了某一点新的东西，而且是因为真的变聪明了些。少年在学习任何东西时都应当看到思想上的斗争，并且在这场斗争中应当始终有坚定的立场和个人的见解。

我记得开学前夕同五年级教师们的一次谈话。我们设想了我们学生的未来。我们教师中未必有人能活到 2000 年，而学生们将在创造力旺盛时期迎来 21 世纪。他们将是世界的主人——工程师、农艺学家、医师、教师、建设者。但是，他们每个人首先都应当成为一个热爱自己祖国的爱国主义者和真正的人，一个头脑清醒、品德高尚、心地刚强、心灵手巧的人。在他们前面横着数十年创造性劳动的漫长道路。在这期间科学将会有很大的发展。如果把我们的学生走上工作岗位时的知识水平作为一个单位，那么，在劳动生活的漫长过程中他们每个人都要给自己的精神财富再增加五六个单位，否则他们就会落后于生活，不能有效地开展工作。生活越来越要求人们不断更新知识。没有对知识的渴望不可能有十全十美的精神生活，也就是不可能有劳动的生活、创造性的生活。因此，我们必须培养进行自我教育的自觉要求。

我们得出的结论是：像布置多少家庭作业这类事不可能每天都在一起商量。我们主要是根据合理的工作定额，同时总是记住充实集体的智力生活。我们每个人都将在少年身上寻找发挥他们的擅长和才干的素质。我们将在吸引少年的智慧和心灵方面开展竞赛。

世界观与信念

教学计划中任何课程都在一定程度上涉及到世界观的

问题。某些真理和规律，比如数学概论，看起来似乎与科学唯物主义世界观距离甚远，它们对于形成科学信念起着很大的作用。因为一个人在认识这些真理和规律，用实践来检验它们的正确性时，就在作出自我肯定，感到自己是一种积极的力量。数学用真理来教育人们，因为真理是通过劳动才认识的，多年来的学校工作证实了这一点。

人的世界观——这是他个人对待真理、规律、事实、现象、规则、概括以及思想的态度。培养科学唯物主义世界观就是教师要深入体察学生的精神世界。教师作为一个教育者，他的工作就是从培养世界观开始的。

一个人在少年时代总是努力去认识和概括很多事物。当一个人似乎在观察周围世界，同时感到自己是世界的一分子、是一份积极的创造性力量的时候，达到了这个思维阶段，他的世界观也就开始形成了。我们认为教育的任务就在于帮助少年在自己的智能劳动中，在学习中把自己提高到形成世界观的高度。决不允许死记硬背和机械式的识记，这一点十分重要。死记硬背不仅是智力的大敌，而且是道德的大敌。当出现死记硬背的情况，作为积极的创造力的个性渐渐消失了。

从五年级开始系统学习关于自然、社会和人的基础学科。我们力求使教育的这三个部分有机地结成一体，不仅在少年的意识中构成一幅周围世界的图画，而且帮助他们对世界、对人类的过去、现在和将来以及对他本人都有自己的看法。我强调一下，把教育的三要素和谐地结合起来具有特殊的意义。如果拿掉了关于人的知识，教育将是不完全的，这就是我对心理修养寄于很大重视的原因。

如果缺乏少年所能理解的有关宇宙的最基本的知识，就不可能完整地认识世界。从五年级起到中学结业我举办了一系列关于宇宙的讲座：讲了地球和太阳系、银河系，世界在空间和时间上的无穷无尽。讲座一结束就在毕业班上开设天文学的基础原理课。

我认为，心理素养基础和宇宙知识基础由一个教师讲授，这一点很重要。教学上的协调一致能使自我认识和自我教育在认识自然界的普遍规律的广阔背景上进行。这种协调一致也是形成科学唯物主义观点的实质。我们生物教师、物理教师、化学教师、数学教师、自然地理教师，在揭示关于自然界的科学知识原理时，都要努力达到这样一个要求：把大自然作为人们认识世界和作出个性自我肯定的广阔天地。

恩格斯把大自然称做辩证法的试金石[9]。从这个意义上说，大自然是产生深刻的教育思想的源泉。我们在实行这种教育思想的时候，努力使人们在认识大自然和掌握辩证思维的同时，确认人的伟大作用。

生气勃勃的世界观是个人精神世界丰满的基础。没有丰满的个人精神世界就不可能有生气勃勃的集体智力生活，不可能有学习的愿望和探求知识的兴趣，也就不会去热爱知识、书本、学校和教师。我们教师只有在少年思想上提高人的价值，通过认识世界激发少年的自豪感和自尊心，我们教师也就成为真正的教育者。因为只有这样才能把学生吸引过来，而我们的知识在少年的眼中不再是按次序发到的一份材料，而是我们慷慨地与他们一起分享的精神财富。

要做到通过认识和探索世界的奥秘去提高人的价值，必须具备伊·乌里扬诺夫在自己的书信和报告中多次提到的一个条件：教师应该知道的东西要 10 倍、20 倍于他给学生的知识[①]。如果一个教师在传授知识时，只要拿出他知识财富中的极小一部分，他就能把关于世界的知识讲得更加深入人心。少年在听了关于绿叶上发生的复杂的生化过程之后，不仅认识到这一过程是不以人的意志和认识为转移的，而且认识到人为了探索大自然的奥秘已经做了些什么。如果一位教师认识到，他需要讲些什么才能使学生通过认识世界提高对自己作用的认识，同时帮助学生了解人类文化和激励他们去渴望认识真理，那么，这样的教师在知识的宝库中找到的正是明显地反映人的伟大的那种光辉形象和思想。

这样，奥·斯捷潘诺娃女教师给学生讲了绿叶是有机物的实验室，是地球生命的源泉，同时，她在少年的意识中塑造了季米里亚捷夫的形象。季米里亚捷夫为造福人类而从事鼓舞人心的劳动，他在劳动的激情中不仅看到了肥沃的土壤，也看到了饥寒交迫的贫困的农民，不仅看到了

---

① 伊里亚·尼古拉耶维奇·乌里扬诺夫（1831～1886）：俄罗斯民主主义教育家，弗·伊·列宁的父亲，辛比尔斯克省国民学校校长。见阿尔巴托夫著《乌里扬诺夫的教育活动》（莫斯科，1956 年版）一书的附录：伊·尼·乌里扬诺夫的《报告和书信集》。瓦·阿·苏霍姆林斯基这里是指玛·夏金娘写的记事小说《乌里扬诺夫一家》中引用的在下新城中学和亚历山大贵族专科学校的一次教师联合会议（1865 年）上的发言记录。在发言中谈到了教科书以及教师使用教科书这个问题："使用教科书只是为了要引出思想来，正像跳跃需要跳板一样……教师应该知道的东西要 10 倍，20 倍于教科书中所包含的内容，——使他能在课堂上自由超出教科书的范围……"（《玛·夏金娘文集》第 6 卷，莫斯科，1974 年版，第 333 页。）——译者

明亮的太阳光，看到了在大气层和太阳内部发生着的巨大反应，同时也看到了无数极微小的细胞。

当一个人处在这样一种年龄，他想知道世界上的一切，他要把无数事实、事物、现象都进行概括，这种竭力想把知识为人类所掌握的努力起着很大的作用。这也就是教学与教育的结合。少年感觉到并亲身经历着参与人类的智慧活动，卷入一切都想知道的不可抗拒的潮流中去。大自然给他打开了发挥创造力的无限广阔的天地。我们总是努力使认识的过程成为获取知识的过程。在生物课、物理课、化学课、数学课、地理课上，在关于宇宙的讲座上，少年都是以积极研究者的姿态出现，去分析事物和现象。教学中要有能引起研究的内容，这是使一个人获得荣誉的十分重要的条件。没有智能力量的表现，没有思想的集中，不可能有个人和集体的智力生活，不可能有精神财富的交流。在获得知识的过程中有一个十分重要的特点：人们不仅在认识某种现象，而且也在证明某种现象。人们在肯定真理的同时，也在肯定自己。

掌握知识过程的特点是从具体的事物明显地过渡到反映普遍规律的抽象真理，在这种情况下，完全有可能使学生以研究的态度来对待知识。在生物课、物理课、化学课、数学课上经常有这种从具体到抽象的过渡。我们每个教师都认识到，启发学生的天资和使学生喜爱自己上的这门课的艺术就在于引导学生积极钻研知识，努力研究各种事物、事实和现象。

课内和课外我们的学生都在完成作业，这些作业使他们有可能发现真理，并从观察各种现象中进行概括。我们认为进行智能教育，特别是培养科学唯物主义世界观和信念，不是靠分散的各堂课的轮番教学，即由许多小道理中产生出大道理来，这是一个统一的、不间断的漫长的过程。我们认为，要使少年对课堂教学感兴趣，必须把这些课在少年的意识中联成一条认识世界的通道，而联结的起点是研究。我们每个教师都给少年提供需要不断探求的作业。研究一方面是进行观察，另一方面是人们深入到现象中去，以生物课的作业为例。

1. 观察各种植物的开花、结果，试作下述结论：果实的特性与植物生长条件和植物繁殖特点的关系。2. 施有机肥料和矿物肥料，观察各类作物的生长和成熟的速度。请得出穗和谷粒的大小取决于施肥的结论。

物理教师给五年级学生布置预习作业，观察自然现象和劳动过程。我们认为，这些观察也就是积累问题。这样的做法在于使少年在进行观察的时候，思考因果联系的实质，于是他感觉到，周围有这么多的问题。比如，学生们观察花岗石如何因环境影响而发生变化。在农场、打谷场和机械工场里学生们看到一种机械运动怎样转换成另一种机械运动。曾经布置过这样的作业：描述一下在生产场合看到的从一种能量转化为另一种能量的所有情况。观察的次数越多，发现不懂的然而是有趣的东西也就越多。观察的记录本上打满了问号。观察是任何东西都无法替代的思维的源泉。我们得出了这样的结论：在智力劳动的性质方面，家庭作业与课堂作业应当有所区别。要求经过细致周密而又较长时间的思考才能认识许多事实和问题，——这类智能活动应当作为家庭作业来完成。

　　学生的年龄越大，抽象思维的能力越强，研究工作在他们的精神生活中起的作用也越大，在研究工作的过程中他们不仅去认识某种原理，而且会坚持并证实这种原理。我们认为，对个人信念最精细的琢磨就是从这里开始的。我们注意察看每个学生。有一种情况使我们非常担心：个别男孩和女孩的精神生活中出现了某种无个性的现象——没有自己的想法，也没有自己的观点和立场。这是危险的，因为这会导致不讲原则，有时甚至会导致阿谀奉承。消除小孩身上的无个性现象要比消除成年人思想上的无原则性容易得多。

　　我们努力把学习同教育结合起来，促使每个少年都去坚持和证实科学唯物主义真理的正确性。把科学真理化为活生生的热情、惊慌、激动、争论——这就是形成世界观和作出个人自我肯定的基础。我们认为，教育的力量就在于使每一个少年都成为为争取科学真理的胜利而斗争的战士。为科学真理的胜利而作的精神上的斗争构成了少年时代教育的实质。

　　萨莎是个沉默寡言的女孩。她好像老是在克制自己，不要过分坦率地说出自己的想法。使我们担忧的是这个女孩对坚持自己的信念缺乏坚强的思想准备。她有一个重病的母亲，几年来她的父亲像照料婴儿一样服侍着病人……有一次萨莎听到了这样的话："要是一个人生了病，就没有人需要他了，这是生活的规律；为别人谋福利而献身的人——这种人只有在书本上才能看到。"一个男青年同萨莎谈话时说了这些话，他对萨莎的父亲和母亲的情况一无所知。萨莎反驳说："有这样的人。我的父亲就是这样的人。"当她还在小学学习时我就多次考虑过，如何坚定萨莎的信念。但是那时候她的视野比较窄，她还不能够概括周围世界的事物和现象，同时当时的处境使她预感到母亲的身体肯定不行了，在她幼小的心灵上蒙上了一层孤僻和单独的阴影。现在小姑娘知道的东西多了，能比较深刻地思考现象的本质；可以去磨炼她思想深处的个人信念了。我们委托萨莎一项工作，在自然园地当生物教师的助手。奥·斯捷潘诺娃善于启发女孩子对实验的兴趣，萨莎准备好了栽培植物的土壤，女孩子为自己所做的一切感到自豪。她用自己的工作证明了，在她创造的环境中也像在自然环境中一样，开始了有机物生长生化过程。在女孩子忧郁而又惶惑的眼神里燃烧起充满生机的思想的火苗。女孩子自豪地把她培植的那块田指给女同学看，那块田里长着结穗的小麦。当一个人意识到他能用自己的知识、智慧和意志来影响生活的时候，这种想法也就大大提高一个人对自己的评价。从此，萨莎有了希望知道得更多的愿望，她的思想渗透到了未知的领域，她想知道，有益的微生物是怎样创造有利于植物生长的条件的。她懂得了更多的东西，这些东西超出了基础学科大纲的范围。她饶有兴趣地开始阅读科普书籍。通过两年在自然园地的工作，女孩子变化很大：现在她不再默默地赞同她所听到的一切。她确立了自己的关于同志间道德关系的观点。她有时还和别人争论，捍卫自己的信念。

积极认识大自然和劳动对形成少年的科学唯物主义世界观和信念起着非常重大的作用。研究植物界和动物界的现象——这不仅仅是培养少年对农业劳动的感情、爱好和志向的手段。并不是每个少年都想当农民、牧民、农艺师，而自然界的工作都需要每一个少年，——因此首先必须培养世界观，提高少年对自己的评价，自己尊重自己。

教学同生活的联系，不在于机械地用体力劳动来补充脑力劳动，而在于把用双手来创造世界和用智慧来创造世界统一起来。在大自然的劳动（学校试验地，温室，农场）是一个人自我表现的重要源泉，没有这样的劳动就谈不上世界观的形成。这首先是思想上和社会生活中的自我表现；从为他人而劳动的过程中，一个人看到了自己的创造力。在大自然中间进行劳动，不断地进行从具体思维到抽象思维的过渡，这也是形成抽象思维的源泉。像绿叶、根、土壤、腐殖质、水这些都是到处可以见到的东西，看来似乎又简单又熟悉。但正从这些东西上面流出了闪耀着智慧的世界观真理的涓涓细流；正因为这些真理是通过劳动认识到的，才造就了一个认识自然界的人所需要的那种个人情绪的、智力的、意志的和道德的环境。

我们设法使野外的劳动都是些细致、琐碎的工作，要求进行复杂的、精确的，用脑子的操作。如果一个人用双手丰富智力或者用智力来指挥双手，他在这方面表现得越是明显，那么，他对世界观真理的感受也越深刻，他对所认识的事物越是容易接受。只有当一种思想吸引了整个心灵，激发起感情的时候，世界观的信念才成为个人的精神成果。冷酷的心不可能产生崇高的情感、志向和理想。我们给学生布置研究自然的作业，目的是要让世界观的真理去抑制青年人的想像力，使他们惊讶的正是这样一种情况：原来真理的源泉就是他们天天碰到的这些简单的事物。如果一个人在少年期没有经历过从具体的事实到意义重大的世界观的真理这条道路，他就不会有正确的科学唯物主义信念。他会轻易地改变观点。为了不致出现精神上和思想上的无原则性现象，我们对学校进行的使智力活动更加充实和更加完美的一切措施都十分注意。自然角（后来是自然专用教室），绿化实验室，温室，绿色小房子，果园，葡萄园，工场，物理专用教室和化学专用教室等这些地方都是启发求知欲的源泉。我们还建立了一个中心，在这个中心里，通过生活中经常碰到的最简单的事物把学生引导到认识重大的世界观真理上去。这个中心就是"知识之源"专用室。

对社会的看法在形成科学唯物主义世界观方面起着很大的作用。在正确进行智力教育和公民感教育的条件下，少年们对下列世界观方面的问题产生很大的兴趣，比如，人与社会，个人与集体，各族人民与人类，物质生产与精神文明，善与恶的斗争，正义与非正义的斗争，光荣与耻辱的斗争；从历史和现状两个方面看社会进步和道德的提高；人类幸福的理想，共产主义是人类的最高目的，共产主义社会关系的形成和培育一代新人。要使少年用脑子来理解这些思想并唤起他们的兴趣，必须在教育者和被教育者之间建立起具有特殊性质的智力关系。历史教师，宪法教师，社会学教师，文学教师都要成为教育者，——这就是说，他们不但要揭示真理，而且要直接面向被教育者的精神世界，触及人的内心敏感的心弦，这心弦对社会生活的各种事件作出反应，要使人信服，他是积极的创造者。

使我极其不安的是，许多学校把研究历史和文学变成了使学生厌烦的死记硬背；教师似乎在对抽象的学生讲授概念。教师对学生缺乏那种教育者对被教育者所应有的那种生动、热情和直截了当的态度。人物的姓名、所处的历史时期像排山倒海一样涌入学生的脑海，掩盖了世界观的真理，使学生丧失了思维的可能。

我把每一堂历史课和文学课首先看做是同被教育者的谈话，看做是同他们交流思想和心灵活动的手段。如果我不了解我的每个学生的心灵，我就不知道怎么备课。比如，我在准备讲述斯巴达克的勇士们在温泉关下的英勇战斗事迹时，讲述若尔丹·布鲁诺，伊万·苏萨宁，或者讲斯大林格勒不朽的保卫者时，如果我没有感觉到柯利亚、萨什柯、托利亚、尼娜、佩特里克和瓦里娅他们这几天在想些什么，我就不能把这些知识传授给他们。课堂教学是对年轻人心灵的召唤：不要做冷漠的旁观者，也不能对所讲的事件取不偏不倚的纯客观态度。历史和你们——这不是两个各不相关、互相分离的东西，而是一个统一的整体。人——是历史的创造者。你们亲身经历着历史的进程——正在建设着世界上第一个共产主义社会。一个人如果作为一个观众来度过自己的一生，这种人是很不幸的。在我们祖国面临生死存亡的时期，伊万·苏萨宁和亚历山大·马特洛索夫做到了在那种年月一个真正的爱国者所应当做的那样。你们生活之幸福就在于当一个积极创造生活的人。每个人只要他有这样的愿望和决心，同时又有创造的激情，都能够成为一个出类拔萃的非凡的人物。

非常重要的是，不要让历史发展的客观规律在少年的头脑中产生这样的想法：一切听其自然，人——只是壮阔无比的历史大海中无能为力的一滴水。这是少年精神发展方面的一个关键，特别对那些已经看到或亲身感受到邪恶，而且对在我们社会里善最终会战胜邪恶缺乏信心的人来说尤其重要。少年对世界的认识同自我认识紧密联系在一起，少年总是想把有关人和社会的知识去同自己的生活相比较。

必须让学生用心灵和智慧去深刻理解历史事件的客观规律性这一真理。然而，人是历史的创造者，是自己命运的主宰。关于人是创造者的思想感受在少年心中已经形成，这是因为他们看到历史并不是一成不变的、事先确定的进程，而是人类欲望的斗争，善与恶，进步力量与反动势力的斗争。柯利亚、萨什科、托利亚在自己家里看到不少在他们看来是必然的、不可避免的现象，这在他们心灵上留下了某种冷漠无情的烙印。但是我在尼娜和萨莎身上看到的冷漠无情是由于别的原因（母亲病重）。向这些少年传授知识不是意味着把概括历史过程的真理同这些少年的个人生活在通过某种方式联系起来。我认为我的任务是把少年心灵中的冷漠无情驱散和消除干净。

究竟怎样在实践中做到这一点呢？从有关人和社会的知识中总结出来的真理是人类饱经痛苦才认识的真理。只有当少年的心灵体验到即使是微不足道的一些激情，这种激情已经化为现实生活中的美，化为为社会正义而斗争的战士的功勋，只有到那个时候我的话才能为少年所接受。我力求使每个少年明确地肯定自己的立场，使他意识到自己是人民的儿子——共产主义的建设者而感到欢欣鼓舞和自豪，对社会上的不公正现象势不两立。课上讲到斯巴达克时，我只字不提这几天折磨着托利亚的内心痛苦（母亲降低了自己的人格，人们说：她反正把自己的命运同谁合在一起都无所谓），但是我在课上的一段话是针对着他讲的。我努力用宁在战斗中为自由而牺牲，决不愿屈辱贪生的人的崇高思想来鼓舞青年。我在想着斯巴达克的同时，希望这位少年在我故事的字里行间读到这样的呼吁：做一个真正的人，做一个男子汉，敢于对母亲说出使她节制轻率行为的话！每当讲到在那些与邪恶作斗争的具有勇气的人们，少年一次又一次地听到了这样的呼吁。即使在生物园劳动的时候，托利亚也体验到了自豪感，因为在生物园他不仅认识了世界，而且证实了人的创造力。通过大家的努力，我们成功地达到了目的，托利亚向母亲说出了唤起她自尊心的话，迫使她考虑人们和儿子对她的看法。

我十分重视有关**人**和**社会**的问题。我让少年们知道，为了获得自由，人们同不公正的社会制度作了千百年的斗争。没有这种斗争就不可能有个人的幸福。社会主义社会完全是另一种情况。在社会主义制度下，人和社会是和谐的统一的力量。我希望少年们用一种与祖国的发展、繁荣和强盛休戚相关的公民的眼光来观察自己祖国的生活。

用公民的眼光来观察世界，是决定教学和教育能否取得一致的问题之一。在研究我们祖国的过去和现在的各堂课上，我设法激发起学生这样的感情：祖国就是自己的家；祖国的幸福就是我个人的幸福，祖国所经受的苦难也就是我的苦难。我们祖国的历史上有着无数光辉灿烂、英雄辈出的篇章，它们使我们的人民成为伟大的人民。我激发学生为祖国光辉灿烂、英勇奋斗的历史而感到自豪，在他们年轻的公民意识中确立起继承先辈们的光辉业绩的思想。但是祖国的历史上也有过黑暗、沉痛的记载，我力求让这些沉痛的记载在年轻人的心灵中激起痛苦的感情。

通过艺术手段来认识世界，这在智能教育中占有特殊的地位。在文学课上起很大作用的是与思维同时产生的那种对周围世界各种现象的强烈感受和情绪洋溢的反映。文学即人学，同时也是自我认识，自我教育和自我肯定的最细腻的手段之一。要是一个人不把探究问底的目光转向自己本人，要是不对自己道德——审美的标准进行评价，文学也就失去了教育的作用。

这种评价并不表现在对自己的行为作某种自我鞭挞和"扪心自问"上，也不表现在能言善辩上。这种评价应当表现在对人身上一切美好东西有强烈的感受，而对贬低人的价值的一切丑恶的东西毫不妥协。文学课上在分析人的内心世界时，要求教师有高度的素养并讲得恰到好处。这里"作多余的卖弄"——不仅是使有价值的文化成果庸俗化，而且也降低了人的品格。讲授文学的世界观的意义在于提高人的品格，帮助人们肯定自己身上表现的道德美，把他们提高到我所赞扬的精神美的高度。一个少年要成为真正的人，他就应当尊重自己，没有自重就谈不上人的修养，也就不可能对一切降低人的品格的做法持毫不妥协的态度。

要是没有心灵的参与，一般来说，不可能形成个人的信念，那么文学课上就将是一颗冷酷的、淡漠的心——智慧还处于朦胧的状态，思维在表面爬行。因为真理还没有被心灵所接受，心脏还没有给头脑传递这样的信息：想一想吧，这关系到你本人！不应当根据学生对教师所提问题的回答来判断学生的观点和信念（如果靠背诵一些道理就能形成世界观的话，教育就会变成非常容易的事情）。更不应当从文学课上学生的回答作出学生的观点如何的结论。我时刻记住这样一个重要的道理：学习文学完全不是为了让一个人在毕业以后若干年再去复习他过去背诵过的东西。生活时时刻刻在给人安排考试，人们以自己的行为，自己的活动通过了考试。人的内心世界——道德、素养和美感的形成是学习文学的最终目的。我看到少年被文艺形象所激动、震惊，他们听作品朗诵时也在思考自己的命运，这时候我感到，这比起要求少年对问题作出正确的回答来不知道重要多少倍。

也许这种说法在某种程度上是一种夸张。但是这种想法已经使我不安了 30 年：读完文艺作品之后就向学生提问是不妥当的，正像听完音乐作品之后就要人讲出这个作品的内容来一样。

在学习文艺作品的过程中，通过培养感情形成高尚的素养，使世界观的真理能为个人所接受。道德所涉及的广阔领域应当适应情感所涉及的广阔领域。我力求做到，使少年们在艺术语言的影响下体验各种丰富的感情——从对祖国、自由、和平、社会主义的敌人的无比痛恨到对人的心灵深处的活动表现出亲切的柔情，内心的敏感和细腻的同情。我评定学生的世界观主要不是根据他们如何讲述《流动的草地》和《卡杰琳娜》，而是根据儿女们是怎样对待父母亲的，孙儿女们是怎样对待祖父祖母的，男孩子是怎样对待女孩子的。生活——不仅是衡量知识正确性的最好的标准，而且也是判断信念是否坚定，思想和感情是否统一的最好准则。

语言素养在智能教育中起着很大的作用。我并不想对这样的说法直接下结论：丰富的辞藻表现丰富的精神世界，说明对语言有丰富的美感，这是高尚的精神素养。应该说，一个人的语言素养只有同道德感、道德关系和道德行为的修养保持协调一致的时候才能对世界观的形成起作用。但是语言本身影响着智力的形成和发展；如果我们说：人是有天赋才能的生物，这是指人具有积极认识和积极参与社会生活的能力，而没有高度发展的语言素养是不可能有这种能力的。

言语越来越成为丰富人们关系上的文明的必要手段。如果对语言的细微差别缺乏敏感，那就不可能对那些不断影响人们心灵的细腻的手段有敏锐的感觉，而世界观正是通过这样一些影响得到磨炼的。

如果我们的学生对语言缺乏敏感，他们就不可能意识到我们针对他们智慧和心灵所说的潜台词。对语言细微差别的敏感是通过眼睛和耳朵来达到的。没有眼睛和耳朵就不可能观察世界，也不能理解别人的心灵。许多教师大概都遇到过这样的少年，他听您说话的时候态度冷漠，您从他的眼睛里看不出他的思想，您感到吃惊，难以理解："这是什么样的人啊！"这个少年听到我说的话了吗？他有没有理解我话里的意思？这是可悲的现象，它迫使我们思考教育的最本质的东西。要知道我们是用语言，也只能用言语去教育人。所有其他的一切——训练、培养、习惯、劳动——都要通过语言。对语言所表现的情感—智力的敏感性——这是教育上的处女地。这个问题我将在《情感教育与美育》一章里论述。

我们是怎样指导课上的智能劳动的

我们教师对课堂教学中智能劳动的培养问题有过热烈的争论。我们明确了少年学生和教师之间在进行智能劳动时的相互关系，明确了有关引起重视和兴趣、知识的应用、少年期智能劳动的特点和知识的巩固等问题。生活给我们提出了这样一些问题：智能劳动的共同性与发展个人的爱好和才能；课堂教学和少年范围广泛的智力生活之间的相互联系；理智和动手能力之间的协调一致。我们认为，不应该离开教师的一般素养和知识面以及教师本人的智能劳动的素养来考察少年学生的智能劳动。少年的劳动素养是教师素养的一面镜子。

教师在进行课堂教学时，他注意的范围应当不仅仅考虑所教的课程，而且还要注意到学生：学生的知觉、思维、注意力和对待智能劳动的积极性。如果教师的思想少集中一些在教材上，那么学生的智能劳动就能取得较好的效果。要是教师一头钻在自己的思想里，学生们就很难接受所教的内容，甚至听不懂教师所讲的东西。这是因为少年的智能劳动有自己的特点：抽象化已逐渐成为少年思维的特点，他集中注意力去接受新的信息，同时紧张地去理解并整理加工已经接受下来的信息。这就对新信息的质量提出了更高的要求：信息应当是明确的、清楚的，它不应当破坏理解知识并使之系统化所必需的紧张的智能劳动。

为了让少年们能专心听讲，我们把思想整理得十分明确。这对思维过程比较慢的少年来说是很重要的。现在我才明白，为什么有些学生在低年级比较容易克服学习上的困难，但到了五六年级学习成绩急剧下降，那是因为他们不能适应思维过程与过去完全不同的新阶段。如果一个教师讲课非常清楚，而少年从另一个教师那儿却一点也没有听懂，这就使情况变得很糟了。

因此，教师知道的东西必须是他在课上讲授的东西的10倍、20倍。只有这样，教师才能对教材运用自如，才能在课堂上从大量事实中选取最本质的东西来加以说明。要是我知道的东西比传授给学生的东西多20倍，我在课上表达的思想和语言就在学生不能察觉的情况下形成了。学生没有感觉到教师"创作的痛苦"，他们轻松地接受材料。我注意的中心不再是自己的叙述，而是少年的思维：我从他们的眼睛里看出，他们懂了还是没有懂；如果有必要，我就补充新的事实。教学的艺术不在于预先规定好课上的一切细节，而在于巧妙地，对学生来说是不知不觉地根据情况作出变化。一个好的教师，尽管他不知道他的课将怎样展开的各个细节，但他却善于按照最必要的方法去进行教学，这个方法就是从这堂课本身的逻辑和思维规律出发。这种方法对教育少年有着很大的意义。少年正向着复杂的思维过程过渡（由接受信息到整理信息的瞬时转变），这就要求教师对此高度重视并采用灵活的教学方式。学校里不允许存在刻板的公式和旧框框，它们对学生来说是极其有害的。

需要进行抽象思维，需要不断地由具体事物过渡到抽象的概括——这是少年精神上本能的需要。我们不仅是传授基础科学的教师，而且是思想的培育者。当我们越来越多地接触到科学上的问题，就越容易观察到，少年们是如何思考的。为了满足少年进行抽象思维的精神需要，我们不惜引用大量事实，而少用概括。对于少年来说最感兴趣的是对他们讲述尚未全部证实的东西；我们讲一些事实，要求少年对这些事实进行分析、概括。如果少年在把事实进行概括的过渡中感觉到脉搏和思想的跳动，那么这种过渡也就是思维最活跃，感情最充沛的阶段。我们备课时总在考虑，怎样引导少年达到这个别具一格的思维的顶峰，怎样帮助他成为善于思考真理和发现真理的人。

数学课上教师叫学生记下计算三角形面积的数据。虽然学生们还有许多不懂的地方，但是已经画出了表现理论概括的外形。教师逐步让少年们去独立开辟道路，通过什么方法可以计算出三角形的面积。他们正是在确定具体事实同概括之间的思维联系时感受到发现新事物的愉快。这能使学生通过切身体会来提高知识。少年的思想一下子就从抽象概括集中到具体事实上去：他想把知识应用于实践（解题）。

我们考虑到少年思维的这些特点，努力在教材内容中找到可供思考、概括的养料。我在历史课上介绍具体国家时，一步步地引导少年掌握关于国家的一般概念。少年经过自己的努力一旦领会了这一概念后，他们似乎就想离开具体事件作出判断。当少年们对国家的产生和发展有了相当丰富的知识以后，他们就以很大的兴趣探讨在强制劳动占统治地位的国家的衰落和迅速崩溃的原因。少年要求从思想上掌握大量的事实，满足他们的这个要求是十分重要的。如果没有体验到作为一个思想家的自豪感，智力劳动将是痛苦的和单调乏味的。相反，如果体验了这种感情，少年就会以充沛的精力去研究新的事实。

为了满足少年对发展抽象思维的要求，我们十分注意推理能力的训练。少年对这样的课很感兴趣，每个学生都被掌握知识的过程吸引住了，从而激发起他们探求真理的细腻的智力情感。

大家特别感兴趣的是自然课、历史课、物理课、生物课、数学课上的推导练习。女教师奥·斯捷潘诺娃在讲了几种有代表性的动植物的新品种之后，要求学生思考一下，是什么把它们联结为一个统一的整体；现在学的新品种同以前学过的品种之间有哪些相同之点？有哪些不同之点？我们分析了这种课上的智能劳动之后认为，少年头脑里所进行的过程，要求把对事物、事实和现象的简单的描写同研究它们的本质有机地结合起来。逐渐地我们得出了结论：需要识记的和巩固记忆的东西越多，越需要概括性的研究，越需要离开具体的事物去思考和推理。概括性的研究看来会减轻脑力劳动的疲劳。我们不止一次发现：在整天紧张的智能劳动中会出现这样的情况，少年感到再要记进一些材料已经非常困难了，这是因为少年的知觉已经变成单调的、机械式的"堆积货物"。

有时出现这种情况：教师讲解得清楚明了，但是少年却什么也没有掌握；你向他们提问，他们就像根本没来上课一样。在这种情况下要使学生的注意力集中起来，要引起他们的兴趣就显得非常困难。我们还遇到这样一种现象：理解越是容易（比如按照思维过程的复杂性来说植物学要比数学容易得多），少年越是冷淡地对待这种机械的"堆积货物"。

我们考虑了千百位教师在工作中遇到的困难，开始揣摸产生这种困难情况的原因。许多在儿童期学习好的学生根据教师的评语，到少年期却变得迟钝、无能、冷漠了。他们把学习看做是一种痛苦而又沉重的负担。产生这种不幸的原因在于，少年的智力倾向于思考和研究，力求摆脱别人的思想，而正是在这个时候，教师在教学上动了很多脑筋，目的是使自己的课讲得更明白易懂，就像习惯要求的，让少年容易理解。结果却适得其反：按照教师意图应该减轻学生智能劳动的地方，实际上却加重了，似乎教师在压抑学生的求知欲，使他们智力迟钝。

我们曾经考虑过，**掌握**知识究竟意味着什么？就是要把有关各种事物和事实，现象和事件的知识在某种意义上变成少年**自己的**东西。如果少年感觉到知识是他智能劳动的成果，说明他已经获得了知识，同时也应用了知识。我给教师们讲了佩特里克是怎样掌握"副动词短语"的概念的。开始时，无论我怎么解释副动词同动词谓语之间的相互联系，佩特里克总是搞不懂。他按照范例造了一个句子："我回家以后，头开始疼了起来。"我采用了使他自己去弄清道理的方法。我建议他"思考一下，哪两个行为可以同时进行，其中一个是主要的，另一个是补充的"。佩特里克终于懂得了字与字之间微妙的意义联系。

我们得出了结论：对思维比较慢的少年必须特别耐心。不应责备他脑筋迟钝，也不要使他记忆负担过重，因为这对他丝毫没有帮助；如果一个人不研究，不思考，就会头脑"空空"，什么也记不住。记忆力的衰退恰恰会发生在少年时期，出现这种现象的原因是，当个人需要尽可能多思考的时候却不想去动脑筋。要引导那些接受能力差的和思想不灵敏的学生去自己弄懂道理，直至恍然大悟。这种醒悟不但对领会具体材料来说是必要的，它也是智能发展的特定阶段。一个人从弄懂道理中得到了愉快，通过自己的努力而获得的真理使他感到惊异，这使一个人增强了自信心，感到自豪和自尊。

数学课为进行完备的智能教育提供了最广泛的可能性。

在独立完成数学作业的过程中进行着耐心细致的工作，这种工作可以称之为少年作出自我肯定的入门。在开始担任五年级数学课之前，我给教师们讲了我在数学课的课堂教学和课外工作中在智能培养方面取得了哪些成功的经验。孩子们学会了一般的解题——不作数学运算。他们看懂了题目，把它看做是统一的整体，也看到了其间的相互联系和相互关系。花了几节课的时间专门讨论设题的条件。孩子们说了自己的思考过程：比如，第一个数和第二个数相加之和乘以2，从所得的积中减去第三个数就得出所求的数。当孩子们还没有学会一般的解题方法时，要想顺利地进行数学教学是完全不可能的。我逐渐给他们出示表示的字母符号，这样在研究算题时就更加有趣了。由数字公式转到了字母公式。在四年级的学年中间，年级里一个接受能力最差、思维最迟钝的小女孩瓦里娅身上迸发出智能劳动的突然醒悟。我注意到：在单独思考习题时，女孩子的眼里射出寻求知识的目光。瓦里娅完全能独立地分析数与数之间的相互关系，并且能用一般的方法解题了。这是自我肯定过程中最重要的环节之一。在一个女孩身上有这样的进步是不容易的。过去她身上的智能积极性长期受消极性的压抑而不能发挥出来，某些内因压抑了思维。我相信，不久的将来这个女孩子的智能发展的进展过程会快一些。

这种信念得到了证实。数学教师继续进行着从低年级就开始的教育工作：智能劳动的基本形式是独立解题。教师为每个学生挑选算题。教师并不催促学生，也不追求解题的数量。每个学生都有可能集中注意力深入思考自己的题目。一个学生一堂课解了三道题，另一个学生只勉强解了一道题，第三个学生连一道题都没有做完。瓦里娅常常是在最后几个里面的，但她逐渐能适应要求了。到了六年级，即当她12～13岁时，她就从偶然性的成功发展到经常性的成功：在习题集中没有一道题她解不出来。我们研究了她的练习，证实在她的思想里有一种强烈的个性特点。瓦里娅对相互依存性本质的认识似乎是分阶段的：最初她思想上抓住了总的方面，因此把注意力集中在总体上，后来再转到细节上去。我们逐步把最难的习题给瓦里娅去解，她也能顺利地解出来。到第六学年末瓦里娅成为年级里数学最强的学生之一。教师细心地对待她在智能劳动方面所表现出来的反应迟钝。我们感到高兴的是，瓦里娅在数学上取得成绩以后，更加强了她对自己的信心，她具备了独立思考的能力。现在她学习其他课程的时候，其中包括语法，也不像以前那样感到吃力了。

在指导智能劳动中我们还考虑到少年思维过程的这样一个特点：学生对具体事物和概括之间的关系理解越清楚，他主观上的感受就越深，研究真理，发现真理，真理也就成了他精神上的收获。正因为如此，我们在安排课的时候，务必使少年从具体的，明显的事物中来认识上升到理论的规律性、依存关系、规则和法则。制作并在课堂上向学生展示几何图形的模型，机械的模型，动物、植物和器官的模型，这不仅仅是为了展示一下已经知道的道理。具体的东西可以用来作为进行论证和研究的对象。这对于思维迟钝的佩特里克、尼娜、斯拉瓦来说尤其必要。

我们努力把数学思维的特点推行到所有其他的课堂教学中去。少年时期抽象概念的加速形成不仅是智能发展，而且也是解剖生理发展的非常重要的前提，从而加强了脑子思维的能力。思维和劳动创造了人脑。思想是和人的劳动，和人的积极活动紧密地联系在一起的，思想的这种创造作用在少年时期表现得特别明显。正是由于形成了抽象概念，从而加速了神经元分支的形成，也加强了神经元之间的联系。30年来我研究了这个复杂的问题。根据许多事实我提出下面的结论：如果少年时代缺乏应有的思维素养，如果抽象概念没有成为思想的基础，如果反馈联系不是从抽象概念即从信息系统中心通向形成概念基础的事物，解剖生理发展的规律性过程就遭到了破坏，由信息中心同周围神经之间的联系微弱，导致思维的极端简单和紊乱。要是少年的脑子没有能随着抽象概念的形成而发育长大，这样的少年在智能发展方面似乎就停滞不前了，他们不懂得进行概括的事实基础，讲起话来口齿不清，想像力贫乏，一双手不会从事复杂的精巧的劳动。如果一个人在儿童期能胜任智能劳动并从中找到了乐趣，可他到了少年期却感到学习是一种难熬的痛苦，我知道这是因为他的脑子未能发育成抽象思维而造成的可悲结果。孩子的求知能力似乎在少年期逐渐地消失，变得迟钝，这种情况十分令人担忧。

忽视思维培养潜伏着多么大的危险！我懂得了这一点之后，决心把"数学思维"概念所概括的思维特点贯穿到全部课堂教学的智能活动中去。不经过理解的过程，任何一个概念、判断、推理和定律都是记不住的。不理解的识记在儿童期会带来害处，而对少年来说，这是可怕的危险，因为正是在少年期完成迅猛发展的解剖生理过程，这个时期柔软的思维物质的可塑性最大，能最敏锐地对抽象思维产生影响。

如果一个学生在少年期在智能劳动方面得不到循循善诱的指导，他永远也学不会很好地进行思维活动。

我们考虑到这些后果，总是努力使少年对概念的理解在其智能劳动中一直占有相当大的比重。我们根据少年的眼光来观察他头脑里在想些什么。我们努力让少年掌握好概念，作为进行思维的第一批建筑材料，成为进行积极的认识，获得新知识的工具和手段。

培养兴趣和集中注意力的问题在我们的教育工作中占有重要的地位。我们曾经考虑过这样一个问题：少年表现出感兴趣或不感兴趣时，他脑子里在想些什么？感到有兴趣的这种主观感觉是头脑"情感区域"即脑皮层下产生的兴奋，由脑皮层下发出信号给大脑皮层，这时候人就有意识地把注意力集中到被认识的客体上，或者是教育者的有力助手——无意的注意力在起作用。多年的观察告诉我们：如果少年的"情感区域"长时间处于兴奋状态，兴趣就会消失，出现疲劳和淡漠的神情。教师的话似乎不能唤起他们的知觉，他们听到的只是声音的外壳，并不能理解这些话之间的相互联系。这种情况常常出现在教师的讲课中放了过多的新材料，而且力求用大量新奇的事实、现象和事件使少年大吃一惊的时候。所有这一切作为启发兴趣的一种方法，看起来似乎很吸引人，很新鲜，很不一般，但由于教师应用不得法而产生相反的效果。

必须非常谨慎地对待大脑"情感区域"所引起的兴奋。在少年期完成的解剖生理过程本身的特点要求通过概念的思维来促进抽象思维的。当然，鲜明的直观的形象会启发少年的兴趣，但是主要的不应当是鲜明的、直观的形象。

我们激发"情感区域"首先是通过具体事物和抽象概念之间的一定的联系。惊奇感的引起是由于在那些最一般的没有任何特点的事物中包含着意义重大的世界观真理的源泉。使少年感兴趣的不是什么专门的或辅助的东西，而是材料本身的内容。一旦引起了兴趣，我们就没有必要经常地去激发"情感区域"。

要善于引导少年不中断自己的思路，引导他们一步步地去认识事物，这是教育素养中十分重要的一点。我们认为，当课堂上出现"明显的安静"，即少年们专心地听每一句话，您可以逐步放低声音，不必用专门的讲课声调对他们说话（顺便说一下，这种讲课的声调很容易引起学生的疲劳），而用一般的人们谈话的语气；在这种情况下，激发兴趣这个目的达到了。

经验证明，过分借助于吸引人的、鲜明的和形象的东西会导致过分地激起少年的兴奋情绪（引起喧嚷和骚动），于是教师不得不提高嗓门去压喧嚷声，而这样更加促使少年情绪激奋。用足力气提高嗓门说话使脑半球的大脑皮层处于某种麻痹状态：少年什么话也没有听见，教师不得不大声喊叫，而且还要敲敲桌子。一堂课上"装好的火药"可能使几堂课无法正常进行。如果连续有几堂这样的课，少年处于极其兴奋的状态，他们就可能对教师说出无礼的话。他们回到家里就会头痛脑胀，火气很大或者愁眉苦脸。说不上什么正常的智能劳动。因此，正是用这种简单粗糙的方法来激发学生的兴趣，在这样一种细致的工作中缺乏教育素养，这就是造成把少年看成是"难弄的人"的重要原因之一。

启发兴趣的素养越来越引起我们的重视。我们举办课堂心理学讲座，讨论个别学生的心理——教育特点，报告调查观察的结果，我们力求了解最重要的情况：当少年在思考的时候，他头脑里在进行什么样的过程？已知的和未知的相互关系这个课题使我们很感兴趣。实践证明，当一堂课的材料中已知的材料和新材料都有一定的"比例"时，才会激发起建立在思维本质基础上的持久的兴趣。如果讲课内容中只是塞满了新材料，少年不可能把新材料在自己的思想上扎根，于是教师十分珍惜的那条思路断了，学生感到学习很吃力，无能为力。启发兴趣的秘诀在于揭示未知的东西同新材料之间内在的深刻的联系。我们希望，学生从教师那儿拿到了思想的砖头，把它们堆砌在新的大厦上的时候，他知道该砌在哪里，他看到的是整个大厦，用他的思想去理解，以后就站得远一点，以便看到他同教师一起建造起来的建筑物的全貌。体验亲身参加掌握知识的感受是启发少年对知识具有特殊兴趣的十分重要的条件。这种兴趣是在一个人不仅认识世界，而且认识自己本人时形成的。没有自我肯定就不可能对知识有真正的兴趣。

我们不让少年去"感受"他已经很熟悉的东西，目的在于不使少年变得冷漠无情，目空一切。因为他们希望觉得自己是个思想家，而不是一台复制知识的机械仪器。要是你深信全体学生对某一个问题都已经了解得很透彻了，那就没有必要再提出这个问题，也没有必要再用其他方法去重复这个问题。顺便提一提，我们检查家庭作业常常会感到兴趣索然正是因为在机械地重复已经重复过多次的东西。

这里我们来讨论一下知识的应用问题。这个问题对于少年的智能教育格外重要。少年大脑的发展要求其思维过程灵活机动，有可塑性。他们头脑里的神经元之间的神经联系在发展，牵动愈来愈多的新的神经元节。少年已经掌握的东西应当是建立新的联系的内部刺激因素和推动力。这一切要求不断应用知识。有人认为，应用知识就是不断去完成一些实际任务（搞些测量、计算等等）。运用知识应当是智力劳动的一种方式，是传授新材料的主要目的。我们力求在教学中带着问题去研究事实和现象，使少年通过自己的思考，从自己意识的深处找到理解新知识的工具。

我在给少年叙述历史事件，讲解语言规律性的本质时，有时候我原原本本地把一切都解释得很详细，而有时候我留一点东西让学生自己去证实，这是一些用他们过去获得的知识可以得到解释的问题。结果表明，无论对于理解思维很快的少年还是对于思维迟钝的少年来说，这种方法总能促使少年迅速发展积极的思维。他们的眼睛里闪烁着喜悦的火花，大家都想回答教师讲解中没有阐明的问题。在我面前似乎展示出一幅表现少年头脑里在想什么的清晰的画面：少年不仅从我手中接走知识的砖瓦，不仅在思考着把这些砖瓦放在哪里，而且仔细地端详着，这是些什么样的砖瓦，它们是不是建造坚固的大厦所需要的那种建筑材料。

我们努力这样来组织少年的智能活动：要使思维过程，掌握知识的过程同知识的应用紧紧地结合在一起，要使一部分知识成为去掌握另一部分知识的手段，——兴趣、注意力的培养和知识的巩固最终也与这种方法有关。我们在课堂教学中抽出一些时间用来让学生对一些事实及其相互关系、各种现象和事件进行深入的独立思考。这就是在实践中进行巩固。巩固不应当只理解为在教师讲述以后马上提问学生并由学生回答问题。在这种情况下往往只有最有才能的学生能回答问题，而能力中等的和思维迟钝的学生则要求对事实作进一步的研究和思考。能力强的学生也有这样的要求；如果他们长期以来学习都很轻松，他们的智能就会衰退。我们在进行这一工作时，不把识记作为首要目的。如果我们把学生学习的精力引向深入思考，这也就是让学生在进行无意识记。要是长时期把全部力量都花在死记硬背上，学生的智能就会衰退。死记硬背是会损伤大脑的，使许多神经元长得过大，信息过分饱和，可是保证经常联系的联想纤维却衰退了。

我们不允许死记硬背，而是帮助少年掌握识记的最合理的方法；教育他们把听到或读到的东西进行逻辑分析。许多课我们在课前就给少年提出了目的——思考教材中逻辑的组成部分，不要求把一切都记住，而只要记住主要的东西。学生以很大的兴趣对待这项工作，因为这符合学生成为一个思想家的要求。少年逐渐地过渡到去完成最复杂的任务：一面听一面把教材中最主要的逻辑组成部分按先后顺序记录下来。

手和理智

恩格斯曾经赞颂过人的手 [10]，说它是最完美的，它用自己魔力般的力量产生了拉斐尔的绘画，托尔瓦德森的雕刻以及帕格尼尼的音乐 [1]。运用自如的手能培养意识，创造理智。

---

[1] 拉斐尔（1483~1520）：文艺复兴时代意大利画家、建筑学家。托尔瓦德森（1768~1844）：丹麦雕刻家，古典主义后期巨匠之一。帕格尼尼（1782~1840）：艺术高超的意大利小提琴家、作曲家。——译者

遗憾的是对手在智力教育中的作用，尤其是在儿童期和少年早期蓬勃生长的解剖生理过程中的作用，研究得太少了。直到最近还把吸收学生参加劳动这件事解释为克服学校偏重智育的倾向的需要，这一事实使我感到惊讶。手不参加工作似乎会产生智力过多的危险，这是何等的荒谬！

事实上并没有这种情况，也不可能有。一个人闲着还是不动脑筋地拼命干体力活（就是不让他闲着）对少年的智能发展都是同样地极其有害。我在 10 年中观察了 140 名学生（从 8 岁到 16 岁）的智能发展。发现这样的情况：他们每年有几个月时间干着单调、疲乏而又不需要任何技能的体力活。他们的双手与其说是进行创造的工具，还不如说是表现体力的器官。少年在其解剖生理过程加剧时期被迫去干特别使人疲劳、单调和时间拖得很长的体力活。在他们就读的学校里，脑力劳动的面很窄，而且非常单一，不去培养他们智力上的兴趣和需求。特别令人担忧的是，这些学生的手在儿童期和少年期没有接触过复杂的东西和细致耐心的智能活动。这对该校许多学生的智力面貌有着深刻的影响：16～18 岁的男女青年在同最简单的机器打交道时还表现出无能为力，畏首畏尾的神情。这个学校没有一个学生能考上高等学校。这是总的智力贫乏的可悲结果。在这总的智力贫乏的背景上突出地显示出很低的工作能力。大脑中有一些最积极，最具有创造力的特殊部位，通过抽象思维过程和手的细致而又**灵巧**的工作的结合，这些部位就会生机勃勃。如果没有这样的结合，大脑中的这些部位就变成死胡同。如果在儿童期和少年期它们不能萌发生机，以后也就再也不会萌发了。

我们从一年级就开始要求学生们用手做一些精确的、有目的的动作。手工课上，孩子们在小组里学习剪纸或者用刀在木头上刻精致的花纹。这个活儿的主要目的是培养美感与和谐感（对称、成比例）。手似乎在指挥脑子遵守纪律：培养自我监督的能力和思想上对精确、细致、美的敏感性。谁学会了用刀，谁书写漂亮，谁就能敏锐地觉察到微小的不整洁，就会丝毫不允许**马马虎虎**地工作。这种敏感性又传递到思想上。正是手促使思维过程精确、清晰并且有条不紊。

我们尽量让少年们干活的时候使用精巧的工具，这样的工具要求手和手指做复杂的动作。用手工工具对塑料、木头和软金属进行精细的加工对培养少年的智力起着重要的作用。因为学生个体干活，逐渐习惯于自己的工具，感觉到它。劳动课教师阿·伏罗希洛教学生掌握手工工具的时候，同时也在完成着智能教育的重要任务。我们一直在担心：什么时候才能使我们那些智力迟钝学生的手**变得灵巧**呢？终于在六年级的时候，佩特里克干的活不再是马虎粗糙，而是又美又精细了。这是他在思维积极化的道路上迈出了一大步，我们对此感到高兴。往后佩特里克就消灭了3分（有时4分也没有了），要不是在这些细小的教育工作上下功夫，就不可能有这些成绩。

少年逐步转入了设计工作。工场中有一组为绘制各式简图和装配模型用的木制的和塑料制的零配件，有供拆装实物模型和机器用的零配件。少年分析各种零配件之间的相互关系，思想上形成简图或模型，进行装配。在这个活儿中特别明显地需要手脑协同一致地工作。这里通过两条渠道不断地进行信息对流——从手通向大脑和从大脑通向手。手在**思考**，就在这个时候大脑的创造性工作区域兴奋起来。这个工作中首先是理解其相互关系和相互作用。思想由整体过渡到局部，由一般过渡到具体，手积极地参与了这个过渡。我们深信，在干这个工作中必须具备观察力和计算的能力，而这些同数学能力的发展直接联系在一起。瓦里娅比任何一个男孩都更快地学会分析实物模型的零配件之间的相互关系，这促进了她思维的觉醒。

连续几年我观察青年工人班的学生是怎样学习的。许多学生虽然没有时间完成家庭作业，很少听课，但他们掌握数学、物理、化学方面的知识比日校的学生深刻得多。激发智能的强大动力是他们的动手能力强。夜校班中数学好的学生都是些有文化修养的，有才干的机务人员，人民把他们称做自学成材者。通过细致琐碎的创造性智力劳动，他们自学成材。我们认识到这种来自实际生活的经验，在劳动课上和其他形式的活动力求用手来激发思维。

"知识的源泉"

我们把一个小房间称为"知识的源泉"。在这里向你揭开多种事物和现象的本质。其中最主要的是手的智能活动，主动性和创造性。这里是少年之家。我们要让所有的少年，特别是学习困难的少年都来通过这"知识的源泉"。我们每个教师都是少年之家的指导人。我们经常要想出一点什么新花样来使少年的手和思维合在一起使劲。

在这"少年之家"展出了说明各种现象的许多模型，五年级学生在学习物理之前对这些现象已经思考了很久。那是现在使用的谷物清洗机的模型。从机器上取走了几个部件，把它们放在旁边，机器就不能运转了。为什么机器不动了？每个部件起什么作用？如果用另一个构造不同的部件去代替其中的一个部件就可以清洗另一种谷物。为什么会这样呢？这是给畜牧场供水装置的模型。要开动这架机器就必须懂得各个组成部分的相互作用，而要弄懂它，就要动脑筋。

物理教师展出了有特别奥妙的机械模型：这里面有些部件制造不准确，因而模型不能正确地运转或者完全开动不起来。上面写了一句话："为什么这个模型运转不对？"促使你去探索，研究。这就打开了抽象思维的源泉：从本质上讲，一切引起注意的东西都要求分析其相互关系。

化学方面要求少年用心观察某些物质的特性，想一想，为什么它们在各种条件下会起变化（在化合过程中，在温度变化的条件下）。所有这一切也属于研究其相互关系。

在这里展示的许多事物和现象少年都还没有学到，对此我们并不担心。我们正是要激发他们的求知欲，让他们自己去寻求使之激动的问题的答案。让少年在完成课上必修的智能活动的同时去完成课外非必修的智能活动。这里也有各种书籍（参考书、工具书），从中可以了解他们感兴趣的东西。

系统化占有重要地位。系统化是思维的母亲。生物教师、化学教师、历史教师、文学教师都安排本课的作业。少年在考虑事物的特性时，把它们归到所学的这门课或者纳入某个类别，某个历史时期、某种风格。文件夹里夹着数十种未经分类叠在一起的干叶子。作业：把这些叶子分别归类登记。我们高兴地看到少年们在聚精会神地研究每一片叶子。这时候书本是第一个助手。为了分门别类地归在一起，他们取来了各种土壤、肥料的样品和不同种类的树木。历史方面挂了许多画表，上面画着劳动工具、日常生活用品、武器、家用物品、衣服。要学生识别这些东西属于哪个历史时期。文学方面提供不写出作者姓名的文学作品片断，要少年根据作品的风格来识别这个片断的作者是谁。

我们还布置更复杂一些的作业。比如，按示意图组装目前通用的机器模型。

"知识的源泉"室所提供的作业并不是配合课内学习的直观材料，我们的目的不在于此。这里有完全不同的目的：我们希望少年们对尚未学过的东西进行思考。现在我简要地谈谈这些目的。

智育的两个大纲

少年的智能生活，他们广泛而又多方面的兴趣，他们在积极活动中对自我肯定的追求——所有这一切都促使少年感到，如果学校里除了课堂教学以外别的什么也没有的话，不会使他们得到满足。无论课堂教学怎么有趣，无论教师怎么努力地把课堂教学组织得尽善尽美，如果少年的智力需求被局限于上课的话，他们对上课就不会感兴趣。对那些课外很自然得到的知识，少年们都很重视，很珍视；一个人总是特别珍惜通过自己的努力取得的东西。

多年的经验使我深信：一个少年在课外读得愈多，与课内无关的东西知道得愈多（当然这个无关是相对的，因为渴求知识的火花是在课上点燃的，能不能用这朵火花燃起少年心中的火苗，这取决于教师的本领），他就愈是重视一切知识，尊重智力劳动，尊重教师，尊重课堂教学，也尊重他自己。考虑到这种规律性，我们认识到课堂教学有两项教育任务：一是传授一定的知识；二是启发少年对知识的渴望，启发他努力跳出课堂教学的范围去阅读、研究、思考。我们说必须上好课，它的含义首先是使少年的智力生活中不仅只有课内学习。要是做到了这一点，课堂教学就成为少年精神生活所期望的源泉，教师成为这个源泉很好的开掘者和保护者，而书籍成为吸收文化的宝库。

这些认识是对少年进行智能教育最基本的教育经验。如果你们希望少年具有丰富的、充满意义的精神生活，希望他们不白白浪费时间和不去寻求某种可耻的强烈刺激的话，请你们把这些看不见的线由课堂教学引到课外兴趣爱好和需求上去。

我们每个教师在备课的时候，都考虑了在哪一点上去点燃少年渴求知识的火花，如何把火花送到年轻人的心灵中去。这项教育任务的完成取决于少年是否能深刻地意识到，自己应当去开掘和钻研真理。这种认识越深刻，少年就越渴望知识。如果我们想从另一个方面，即用课外工作来改善课堂教学，要在课外去启发少年对课堂教学的兴趣，这种做法是无济于事的。

每个教师在按大纲规定传授知识的同时，也揭开了第二个大纲——非必修知识的大纲。非必修的知识——这是指学校大纲范围以外的一切知识。非必修知识的范围取决于科学的发展，学生的视野，物质条件，学生所处的周围环境以及他个人的爱好、兴趣、天赋。最后一点尤其重要：对同一门课程，就其第二大纲的广度来说（教学的智力环境），一个学生较宽，而另一个学生较窄。第二大纲知识广度的扩展取决于学生本人的条件，但是作为最初的推动力，点燃求知欲火花的第一颗火星的是教师的素养、知识面和学问的渊博程度。我们教师集体都深信，少年的智力教育取决于必修的和非必修的大纲的统一。这种统一的性质是由每个学生个人的许多特点来决定的。在观察了思维迟钝学生的智能活动以后，我们确信，为了理解必修教材并记住这些东西，这些学生必须读一定量大纲规定以外的科普文艺，不是为了识记而是为了让阅读过的东西通过知觉在思维物质上留下不可磨灭的痕迹，促进大脑对必修知识的理解并记住这些材料。

有一年排我上物理课。在学习"液体和气体的压力"一节时，我给那些领会教材很困难的学生阅读了有趣的科普小品。课外阅读变成激发学生智力的一种推动力。学生们很快就理解了其中的因果联系，加强了无意识记的作用。我认为，抽象思维的能力主要并不取决于头脑中积累的"一大堆"知识，而是看哪些东西经过自己的深思熟虑和深刻理解。如果对有趣的、想要知道但并不是非记住不可的东西付出紧张的智力劳动，就能增强记忆。

掌握第二大纲——实质上是少年智力上的自我肯定，集体精神生活的多样化和精神财富的经常交流。

独立阅读是掌握第二大纲最重要的途径。

"思想教育室"

艺术作品具有强大的教育力量，这种教育力量表现在审美观、道德观和政治思想都艺术地融为一体。我知道，一个人在一生中能读完的书不超过 2000 册，并且其中大部分是在学校学习的几年时间里读的（一半以上的书），因此，我极其严格地挑选少年时期的必读书籍。于是就建立了"少年期金色图书室"。这里有专门适合少年阅读的最有趣的书。现在图书室里共有图书 360 本。不需要列举书名。主要讲一讲充实图书室的原则和这些书在少年精神生活中所占的地位。

我们为"少年期金色图书室"挑选了世界文学优秀作品。经典作家的作品在每个学生的心灵中一定要留下深刻的印象。我们不能想像少年期丰富多彩的精神生活中可以缺少这些作品，学校里如果没有这些书，那是不能想像的。"少年期金色图书室"中所有的书都有好几个复本（10～15本），而塞万提斯、莎士比亚、歌德、席勒、马克·吐温、杰克·伦敦、雨果、普希金、果戈里、托尔斯泰、屠格涅夫、契诃夫、柯罗连柯、陀思妥耶夫斯基、高尔基、赫尔岑、廖夏·乌克兰英卡、弗兰科等人的著作有几十个复本。我们努力使书成为少年的精神生活中最重要的智力需要和审美需要。我们的理想是，使少年感到有必要在重温并反复阅读许多书籍，就像一个有音乐修养的人反复听音乐那样。"少年期金色图书室"成了充实家庭图书室的样板。

少年期是树立理想的时期。应当让那些伟人的形象铭刻在每个少年的头脑和心灵中，那些人所经历的生活是少年效法的榜样。这是非常重要的。因此在"少年期金色图书室"中有关于无产阶级领袖马克思、恩格斯、列宁的生活和斗争的书籍，有关于他们的战友和继承者，关于科学和文化方面天才的活动家的生活和斗争的书籍，有关于十月革命、国内战争和伟大卫国战争时期英雄的书籍。

学生应该记住背熟的东西越多，他越需要多读一点不一定要记住的东西，而只要从中了解、体验一下认识的快乐。在需要进行识记的学习最紧张的时期，我们用这样一些图书来充实"少年期金色图书室"，在这些书里重大的学术问题用鲜明的形象和充满激情的语言来表现，读了这些书，使年轻人的心灵受到鼓舞，关于人民的过去和现在，有关宇宙的几种最主要的正确观点，人类为争取幸福的未来而斗争的规律性。这一切在"少年期金色图书室"中都有反映。这里有表现道德思想的优秀作品，作品里介绍了忠于人民，为人民的幸福准备献出自己的生命，忠于信念，在经受各种考验时坚强不屈的思想。我们认为，"少年期金色图书室"是个人生活的起点，在这个起点上进行着形成年轻心灵的最细腻的过程：一个人触及到人类所创造的、经历了痛苦的过程才获得的那些最宝贵的、最神圣的东西，从而他自己也逐渐成为一种积极的教育力量，因为人类的道德财富已经为他个人所获取。我们为"少年期金色图书室"挑选了有关自然现象，各族人民的生活、风俗习惯及其文化的书籍；个别书架上陈列着供集体表情朗读的书籍。

真正地读书——这是一个吸引智慧和心灵的过程，它能激发起对世界和对自己本人的思考，促使少年认识自己并思考自己的未来。读书不会使人精神空虚。没有什么东西可以代替书籍。为什么一个少年在他做完功课或者下班之后在很多情况下总是想到外面去溜达？为什么少年不愿意单独同人们的良师益友——充满智慧的书籍在一起度过几小时呢？为什么少年想一个人单独呆一会儿的愿望没有像他们迫切希望到人们中去那样，成为一种自然的愿望？为什么读书入迷，为时间不够而感到遗憾希望能有时间尽量多读些有益的书的少年那样少？

必须教会少年读书，并且使他们在阅读中认识自己，教会他们用书来进行自我教育，使他们生活在书的海洋中。

"少年期金色图书室"放在"思想教育室"里，我们称它为"思想教育室"是为了强调书籍的巨大精神力量。

"思想教育室"的开办是在大家读了我写的一篇短篇小说以后发起的。短篇小说写的是关于穆齐·斯采沃拉——拿破仑入侵时一名被法国人俘虏的俄国士兵。当敌人在他左手烙上字母N的印记时，他充满了对敌人的鄙视和愤恨，抓起斧头，砍断了被"弄脏了的手"。故事深深地感动了少年们。我建议每个教育者：如果您想在年轻心灵中唤起崇高的爱国主义感情，给他们读一读这样的书吧，其字里行间洋溢着伟大的思想：人最宝贵的是祖国；你首先是个公民，是祖国的儿子，祖国的荣誉也就是你个人的荣誉。

第二天我给少年们讲述关于谢尔盖·拉佐一书的内容。谢尔盖·拉佐是国内战争的英雄，被白卫军烧死在机车炉膛里。我拿出自己写了数十年的读书笔记。我努力给少年描绘他们想念中的作为一个文明人最幸福的情景——与书本交朋友所感受的幸福，智力和美的享受的幸福。

少年们爱听表情朗读。但是对作品的领悟程度与听众的数量和朗读的时间有关。听众必须不超过一个班级，他们必须有共同的精神需求。宽敞明亮的教室坐落在积雪的花园里，暮色苍茫，一片茂密的树林和如茵的草地，树叶在窃窃私语，晚霞夕照——所有这一切都增强了感觉上的美感，也增添了言语的美感。

开始时"思想教育室"吸引的少年不多。他们挑选书籍阅读。在"思想教育室"中读书是安静的。使我十分高兴的是少年们在读书时眼睛里闪烁着那种反映思想和感情变化的内心的火花。

……费佳在读有关"宇宙"的书。值得高兴的是他对这本书感兴趣了！在费佳身上费了不少心血。以前怎么也激发不起他的求知欲。取得小小的一点成绩时他就以为已经到顶了。他的思想上有一种不知从哪儿来的自以为是。让书本开阔他的眼界，而且还要告诉他这样一个事实：那本伟大的认识世界的书的第一行他都还不懂。

如果少年和充满智慧的书本交上了朋友，那么他书读得越多，就越加深信：需要多多钻研，才能获得更多的知识。

我多么希望所有的少年都能熟悉描写优秀人物生活的书籍！我这里有几十本书，都是介绍优秀人物的勇敢和坚忍不拔的精神，他们宁死不屈，坚决捍卫真理和自己的信念，他们是康拜涅拉和亚历山大·乌里扬诺夫、尤利乌斯·伏契克和谢尔盖·拉佐、穆斯·查利尔和卡尔贝舍夫将军、耶奴什·科尔查克和尼柯斯·别洛亚恩尼斯。介绍这些人物的书籍也就是少年进行自我教育的百科全书。如果少年的面前没有点燃起忠于崇高理想并为许多代人照亮道路的明灯，他就没有真正看见自己。没有理想就没有个人的精神基础。我们力求使这种理想成为人的精神成果，成为他自己的思想，以便他对自己本人和自己的生活有明确的打算。

充满政治—道德理想的知识首先是历史知识。正是历史知识影响个人的精神世界，奠定信念的基础。但只有当人们把充满政治—道德思想的理论材料同自己联系起来的时候，才能使历史知识成为建立信念的基础。少年在思考亚历山大·乌里扬诺夫的勇敢精神时，应当把自己放进去。

这里有一条必须细心琢磨的心理学规律：那些不一定要记住的东西，不需要进行专门"剖析"的东西以极大的力量影响个人的精神生活，在同自己作对比。这条规律正反映出少年期的特点，因为少年的思想正在把周围世界和他本人逐步分开。正是基于这个原因，历史课和其他人文学科的必修知识要求特别广阔的智力背景。

我尽量使每个少年都有一本心爱的书，他反复阅读这本书并思考这本书的内容。他这样做不是因为需要把读过的东西记住，以便以后复述给教师听，而是他为自己的命运而激动不安。我坚决相信，少年的自我教育是从读书开始的，他要用最高的尺度——那些勇敢的、忠于崇高理想的人们的生活——来衡量自己。如果少年的精神生活中只有要求识记的课堂教学、听讲、坐着看书，那就不可能进行自我衡量和自我认识，要求识记的心理状况把政治道德理想降到了次要地位。正如一个解剖人体的医生，他忘记了人的伟大意义，虽然他的劳动最终确认了这种意义，同样，一个少年将理论材料进行逻辑分析时，如果他以识记为目的，就在某种程度上摆脱了政治道德思想。对于那些智能劳动中有一定困难的少年，思想丰富的材料并没有在他们心灵中留下什么痕迹，因为这些少年全部精神力量都在用于"解剖"。

不管在教室、田野、森林里，还是在参观游览的时候，我常常给少年们讲述优秀人物的生平事迹。"思想教育室"逐渐成为丰富的思想生活的发源地。我看到男孩子和女孩子都在反复读着同一本书。他们动手做读书笔记。我们的一个哲学家和思想家尤尔卡（他对一切都表示怀疑，对一切都要刨根问底）已经把亚历山大·乌里扬诺夫在法庭上的讲话读了 5 遍。瓦里娅记下了谢尔盖·拉佐有关思想信念的激昂慷慨的言词。萨什科多次重读了卓娅·科斯莫杰米扬斯卡娅的勇敢无畏和坚忍不拔精神的书。我发现，少年的思想已经不局限于书本，他们在考虑自己。我认为这样的时刻是非常可贵的。当在一个人的面前刚刚展现生活道路的时候，他就已经用英雄的眼光，用强者的眼光来观察自己，用英雄人物的尺子来衡量自己，要做到这一点是多么的不容易啊！

同自己说话，对着自己良心说话——这是真正的自我教育。谁在人类的道德财富中找到了自己的榜样，谁希望为自己的心灵获取道德财富中最宝贵的东西，这样的人才能达到思想生活的这个高级阶段。

道德政治思想贯穿在社会科学、文化和艺术之中。这就是忠于信念，忠于劳动人民的理想，毅力，在困难面前不屈不挠。这种道德政治思想不可能通过某一堂课或者某一门课程来"掌握"。只有经过长期的思考才能体验和理解。只有当一个人体验到这种道德政治思想是人的最崇高的美，是一种道德美的时候，他才考虑自己本人。读书，和充满智慧的书本交朋友，能帮助人们认识这种美。

我认为，只有当每一个青年男女都找到了一本在他们心灵中终生留下深刻痕迹的书本时，才算达到了教育的目的。我耐心地期待着少年同**他的**书本相遇。这种相遇将出现在您给少年揭示出真正的人的美的时候，而且，这种相遇还要求教育者具有高度的素养。

我给孩子们讲述了介绍索菲亚·彼罗夫斯卡娅的那本

很有趣的书。我建议他们读一读。有一次我去"思想教育室"，想知道究竟是谁第一个打开了这本书？当我知道是季娜时，非常高兴。女孩子 13 岁，最近她变得文静而又事事留神。她刚开始读就被这本书迷住了，好几天都爱不释手。她把以前积极参加的艺术语言组的活动也给忘了。关于这件事你不必去提醒她。不应当去破坏使她内心激动不已的那一连串的思想和感情。不该去问："你对这本书有什么想法？""它在你身上激发起哪些思想和感情？"让她自己去领会思想、体会感情、激动不安吧！过了一两个星期，女孩子再次重读这本书，开始记日记。这几天不应当劝女孩子读其他什么书，不应当指派她去参加什么座谈会，因为她的思想和情感正经历着紧张的内心活动，一个人正在认识世界并认识自己。

座谈和热烈的争论都是必要的——青年喜欢思想交锋，寻求真理。少先队组织举办讨论勇敢精神的座谈会，季娜要求发言。她把自己经过反复思考的想法谈了出来：一个普通的、平凡的人能否在他死后给人世间留下痕迹？这个想法像闪电一样使每个少年恍然大悟，意识到一个人有许多精神上的需求和兴趣。应该怎样来回答这个问题，取决于一个人的道德面貌，他的思想倾向和精神财富。

季娜说："关于索菲亚·彼罗夫斯卡娅的这本书使我认识到，人不是飘在生活旋涡中并随之而消失得无影无踪的微尘。每个人，只要他热爱祖国并决心做一个真正的爱国者，都可以在他死后留下深深的痕迹。"

几年过去了。不久以前季娜来到学校。这位年轻的妇女是幸福的，她有一个圆满的家庭。她是来请教如何教育孩子们的。我们回忆起"思想教育室",季娜说:"那本书(关于索菲亚·彼罗夫斯卡娅——作者)永远留在我的心上。我希望孩子们也能找到自己心爱的书。'思想教育室'——这是十分必要的星星之火;希望它永不熄灭"。

沃洛佳找自己心爱的书找了很久。他是一个很不简单的少年:一年比一年更清楚地显露出他的智育能力,但与此同时,他在道德方面的发展却出现了令人不快的现象。父母过分的溺爱使他懵懂无知,少年还没考虑过自己的未来。要想办法让沃洛佳读到一本好书,这本书能帮助他用另一种眼光看待自己的生活和劳动,沃洛佳终于找到了自己的书——关于西伯利亚联合收割机手普罗科菲·涅克托夫,一个命运不平凡的人。战争夺去了普罗科菲的双脚,但是他在自己身上找到了极大的毅力,强迫自己用假脚走路,后来当上了联合收割机驾驶员。普罗科菲·涅克托夫曾被授予社会主义劳动英雄的崇高称号。我从许多报纸杂志上剪贴汇编成关于他的一本集子。就在这段时期里沃洛佳以巨大的努力在克服自己的惰性。过去他总是做不到用劳动来开始一天的生活。我们同他的父母谈过话,把希望寄托在少年本人身上:要使一个人看清楚自己,然后同不良作风作斗争。终于互相沟通了,这不仅是同书本沟通,而且是同人们沟通了。我并不认为沃洛佳会一下子变成另外一个人,并以此来宽慰自己。这种情况是不会有的。但是使我高兴的是,他一开始同书本接触,就产生钦佩的感情。

沃洛佳希望与别人交流自己的感受,他对我说:"要知道他的功绩同密列谢也夫不相上下。"

　　我回答说："每个人都有自己的心，都有自己的精神，都有自己的建立功勋的道路。"

　　"每当我重读这本书的时候，总要想一想自己。似乎普罗科菲在责备我：'难道可以把今天需要做的事拖到明天去做吗？'真正的人的勇敢精神开启了我们的心灵。我们也希望做一个真正的人。"

　　沃洛佳的这些话是出自肺腑的，他的眼中闪烁着光芒。我告诉他说：我在编写普罗科菲·涅克托夫一书时，自己也受到教育。当时我从沃洛佳的眼神中看出，他想到了自己。我观察以后的发展。沃洛佳把关于涅克托夫的书读了好几遍。逐渐地，精神空虚的眼神从男孩子身上消失了。

　　如果一个人只看到对他有利和他所需要的东西，而看不到或者不想去努力看到那些需要他集中精神力量为人民谋福利的事，这是一种十分危险的态度。这样来看待世界就会逐渐堕落到利己主义的泥坑，对一切与我无关或者对我没有什么好处的事抱个人主义冷漠无情的态度。我发现沃洛佳以前就是这样认识世界的，这种看法就是导致不幸的根源，这使我十分不安。

　　当然，在教育沃洛佳方面起决定性作用的不只是读一本书。只用一种形式进行教育——这等于是企图在一个琴键上奏出贝多芬的"英雄交响曲"。教育要靠协奏的和声。但是，如果没有这样一本少年十分珍惜的书，就不可能有和声。那本以联合收割机手为主人公的书，后来还有一本关于尼古拉·奥斯特洛夫斯基的书都进入了沃洛佳的精神生活。沃洛佳从学校毕业以后，经过了若干年，有一次对我说："我在读那本书时感到羞愧。起初吸引我的只是功勋，但是后来产生了想法：我算什么？布置两个星期写一篇作文，而我总是拖拉，直到要交的前夕才动笔。好像普罗科菲·涅克托夫站在我的面前对我说：'弗拉基米尔，你是懒汉。'我恨我自己：难道我是那样一个意志薄弱的人？不知在知觉深处的什么地方响起了一个声音'并不是所有的人都能成为像联合收割机手那样的英雄。'我想仔细倾听这个声音，但是我惭愧起来了。我自惭形秽，往往随便一位什么教师朝我看一眼，就好像感到他认定我是懒惰的、漠不关心的人，似乎我在低声说着：'不是所有的人都能当英雄的'……在人们面前我仿佛感到人家都把我看透了。我想做一个真正的人。布置写作文，我回到家里当天就完成。第二天一清早就起床，重抄一遍，并加以补充，修订。我希望别人看到我变好了。我拟了一份阅读文艺作品的单子，并且下决心3个月内读完。这是我读完尼古拉·奥斯特洛夫斯基的书以后的事情了……"

这是一个经过生活锻炼的22岁的年轻人的话。这番话为我们提供了有力的证据，证明读书在自我教育中起着很大的作用。

在"思想教育室"的一些书架上放着关于世界各国和各民族、关于我国和外国各民族的历史以及关于各民族语言的书。为了挑选介绍优秀科学家和发明家的生平和创造性劳动的书籍，我们花了很大的功夫。

我们为"思想教育室"挑选书籍所依据的是：人的接受能力是巨大的。我们有科学根据——在大脑半球皮层有140亿个以上的神经元。过了几年，我们又获悉了科学家的新发现——单是在一个小脑中就有1000亿个以上的思维细胞。

在童年期、少年期、青年早期，一个人可以掌握的知识按其容量来说比他以后掌握的多 10 倍。对掌握一定容量知识的可能性的理解是相对的，一切取决于智能劳动的素养，首先取决于知识的两个部分的对比关系：一部分是必须背诵、识记、保持记忆的，另一部分只需要思考一下就可以了。掌握知识的容量也取决于智能劳动的情绪：如果同书本进行精神交流使人感到愉快，就有大量他原先并不准备记住的事实、事物、真理和规律进入他的意识。

愉快地同书本交往所引起的情绪高涨是一个强大的牵引力，借助这个牵引力能举起重量很大的知识。在这种状态下似乎打开了并涌出一股强大的智能劳动的源泉——本能注意与无意识记。精神上的兴奋和灵感越强烈，进入意识的知识越多。学年中有些时候，按所学材料的性质需要集中训练随意注意，我们的学生在"思想教育室"花许多时间在读自己心爱的书。我们特别关心使书本成为智力迟钝学生的精神需要。

对佩特里克来说，通向知识的道路是不容易走的。在六七年级学习比较复杂的归纳和定律时，他遇到了困难，只有书本能帮助他克服困难。为此我们专门选择了数学、物理和化学的参考文献。这些书中具有生动的富有感染力的内容：通过介绍具有强烈求知欲的人们的创造性劳动来揭示抽象真理。对少年来说书本不再是贮存真理的仓库，而是感受的源泉。有时候我们建议佩特里克：把教科书搁在一边，而把这本书读完。读了这本书给他增添了新的接受能力。

我们认为，如果少年**不迷恋**科学书籍，在"思想教育室"没有他心爱的书籍，也就找不到通向少年心灵的道路。

少年在"思想教育室"读完几本书并感受到认识的快乐之后，他就会在家里读书。

一个人在少年时期和青年早期读什么书，书在他的生活中占**什么地位**——由此决定他的精神生活是否丰富，他的觉悟程度以及他对生活目的的感受，他的观点和感情的培养，年轻人对自己应尽义务的态度也与此有关。生活在书的世界——这不仅仅是细心地努力做好功课。一个人可能以不坏的，甚至是"优良"的成绩毕业，但他对智力生活一无所知，没有感受到与书打交道的高度乐趣。生活在书的世界——这是进入文化的最细腻的领域，体验人的伟大，认识精神财富的真正价值。

如果在少年的生活中自我教育没有占到应有的比例，一切关于把教学过程变成教育过程的争论和考虑都将是空洞的议论。没有自我教育，没有为了认识和自我认识的需要而去集中智力和意志力，知识教育和教学就不可能具有教育作用。缺乏与书本经常性的精神交往，现代人的生活是不能想像的。

青少年中的酗酒、流氓行为和无聊地消磨时光的这些不良现象越来越引起社会公众的严重不安，我可以肯定，其最主要原因是由于在学校毕业之后他们的智能生活极其空虚、贫乏和狭窄，而这一切起因于在校期间精神需求的空虚和贫乏。现代人的生活每天都要接触人的最敏感、最细腻的领域，并且要求对这些领域进行经常的和十分耐心细致的教育，这种教育要通过极其细致的手段——充满智慧的书本、音乐、艺术来进行。如果一生中不持续进行这种耐心细致的理智和情绪的教育，那么与酗酒、流氓行为、违法行为作斗争的任何手段都无济于事。学生毕业以后主要是进行自我教育。一个人如果在校期间爱上了书，学会根据书上说的去认识周围世界和认识自己，这样从学校毕业以后就有可能进行自我教育。如果一个人在校期间没有打好自我教育的基础，而毕业以后他或者完全不接触书本，或者只读一些侦探小说，那么他的内心世界就变得冷酷无情，他寻求强烈刺激，并且在那失去人格的地方找到了这些刺激。我认为，如果一个青年工人每天不读两三小时充满智慧的书，他的精神生活不可能是充实的。

我向从事少年教育工作的人建议，要划出更多的学习时间来从事人的最美好的活动——与书本打交道。让书本像人们喜爱的旋律、优美的舞蹈那样令人心醉。如果少年一直把书本看做是新鲜的、不能得到解释的奇妙的东西，如果年轻人努力去独自探索这种奇事的奥秘；如果在青年人中间出现许多迷恋书本的怪人，他们把书本看做是高于一切的东西，那么，用任何强硬的手段都无济于事的问题都将迎刃而解。

自我教育

自我教育这个概念包括：（1）充实个人图书，配置成套；（2）家里单独进行的智能劳动。如果一个人不去刻苦攻读，他就不能了解现代世界的文化，他在智力和情感上不能达到完善的境界。也许到了共产主义社会书本的个人所有制将高度发展，人们将把个人所占有的书本看做是自己的一个组成部分。

我的学生们早在童年时代已经有了个人图书馆。每逢节日、生日给孩子最珍贵的礼物是有意义的书。到小学毕业那年我的每个学生的个人图书馆都拥有图书 150 多本，有的孩子个人图书达到 400 ~ 500 本。那些家里没有书的孩子，精神生活贫乏单调，有的孩子学习上困难很大，为了帮助那些孩子建立起他们的个人图书馆，我们操了不少心。柯利亚和佩特里克的父母亲都没有考虑过给自己的孩子建立个人图书馆。他们在低年级学习的时候，学校（少先队组织、家长委员会，校长）就送给这两个孩子许多书。

我们的目的是要让每个学生自己生活在**书的世界中**。学校的成年人和孩子们联合成立了"崇尚书籍协会"。协会举行每周读书会。少年们建立了推销书籍的合作社。"思想教育室"成了进行热爱知识教育的场所。每年每个班级都要举行读书日。我们把所有这一切活动看做是让少年在书的世界中生活的手段。

我们并不想在少年期就最终确定他们的志趣、爱好。志趣、爱好是不断发展的，是精神生活中最容易变化的范畴。但是一个人在少年期就应当深入到人类知识的某个领域，而这只有在具有多方面的智力兴趣的基础上才可能做到。

我们认为，没有独立阅读的本领就不可能自觉地选择生活道路。为了使一个人兴趣的形成不是一个短暂的过程，不是凭一时的心血来潮，少年时期就要多读、多想、多探索；让智力生活同创造的、劳动的志趣紧密地联系在一起。自我教育正是把课内学习的知识和课外阅读的独立智力活动所获得的知识统一起来，独立智力活动表明：确立兴趣爱好、培养能力和志向是一个漫长的过程。

如果家里的学习活动仅仅是准备功课，就不可能有多方面的智力兴趣，不可能经过深思熟虑来选择生活道路，也谈不上对书本和知识的热爱。对我们的少年来说，自己选择内容的独立阅读占其课外学习的大部分时间，而阅读教科书只占一小部分时间。我们规定五至七年级学生在1个半小时之内完成家庭作业，八至十年级学生在2个半小时之内完成家庭作业。这是可以做到的，因为学生的课外智能劳动不能仅仅是完成家庭作业。另外，课外阅读同准备功课两者都是精神生活的组成部分，具有同样重要的意义。

同在低年级的时候一样，学生的家庭作业主要是在早上，也就是在上学之前完成的（所有学生都是上午上课）。如果不是从小就养成这个固定的习惯并自觉遵守的话，那么从心理素养的观点来看，就不能在实践中坚持这个合理的工作制度。少年期要把儿童期已经做到的一切都坚持下去。

我们每个教师都启发学生进行意志锻炼，我们对他们说："你们要强迫自己早上做作业，你们会懂得这将减轻智能劳动，你们有空余时间去阅读课外书籍，参加兴趣小组的活动和进行自学。在你们的精神生活中课外阅读和兴趣小组的活动越多，你们就越容易掌握课内知识。"

下午（午饭和休息之后）学生们也从事智能劳动，但这是另一种形式的智能劳动：他们在"思想教育室"或在家里读书，做语文练习（作文）。这样，下午学生的智力主要用在他们感兴趣的地方。

究竟怎样才能使少年在早上完成家庭作业呢？因为早上他们一般还要从事体力活动。要在早上完成作业，他们必须早睡早起。

我们认为必须确认并提高对**自学的需求**，这有很大的意义。经验表明，自学的需求只能建立在兴趣和爱好的基础上。著名的苏联心理学家斯·鲁宾斯坦说过，外界对个人的影响只能通过内因才能起作用[11]。对此我作点补充：人的行为中外界的刺激都表现为深刻的个人特点。从被小组活动吸引到被书本吸引，从书本到**自己的**科学知识领域，从知识到创造性劳动——这就是培养和自我培养自学需求的道路。

我们逐步而又坚决地做到使每个少年都找到自己心爱的学科。不是所有的少年同时做到这一点。智力灵感的火花在一个少年身上早在六年级就发光了，而另一个少年身上直到八年级才发光。每个少年爱上某个学科都有各人自己走过的一条道路，但是生活在书的世界和进行创造性劳动，这两者的统一对于确立心爱的学科总是起着决定性的作用。通向心爱学科的道路是由课内学习走向课外阅读科学书籍，由教室走向"思想教育室"，由唤起兴趣的第一本书走向按心爱学科的需要建立个人小图书馆。每个教师把启发学生喜爱自己教的学科看做是创造性劳动的竞赛。我们认为，对某个学科感兴趣的最初的火花表现在一个人希望在这方面知道得比大纲规定的多些，并且力求知道得更多。我重复一下，如果少年的智能生活局限于教科书，如果他背熟了课文就认为目的已经达到了，他就不可能有心爱的学科。

我们的教师必须想出办法来满足男女学生们的求知欲望。暑假旅行期间我们为"思想教育室"和自己学生的个人图书馆找到了有趣的图书。少年们迫不及待地期待着我们回来。我们带回的书本成了激发孩子们求知欲的一朵朵火花。

我们并不期望智力上的灵感会最终决定每个学生的生活命运。但是我们把学生心爱的学科看做智力生活的基础。

马克思说："如果没有限制，在任何地方都作不出重要的事情。"①

合理限制少年期智力兴趣的范围不会限制他们的发展，而是使他们得到协调的全面发展。我们认为，这种合理的限制是达到自我认识、自我教育和自我肯定的重要动因。

在少年和青年的智力发展中，学科研究小组起着很大的作用。每个教师领导一个学科研究小组，施行上面讲到过的第二教学大纲。学校里不能没有第二教学大纲。高年级学生参加学科研究小组，少年们从六七年级起也有从五年级起就参加学科研究小组的。我们所有学生都参加了这些小组。这是智力生活的发源地。学校里因此出现了热爱书本的现象和发扬自学的精神。

任何一个少年都不应当感到自己在智力发展上是个不幸者，命里注定要落在别人后面。少年期许多悲剧的根子就在这里。如果一个人总是感到自己不够格，他就不可能是幸福的。而在那种不幸中就形成了孤僻、戒备的心理，对人们怀疑，以致发展到最可怕的地步：不相信别人，残忍无情。当我想到现在许多学校都有一些心情忧郁、时时处于紧张的戒备状态或者对一切都无动于衷的2分学生时，不能不感到痛心。不能让一个学习不好，而且对知识态度冷淡的人从学校毕业出去。如果一个学校不去培养学生对知识、教育、科学、书本和文化的热爱，那就算不上是真正的学校。

---

① 《马克思恩格斯全集》第23卷，人民出版社，1972年版，第404页。

精神财富的交流

自学——这不是机械的补充知识，也不是与外界隔绝，而是生动的人们之间的相互关系。

一个人作为一种巨大的精神财富展现在人们面前，人们之间的这种关系是很微妙的，没有这种微妙的关系就不可能有学校的智力生活。这种微妙关系的实质在于知识和技能的交流。一个人在把自己的知识传授给人们的同时，既认识了别人，也认识了自己。这种情况下智力感同道德感交织在一起；一个人体会到，他身上出现了对别人的义务感。当人们认为，他自己知道就够了，而对别人无动于衷时，这两种感觉的交织能防止智力上的个人主义。

课堂教学中已经开始精神财富的交流。少年阅读了文章摘要，在班上讲述读过的书的内容，这时候他就体验到**贡献**自己精神力量的**快乐**。我们上了这样一些课：朗读根据观察到的材料写的作文；作经验总结和观察所得的报告；由我们有才能的数学家做怎样解趣味题目的报告；这些课的主要目的是交流精神财富。大家把这一切活动看做是进行独立智能劳动的总结。为了对同学们负责，少年们在作报告以前认真地进行阅读、思考。

万尼亚、莉达和萨什科五年级的时候已经学会采置实验标本供显微镜观察用。他们高兴地把自己的技能传授给同学们。万尼亚教同班同学和低年级的同学把果树嫁接到野生树上去的技术。柯利亚、谢尔盖、拉丽莎、尤尔卡、季娜、瓦里娅为上课绘制挂图。低年级时就吸引了所有孩子们的诗歌创作，到了少年期仍然兴趣不减。我们举行诗歌创作晨会，会上少年们朗诵诗歌。

当加利娅在六年级学习的时候，我建议她去指导二三年级学生的数学小组。女孩子找了趣味习题，为小组活动准备了图表。她对自己的要求更严格了。在她的个人图书馆里有了新的数学史方面的书籍。她领导这个数学小组直到毕业。这项工作对其智力发展和公民观的形成都有着深刻的影响。

帕夫洛、季娜、瓦里娅、谢尔盖、费佳都成了数学小组的指导人。我们原来担心柯斯佳难以领导好一个数学小组，因此没有委托他这样的任务。柯斯佳自告奋勇要求任命他为指导人。柳达和万尼亚成了生物教师很好的助手。在他们的少年科学研究组内，年龄小的孩子们积极参加饶有兴趣的智力活动。组员们进行生物气候观察，保护鸟类和树木。万尼亚小组开辟了葡萄园。拉丽莎、塔尼娅、尼娜、沃洛佳、卡佳、柳芭分别领导了艺术语言组，少年故事员小组，少年艺术家小组。在各个人文学科小组内精神财富的交流富有创造性。

瓦里娅五年级的时候就领导了一年级学生的故事员小组。冬天晴朗的日子里孩子们随瓦里娅去到森林、池塘边、花园、进我们的洞穴（"理想之角"）。在瓦里娅的脑海里童年期所树立的鲜明形象还记忆犹新。每次去自然界作新的旅游都唤起了这些形象，并给这些形象增添了新的感情色彩。瓦里娅对世界的憧憬感染了年幼的孩子们。男女孩子们构思编出有关各种鸟和动物的故事，在他们的想像中树木和山岭，河流和老橡树桩都活起来了。

我们有好几次同瓦里娅和她的故事员们一起去森林、田野、"理想之角"。我听着孩子们编出来的故事，想起 5 年前的瓦里娅，当时她就像现在她所指导的孩子那样。我仔细考虑了 12 岁的女孩同 7 岁的男孩子们之间形成的关系，并且相信，只有当大孩子和小孩子之间有了一种智力上的相互关系，这就是大孩子的思想在小孩子的思想上有了生动的反应，大孩子教小孩子去认识和理解世界的时候，在学生集体中才可能产生真正的主动精神。只有当大孩子和小孩子之间有了共同的精神需求，才能建立智力上的相互关系。少年们愿把自己的生活经验、知识和技能传给孩子们，在这过程中有着自我肯定的感受。

传授精神财富时所表现的精神——心理关系越细腻，就越能激发起大孩子的自尊感，因为从这里他感到自己是年幼孩子的朋友和指导人。

对尼娜、瓦里娅、佩特里克和斯拉夫卡来说，与年幼孩子们之间建立细腻的精神——心理关系具有特别重大的意义。他们认为，他们传授给年幼孩子们的知识和经验都是有益的和需要的，这种想法鼓舞了男女孩子们，提高了他们的价值。

从学校毕业几年之后瓦里娅说："起初我同那些小孩子交朋友，主要是去森林游玩，到'林深丛密的童话国'去远足。在那里，孩子们听我讲故事，他们自己也编故事。同小孩子们在一起，我感到自己胆量大了，思想也明朗了，并且找到了想说的话。我给孩子们出思考题，成立了数学爱好者小组。他们决定每星期集中一次，但是我背着教师把孩子们集中 3 次。我总是兴致勃勃地、愉快地、自豪地上孩子们那儿去。孩子们好学的、信任的目光激起我新的力量。我不能马马虎虎对付功课，我要取得更好的成绩。似乎有另一个什么人站在我的身边，这个人在严格地对我作出评价……"

塔尼娅、柳霞和卡佳同二三年级学生交上了朋友，他们开始教孩子们朗读和书写法文单字。这样的小组一直存在到现在。很多读完四年级的孩子已经能用法文阅读。

莉达、萨尼娅和斯拉夫卡建立了少年旅游者小组。他们的朋友们，三四年级同学在"故事室"听了关于世界各国和各民族的情况介绍，关于本地名胜古迹的介绍，在"故事室"为小同学建立了影片库。春夏两季进行实地考察：男女孩子们了解本地情况。

萨什科、柳达、季娜、万尼亚、佩特里克成了少年大自然考察者小组的指导人。这个小组把实际的考察工作与阅读书本结合在一起，成立了第一批少年机械师小组。尤尔卡和谢尔盖弄到了一台小型内燃机，由四年级少先队员组成了技术研究小组。

少年们如果不去积极交流精神财富，很难设想进行充实的智能劳动。建立在智力财富交流基础上的相互关系是实现教育精神需求（即渴求知识）的必要条件。

六年级学生为居民举办科学知识晚会。晚上在一个农民家里集合了许多农庄庄员。少年们来到自己双亲、爷爷面前，讲述自然界各种现象，讲技术，讲科学上取得的成就。除此之外，还补充讲了各族人民的历史和他们目前的生活。晚会引起大人们很大的兴趣。每个少年都想参加这样的晚会。全班分成 5 个小组；每个小组都有自己固定的活动地点，农庄庄员在那里每周集中一两次。这就形成了最初的文化基地；这些活动逐渐成为年龄大一点的少先队员和共青团员参加社会生活的重要形式。把知识传授给大人，这对少年来说是同别人进行精神交流的更为复杂的形式，也是他们最愿意做的工作，比起领导低年级孩子的小组来，这就高级多了。

同有生活经验的成年人和上了岁数的人打交道，更强烈地激起少年对书本和科学的兴趣。成人们提出的一些问题打开了通向认识未知世界的窗户。同成人们打交道之后，少年们对书本更着了迷，他们产生了新的需求。

记忆、思维和学习能力

教学是从基本的科学原理——基本知识开始的，缺乏基本知识不可能掌握知识的顶峰。牢固地、自觉地掌握基本的科学原理是进行完备的智能教育的最重要的条件。

孩子们在低年级掌握了起码的书写知识（牢记单字的正写法），掌握了算术概念、规则和公式。少年期仍然要目的明确地继续进行这项工作。如果在记忆中没有牢固地保存最基本的科学原理，就谈不上自学。

在准备给五至七年级上课时，我们每个教师都明确哪些内容是应当牢记的；哪些内容只要理解，不用识记。我们制订了学习乌克兰文、俄文、法文的最基本的书写知识的 3 年计划。我们认为，少年的思想应当为创造性的智能工作作准备，这项创造性的智能工作要求对事实和现象进行思考、探索。多年的经验使我相信，持续不断的死记硬背是学生智能劳动中的反常现象，它会造成只注意熟记的人可能记了很多东西，但是如果需要他从记忆中找出最基本的原理，他脑袋中就一片糊涂，他面对基本的智能题目束手无策。如果一个人不会选择去记最需要的东西，他也不会思考。

假如说，一个少年在写作文时，他要考虑怎样写每一个单字，而在解题时，他要冥思苦想简化乘法的公式，这样他是什么也想不出来的。学生对许多东西不需要考虑，在智力工作中应当运用自如。正如熟练的钳工拿工具时不需细看一样，因为它熟悉自己工具的每个特征。同样的道理，智能工作熟练的学生从自己记忆的库房中去取出最基本的原理也用不着紧张的集中思想。

这对少年来说具有特殊的意义。抽象思维的蓬勃发展使少年对必须牢记的基本原理产生独特的轻视心理。（既然世界在时间空间上都是无限的，为什么去记某一个公式？）但是进行抽象思维不可能没有对具体事实和具体事物的了解。如果一个人的记忆中没有"随手可取的"基本原理，他在少年时期就会思想**表达不清楚**——因为他的思想很乱，而这对整个智力生活有着深刻的影响。

我们很重视引导学生对最基本的原理进行有意识记和无意识记。"思想教育室"中放着直观教具和仪器，专门用来作自我测验和训练记忆（例如，数学电笔）。每个少年都有一本笔记本"供自我测验"用，学生在笔记本上记着，什么是需要永远保存在记忆中的：代数公式，物理公式，化学方程式。在有关心理素养的座谈会上我教少年们把时间分成几段，每隔一段时间检查一下记住教材的情况。

在低年级我们把很大的注意力放在学会阅读、书写、议论、观察和表达思想上。如果到了少年期这些能力得不到加强和提高，少年学习起来就很困难。

我们每个教师都十分重视提高学生快速阅读的能力。少年期最重要的是训练默读。六七年级学生应当会抓住长句各个部分的完整意思。不具备这种能力少年的思维就迟钝，思想仿佛停留在无数死胡同面前。如果抓不住长句中各个完整的，逻辑上独立部分的意思，不能猜出句子某一部分的内容，甚至一个句子读不到底——这一切不仅会影响当时学生的成绩，而且影响他大脑中的生理解剖过程。不会阅读的情况压抑了最细的联想纤维的可塑性，而这些纤维是保障思维器官中枢之间的联系的。谁不会阅读，谁就不会思维。

所有这些事物都不是无足轻重的，其间潜伏着智能上局限、智力生活贫乏的可怕危险。不仅在低年级需要进行训练。对少年进行这种训练要求所有教师具备很高的教育素养。我们每个教师都做到了在五六年级继续训练表情朗读。训练表情朗读是必要的。没有表情朗读不可能培养既用眼睛又从意思上抓住长句中的逻辑完整部分的能力，培养理解并及时转到阅读下面部分的能力。换句话说，需要**教**少年在**阅读的同时进行思考**。这种能力所形成的心理上的难度是激起大脑内部力量的外部动因。

教会少年阅读！为什么有的学生在童年期思想灵敏、接受力强、好钻研，到了少年期都变得智能平平，对知识冷漠、怠惰呢？**因为他不会阅读**。人脑——这是一个复杂的整体：如果某一部分不够发达，整体的工作就停滞。脑半球的皮层上有管理阅读的部位，它们是同大脑的最积极的、最有创造力的部分联系着的。如果在管理阅读的部位有了死角，皮层所有部分的解剖生理发展就停滞。还有一种危险性：脑半球皮层上完成的过程是不可逆转的。如果一个人在少年期没有学会既用眼睛又从意思上抓住句子的逻辑完整部分和整个句子，那么他将永远也不会有这种能力了。

我们思考一下这种情况：个别少年很少做家庭作业，却仍然成绩不差。这不一定能用他们有非凡的才能来解释。这往往是由于他们善于阅读。善于阅读本身发展了他们的智力。

我们也注意使书写运用自如。每个教师都有自己的一套书面练习体系，少年们每门课程所规定的单字和词组练习书写。我们教少年分头注意听和写的训练。谁在课堂上完成不了这个工作，就要做补充练习。

在语文课上发展观察力和正确表达思想的能力。去思想和语言的源泉旅行已纳入自我教育的范畴。

6.

道德的形成 公民的诞生

从物质世界到观念世界

如果说在童年时期人的精神生活的最重要的源泉是**物质世界**——物质的本质、它们的因果关系和依从关系，那么到了少年时期，在他面前就展现了一个**观念世界**。少年们似乎忘记了从摇篮里望见太阳和天空的日子，忘记了哺育他们的母亲的乳房。这使他们的父母感到奇怪和不可理解，而且使其自尊心受到了伤害。但这里却反映一种复杂的、矛盾的实际情况：在社会生活广阔场面的背景上，家庭、家园、摇篮和母爱对于一个少年来讲，突然变得微不足道，变得渺小起来。他甚至还会感到，像违反行为准则这样一些个人的"小毛病"与那些具有**世界意义**的问题相比，也好像是无足轻重的事了。

少年开始议论一些抽象的问题——思考一些具有广泛意义的社会政治和道德方面的问题。世界上所发生的一切事情都和他个人联系起来了。少年的教育者们，但愿这不致使你们感到惊奇：对别人的命运表示深深的关切——这就是少年期的本质。我还记得，我所教的六年级学生是如何怀着激动的心情，屏声息气、全神贯注地听我介绍遥远的阿尔及利亚，讲述热爱自由的人民为争取自由而进行英勇斗争的故事。当然，事实也会使少年们受到感动，但是，事实再生动，它也要退居第二位——少年们的全部注意力都被思想和哲学方面的问题吸引住了：为什么，有什么理由帝国主义国家的统治集团去压迫殖民地和附属国的劳动人民？到什么时候压迫者和被压迫者才会从地球上消失？我们，世界上第一个社会主义国家的青少年，可以做些什么来帮助那些为争取自由和独立而进行斗争的战士？

　　作为一个教育者——班主任和人文学科的教师，我力求使少年的作为**公民对世界的观察力**得到发展，并且变得敏锐起来。如果少年们对那些离开他们**很遥远的**、与他们个人的命运以及他们的家庭和村庄的生活似乎没有直接关系的人们的命运无动于衷，那么，他们是不可能进入观念世界的。一个人在少年期的道德发展中所表现的天性、地位和作用，要求他在登上社会生活的阶梯时，能用思想来审视世界，理解复杂的社会政治现象的含义，看到为实现那些使他个人激动不已的理想而进行的斗争。

　　一个少年是**怎样**认识世界的；**什么**事情会使他激动、惊奇、关切、感动，引起他的同情或鄙视，激发他的爱和憎，——这一切完完全全都取决于教育者。我关心的是如何使少年们逐步进入观念世界。为此，每星期（有时是一星期两次或三次）我都要把世界上发生的事讲给他们听。这不单

199

纯是作时事报告——在学校的实际工作中称之为政治报告。这是**一种用观念进行的思维**。我所讲述的每一件事情，都能启发少年们充满激情地对待它。这样，思想就逐渐成为个人精神上的收获，因为这种思想发自内心。

有些谈话给少年们留下的印象特别深刻，因为这些谈话揭示了这样一些思想，或者可以说是把这样一些思想具体化了：个人与社会，自由与压迫，幸福与痛苦，社会进步与反动势力。孩子们带着极其激动的心情听我讲述：在我们这个时代——人造地球卫星的发射和人类最初飞向宇宙的时代（这真是些难以忘怀的日子，在这些日子里，苏联科学家在宇宙的胜利以一种新的方式为我们苏联公民照亮了一个我们自己的世界，并且也使我们用新的眼光去看待全人类的命运），世界上还有一些国家，在那里把人像牲口那样卖出去充当奴隶，那些国家的政府还颁布法律规定"活商品"的价格。我给孩子们看一些有关在南非贩卖奴隶的文献资料，以及意大利的有些母亲因贫困所迫把自己的孩子卖给美国富翁的材料，——这一切在孩子们中间一开始引起的是极度的惊奇，甚至是怀疑，然后是愤怒和对剥削者的仇恨。当我把一张刊登照片的英国报纸——照片上带着镣铐的阿拉伯孩子在奴隶市场上等待出售——给孩子们看时，瓦里娅痛苦地说："这是怎么回事啊？在我们这儿，人们向往到遥远的星球上去旅行，而在那儿，却像在古埃及一样，人是奴隶！国外有些人喜欢称做自由世界的那个万恶的世界原来是这样的啊！在那些什么都可以买卖的地方，人是不可能自由的。"

我把介绍世界情况的课称作公民观察世界课。在这些课上孩子们特别敏锐地感觉到各种生活现象错综复杂、矛盾交又以及共产主义和资本主义的不可调和。在人类为摆脱奴隶制残余、反抗压迫、摆脱一些人在经济上和精神上附属于另一些人的关系而进行斗争的背景上，在各国人民为反对原子战争的灾祸而进行斗争的背景上，我们的苏维埃祖国犹如善良、正义和光荣的实际体现者出现在孩子们的面前。

公民对世界的观察，是道德的具体体现。我努力使学生们不仅了解并懂得区分善与恶、公正与不公正、荣誉与耻辱，而且对社会上一切丑恶的、不名誉的、不公正的现象感到势不两立，深恶痛绝。

少年期是一个人火气旺盛、感情偏激的时期。丰富的、高尚的情感生活和个人对待重大的社会现象和政治现象的态度，应当是确立和表现纯洁而又崇高的道德情操的重要条件。多年的经验使我坚信：在青少年中间产生不道德行为的根源就在于知识浅薄，愚昧无知和感情贫乏。如果一个少年不去恨人压迫人的现象，不去恨那个一切都可以进行买卖的可怕的世界，而是去恨年龄与自己相仿而手表和大衣比自己高级的人，这就种下了恶果。这样的少年所关心的，不是为被压迫人民的自由和解放而斗争的战士，也不是共产党员正在受到迫害，而是他父母从自留地里收起来的葡萄不得不以比预计便宜的价格在市场上出售。

一个处于成熟期的人的心向往**什么**，属于**谁**；有些**什么**理想使他激动不安或者使他受到鼓舞，并促使他去从事劳动和进行斗争——这一切都取决于这个人怎样在与敌对信念的斗争中不断磨炼自己的信念，取决于他在与怎样的思想敌人进行的斗争中形成自己的道德观。不能把这种斗争仅仅看做是同那些与共产主义世界观势不两立的人的直接冲突。但是，每一个少年面临着一个精神斗争的境界，要求他对那些与共产主义、人类、幸福、人道抱敌对态度的思想进行无情的揭露。这些思想并不是什么抽象的东西，它们的背后就是原子弹和其他大规模毁灭人类的手段，它们的背后就是不让黑人的孩子们进美国白人学校的警察的棍棒，它们的背后就是迈丹尼克集中营[①]和奥斯威辛集中营[②]罪恶的焚尸炉——对此我们是决不能忘记的。你的学生能不能成为反对那些与共产主义敌对的思想的积极战士（而共产主义的敌人也就是人类的敌人，善良的敌人，正义的敌人，荣誉的敌人），取决于在少年时期和青年早期他的心向往**什么**，属于**谁**。

　　我尽量使我所讲述的那些世界大事不仅为孩子们所理解，而且能启发他们去思考世界的命运，促使他们去思考：我个人和家庭的幸福取决于一种比菜园和自留地，比今年苹果的收成和它们的价格更为重要的东西。当少年独自一人对世界大事进行深入的思考时，他在一段时间里受到崇高精神的鼓舞；应当首先作为一个公民，对这些事件表示关切、担忧和焦虑，这是非常重要的！如果在对每个男孩和每个女孩的教育中我还未能做到这一点，我就认为，我甚至还未能

---

　　① 迈丹尼克集中营：德国法西斯集中营之一。1940 年在卢布林城（波兰）附近建立。1944 年 7 月被解放者苏军所消灭。在迈丹尼克集中营存在的时期，被杀害者达 150 万人。——译者

　　② 奥斯威辛集中营：1939 年希特勒侵略者暂时占领波兰领土时期，在波兰奥斯威辛市附近建立的杀人集中营。在奥斯威辛集中营的监牢里经常有 25 万人。集中营内设有专供杀人用的毒气室、火葬场和化验室。希特勒分子在奥斯威辛集中营曾屠杀了 400 万人以上。1945 年 1 月，这个集中营被解放者苏联红军消灭。——译者

使他们达到道德教育和自我教育的第一阶段。我常常以集体或个别的方式与孩子们谈国内外大事。我总是努力使每个学生在思想上引起共鸣。我不是滔滔不绝地对少年讲述那些人所共知而又无人反对的政治概念，而是去和他谈论那些使人十分激动、使人不能平静的想法；我的激动心情感染了学生，我和他受到同一奋斗目标的鼓舞。为了使柯利亚和托利亚所憎恨的对象不再是那些微不足道和无足轻重的东西，为了使这两个孩子不致成为只顾自己的利己主义者，我曾作过长期的努力。有好几天趁在校园里劳动的机会，我和柯利亚两人单独在一起，我给他讲了关于阿尔及利亚人民女英雄贾米列·布希列特的故事。当我在"知识的源泉"室和托利亚单独在一起时，我就给他讲述关于霍斯罗夫·鲁兹别希的激动人心的故事：霍斯罗夫·鲁兹别希是一个水晶般纯洁的人，他是伊朗共产党的领袖，一个杰出的数学家，他被镇压伊朗人民的刽子手折磨致死。好几个晚上我和这两个孩子一起谈论亚历山大·马特洛索夫的功绩。我希望让这个爱国的英雄的精神世界成为照亮少年个人幸福之路的明灯。这些故事对孩子们的公民觉悟产生了直接的感召力。我希望柯利亚能懂得，她母亲妒忌那些正直、诚实和勤劳的人，那当然很不好，但世界上还有比他母亲的妒忌心大得多的恶行。世界上也有善行，从这一角度来看，他母亲的缺点就是特别不能容忍的了。我努力使我的学生们能用公民的眼光来看待自己周围的世界和自己本人。在公民观察世界的基础上，才能进行整个道德教育。

精神素养、道德和无神论

一个人对周围世界了解得愈多，他对人也就应当愈了解。如果忽视这一条极为重要的规律，就会破坏知识和道德之间的协调。我把这种现象称做道德上的无知。这种无知就在于：有些人掌握了有关周围世界的大量知识，却在历史方面、社会政治方面、精神心理方面和美学方面都不了解**人的本质**。如果不了解，也不去思考，是什么使人高于其他生物，那么情感范畴就不能得到发展，就会造成感情粗俗。我们的社会公众对于那些受过教育的游手好闲之徒的存在感到不安。我们感到奇怪的是，一个人受过中等教育，但却一下子变成了一个违法分子，甚至成了罪犯，怎么会发生这种情况的呢？这往往是因为一个人脱离了劳动——游手好闲是万恶之源。我对年龄在 16～26 岁之间的人因犯特别严重的罪行而被判刑的 100 起案件作了分析，发现其中有 88 起案件的罪犯是完全脱离了工作的年轻的工人和集体农庄庄员。

如果一个人不具备作为**道德素养**基础的各种知识，那他的精神素养也将是不完美的。我给少年们描绘了一个人成长的过程，使他们认识到，在社会主义社会中，人是最宝贵的财富，人对一切事情都负有重大的责任。我每两星期安排一次以人为主题的教育讲座。我给少年们讲述，原始人的生活是何等的艰难，何等的痛苦，因为他们不懂得自然界的各种现象和它们所表现出来的力量。格·瓦·普列汉诺夫关于"体力的必然王国"的说法引起了少年们极大的兴趣，在这个王国里，人类的智慧逐步丰富起来。有些讲座是专门讲劳动的问题，因为不懂得劳动的作用，就不可能尊重别人，也不会尊重自己。

人类的劳动是一种创造性的劳动，这种认识应当贯穿于整个教育过程中。人类活动的这一方面，是道德素养的本源，也是精神素养的基础。我给少年们讲述，人是怎样通过劳动工具和劳动资料的创造，逐渐使自己变得高尚起来，逐渐学会克制自己，不仅成为有意识地安排自己生活的理智的生物，而且成为**有个性的人**。劳动对于人的个性的形成具有决定性的意义——一个少年如能懂得这个道理，就会产生一种自尊感，并使这种自尊感逐步增强。

人的异化，用马克思和恩格斯的话说，是自发的社会力量对人的控制的现象，引起了我的学生们的关注，并对之激动不已。几千年来，只要世界上还存在剥削者社会，劳动者总是作为"失去了自我"的生物而存在。假如对"丧失自我的人"缺乏明确的概念并且不从感情上加以认识，那就不可能理解十月革命所带来的世界上最高尚的人道的内涵。有几次教育讲座的内容是揭示这样一个科学共产主义的真理：人的力量的充分发挥是我们的**最终目标和真正的自由王国**。我认为，把对人是最宝贵的财富的理解作为精神和道德素养的基础，这一点是十分重要的。

宗教是社会意识的一种形式，在我的讲座的内容中，关于宗教史的基本知识占着特别重要的地位。

少年应当把宗教理解为周围世界在人的复杂而又自相矛盾的精神生活中的反映。不了解宗教就不可能有真正的无神论。而没有无神论，没有真正的思想自由，就不可能有共产主义的思想，不可能对人类崇高理想的正确性抱坚定的信念。如果对人类发展所经历的复杂的历史道路缺乏理解，也就不可能了解宗教。我讲述了有关原始人的劳动生活。需要经历几千年的变迁，才产生出"类似人的思维"，人本身才成为"衡量万物的尺度"。人们把自然界中一些有生命的与无生命的东西，把家庭、氏族和部落中的各种关系，把自己的激情和弱点赋予人类所具有的特征，创造出了各种各样的神。当许多部落的首领丧失了力量和权势而由为数不多的君主来掌握政权时，人们就创造了专制君主之神。

当讲述基督教产生时期人的精神生活这一段历史时，我向学生们揭示了这种新宗教的实质：它不单纯是一种新的精神上的压迫，同时也是一个叛逆者的大胆的反抗。基督教是人的精神生活中的一种复杂的历史现象。从无所不在的、万能的基督的形象中，奴隶们渴望找到哪怕是虚幻的谋求解放的希望。但是在这个世界上，在现实生活中，要获得解放不仅不可能，而且是不能想像的。新约的默示录上所描绘的火和地狱的形象以及天堂的形象，都是出于遭受深重苦难的奴隶对真理的憧憬。在那充满社会祸害和残酷剥削的世界里，教会的神职人员借这种憧憬编造了谎言，构成了欺骗。基督——天上的帝王——也和人世间的帝王一样，扼杀了人们的自由和思想。

14～15岁的少年喜欢对世界观的问题进行探讨，他们可以把基督教看做是人们的一种叛逆的志向。为了向少年们证明，宗教是对人们精神的一种奴役，需要**讲述很多材料**。宗教是一种精神上的奴役，因为它使人们不能认识获得自由的真正道路：不**消灭**私有制和剥削，就不可能有精神上的自由和幸福。只要还存在人压迫人的现象，上帝对人的压迫也会一直存在下去。这种对人的压迫现象不仅仅存在于经济关系的范围内。它渗透在日常生活中，渗透在人们日常的相互关系中，其中也包括丈夫和妻子之间的关系。我深信，关于神的思想一定首先产生在妇女的意识中，因为妇女"早在奴隶出现之前就已经成了奴隶"（倍倍尔）。[12]

我的学生们认识到人类精神是经历了充满矛盾和艰难曲折的历史发展过程的，他们为人类感到自豪，并且对人类思维的最初阶段有了了解。宗教是社会生活和精神生活中一个不可逾越的阶段。正如在社会生活中人们必然走上摆脱剥削的道路一样，在精神生活中人们也必然能摆脱对那根本不存在的上帝的信仰。对上帝的否定使人们变得更崇高，更伟大。这个道理中包含了无神论信念的实质，表现出对宗教这样一种在当代对人们进行精神压迫的手段的不可调和的态度。我努力使我的学生**对宗教有了了解之后**，再来否定上帝。如果对你所培养的学生的精神世界缺乏深入透彻的了解，也就是说，对他们没有真正的了解，那你就不可能把他们培养成为无神论者。

要想成为一个真正的无神论者，一个新大陆的宣告者，就需要亲身体验全部历史。如果把道德的培养设想成这样：教师像个预言家那样宣讲，而学生则把一堆堆知识往脑袋里装，把它们"吸收"进去，这是一种缺乏教育素养的做法。应当让我的学生和我一起去**体验整个历史，首先是体验人类精神发展的历史**。应当让他们和我一起到尼罗河畔古代金字塔的建造者那儿去，到那些对太阳顶礼膜拜、创作了关于太阳神的传奇长诗的人们那儿去。我们应当到古罗马的剧院里去，和第一批基督信徒们一起谛听反暴力、反压迫的愤怒的演说。我们应当到古代的亚西利亚和巴比伦的观象台上去，和第一批献身科学的学者们一起观察各种星辰，一起思考世界的本质。我们应当亲自接触一下那个被人用上帝的名义活活烧死的为科学而殉难的若尔丹·布鲁诺的衣服……只有这样**深入体验历史**，人们才会懂得，什么是宗教，什么是真正的自由思想。

我逐步引导自己的学生得出这样的结论：宗教的教条，宗教的宇宙观和道德训诫，不可避免地要和科学发生矛盾。科学和宗教是不可调和的，是水火不相容的。首先是大量的事实使少年们确信了这一点，这些事实证明，有很多正直的宗教界人士和教会的理论家作出了卓越的科学发明。少年们带着极大的兴趣听我讲述亚述－巴比伦和埃及的科学献身者——最早的一批天文学家和历法创始人的故事。我还给他们讲述天主教神甫尼古拉·哥白尼证明了托勒密的地球中心说是不可信的，并创立了新的宇宙观；耶稣教徒谢基成了天体物理学的创始人；捷克的基督教新教牧师杨·阿莫斯·夸美纽斯是全世界公认的现代教育学的奠基人；多米尼克派僧团的僧侣乔尔丹诺·布鲁诺因创立了关于宇宙无穷的学说而被处以火刑；多米尼克派僧团[①]的另一个僧侣托马佐·康拜涅拉在宗教裁判所的刑讯室和监狱中受了长达 30 年之久的折磨，但他仍然写下了不朽的著作《太阳城》，这本书成了

---

① 多米尼克派僧团：13 世纪为了镇压反天主教运动而建立起来的僧团。——译者

科学共产主义的先声；虔诚的天主教徒汤麦士·莫尔①是天才的"乌托邦"的创始人，"乌托邦"成了哲学中一个完整的流派的名称，它促使人类去接近社会主义的理想；法国教士让·梅耶②，一个小小的乡村教区的首席神甫，身后留下了著名的《遗书》，直到今天，这个《遗书》还能使人们激动不已；具有反叛性格的神甫托马斯·米恩采尔发动了农民的"福音教派"去和封建王公和主教们进行斗争；捷克的传教士格里戈尔·约翰·孟德尔③用自己的实验为新兴科学——遗传学奠定了基础。

　　如果能对这些事实正确地加以分析，就能清楚地看到人们思想上的反抗精神，使少年从心底里深信：那种能使科学和宗教一致起来的世界观真理是不存在的。在我学生的心目中，若尔丹·布鲁诺、尼古拉·哥白尼、托马佐·康拜涅拉、让·梅耶、托马斯·米恩采尔和格里戈尔·约翰·孟德尔已经不是由于偶然的原因而开始研究科学和社会问题的那些主持宗教祈祷的神职人员，而是人类精神方面的叛逆者，反宗教的战士。我向学生们介绍了为获得真正的精神自由所走过的艰难的斗争道路，在他们年轻的心灵中唤起了对那些为取得人类思想自由的胜利而斗争的战士、伟大的人道主义学

---

　　① 莫尔（1478～1535）：英国人道主义者，国家活动家和作家，空想共产主义早期代表人物之一。——译者

　　② 梅耶（1664～1729）：法国哲学家——唯物主义者，无神论者，空想共产主义者；在《遗书》中，他对法国封建专制制度作了深刻而全面的批判。——译者

　　③ 孟德尔（1822～1884）：奥地利遗传学家，遗传学的创始人。为了纪念他，称其学说为孟德尔主义。——译者

者、社会主义者和共产主义者的形象表示崇敬的感情。

如果不了解为获得思想自由而进行斗争的历史道路，就不可能具有作为一个现代人的真正的精神财富。我努力使我的学生们能理解并直接感受到这样一个真理：是啊，人的精神是永生的！人是永生的。人不是时间旋涡中默默无闻的一粒尘屑，而是一个创造者。人类的精神财富是不朽的，人类的先进思想、人类在为争取解放而进行的长期斗争中所取得的成就也是不朽的。

我对学生们讲述的所有关于人的事例，都始终贯穿着关于人类道德财富的思想，这些财富是自有人类以来长期创造积累起来的。正确地理解这种道德财富，是表现一个人的精神素养和道德素养的重要方面。

基本的道德素养

道德教育的过程就是把人类道德的宝贵财富一代一代传下去。作为共产主义建设者道德规范的道德财富，在苏共纲领中得到了反映。它们是人类道德进步的最高成果，同时也是对子孙后代进行教育的纲领。

幼年时期的道德准则主要反映在具体的、充满情感的行为中，而到了少年时期，逐步形成了一些有利条件，就能向学生们阐明这些道德准则的思想实质，促使他们从道德上要求自己去作出高尚的行为。因此，我们在解释道德准则、行动守则、信念以及促使人们去进行积极活动这几方面的要求时，努力使它们一致起来。

就道德准则问题我组织过几次专题讲座，为了鼓励学生具有正确的、良好的行为并把这作为公民教育的第一堂课，我在讲这些问题时充满了感情。下面就是我向少年们阐明的一些最主要的道德准则，这是道德素养的初步知识。

1. 你们生活在人们中间。你们的每一个行为，你们的每一个愿望，都会对别人有所影响。你们应该知道，在你们想要做的事情和可以做的事情之间，是存在界限的。你们的愿望往往会造成你们的亲人的快乐或者痛苦。用觉悟来检验一下自己的行为吧：你们的某些行为有没有给别人带来不幸、烦恼或不便呢？你们的行动应当使你们周围的人都感到高兴。 在对少年们进行这种道德教育的同时，我还指出，应该怎样和人们相处。当你们在做一件使自己愉快的事情时，就要想一想，你们有没有给别人带来不幸。譬如说，你们看到学校的林阴道上盛开着丁香花，就想摘它一枝。但是，如果每个人都要满足自己的欲望，那么鲜花盛开的灌木丛就会变成一片光秃秃的树枝，人们也就无法欣赏——你们的这种行为就意味着偷走了别人可以欣赏的美。

如果在集体的日常生活中能用人们道德关系的素养来加强这些教导的力量，那么就会培养出一种精神力量，这种精神力量能对人们的欲望起制约作用，不容许随心所欲。而这一点对于培养责任感（这是公民教育的一个基本原则）是非常重要的。如果一个人不懂得节制自己的欲望，不善于摆正自己的欲望和别人的利益之间的关系，他就永远不会是个好公民。应当使一个人从小就意识到并懂得必须在某些方面克制自己的激情和欲望。譬如说，你想在这块绿草坪上玩一会儿球，可是不行：草地应当保持常绿，因为它能净化空气。如果不是从小就教育孩子控制自己的欲望，这就会使他们逐渐养成不守纪律和任性的习惯，他们以为：我什么事都可以做，我什么都不怕。

所谓责任心，它的含义就是对某些人负责和为某些人尽责。我们努力建立起这样一种工作关系：让少年们去指导低年级学生的活动，为他们作出榜样。

2. **你们享受着别人为你们创造的福利。人们使你们得到童年、少年和青年时代的幸福。对于这一切，你们应当以良好的行为去报答他们。**这一个道德准则是公民义务感的最重要的源泉。一个人应当认识到，他是一个公民，因而肩负着重大的职责，而在没有深刻理解这一真理的全部含义之前，他就应当知道以德报德，尽自己的力量为他人创造幸福和欢乐。良心不应当允许他仅仅成为幸福和欢乐的享受者。"你们有舒适、明亮、洁净的教室、专用教室、健身房、直观教具，"我对少年们说，"所有这一切都是别人为你们创造的。你们应当对这一切有所报答。黎明前一片寂静，当你们还睡在暖烘烘的被窝里的时候，挤奶员早就已经在牧场里工作了：她们清扫牛粪，挤奶——为你们准备温热的鲜牛奶。户外天寒地冻，而拖拉机手还是把拖拉机开到地里去收割喂牛的饲料，这是为了让你们在明天、后天，每天都有牛奶喝。在学校的厨房里，炊事员生起了炉子，为你们准备早餐。司炉工把中央供暖的锅炉烧得更旺，以便当你们来到教室的时候，暖气管已经很热了。人们慷慨地向你们提供一切，同时也在期待着你们的报答。你们现在已经有足够的力量来为人们做好事了。"

对人们感恩——这是同责任感、义务感和公民自尊感一致的。要使一个人受自己良心的驱使去为别人做好事，这是道德教养的基础。

这儿是畜牧场的大楼，里面有供牧场工作人员休息的场所。让我们在这儿种几棵苹果树，使这个角落成为你们的母亲和姊妹们享受自然美的一角。这件工作给少年们带来很多的乐趣，因为它受到崇高思想的激励。接下来少年们又开始为人们做另一件事——他们就这样沿着培养道德素养的道路一步一步地前进。他们的情操变得高尚了，在他们的心灵中树立起一种对于长辈们给予他们一切的感激之情。于是在一个儿童或少年的精神世界中，形成了一种为人们做好事——以德报德的习惯。如果在童年期和少年期就形成了这种习惯，那么到了青年时期，这个人就不可能活着而不为人们做好事。他会感到自己在道德方面已经成熟了，这首先是因为在进入青年时期之前，他已多次体验到进行创造的乐趣，为社会而劳动的乐趣。

3. 生活中的一切幸福和快乐都是劳动创造的，而且只能用劳动来创造。不劳动就不可能正当地生存。人民教导我们：不劳动者不得食。好吃懒做、游手好闲的人就是把勤劳的工蜂酿成的蜜贪婪地吞食殆尽的雄蜂。学习是你们最主要的劳动。去上学也就是意味着去工作。为了在少年们的意识中树立起人民所要求的劳动观点，我们对每个人从小就开始培养劳动**习惯**。在学校里形成一种不允许怠惰懒散、无所事事和衣冠不整的气氛。从小偷懒就为以后过好吃懒做的寄生生活种下了恶果。当一个小懒汉长成一个大懒汉的时候，要铲除这种从童年和少年时期就种下的劣根，就非常困难。我们时刻注视着这样一种危险倾向：对长辈们所创造的财富采取无所谓的态度，或者不假思索地任意挥霍，在这样的情况下，就会产生懒汉和寄生虫。要防止这种危险是不容易的，因为乍一看来，小孩子不做事情似乎并不是什么了不起的缺点，但实际上却是一个危险的开端。如果家长（有时是教师）希望儿童或少年的生活过得舒服些，把他们庇护起来，不让他们去克服困难，这就隐伏着很大的危险。

劳动是道德之源。必须在集体的精神生活中始终贯穿着尊重劳动、尊重劳动人民的思想，并在这个基础上树立起自尊心。务必使我们的少年具有一种明确的公民目标，努力克服一切困难，与集体一起感受由于斗争的胜利而带来的欢乐。在劳动领域有着进行精神斗争的广阔场所，这种精神斗争就是我前面讲述的，是形成人的道德面貌最重要的条件。少年们只有把自己的全部精神都寄托在劳动的乐趣上，他们才能懂得不劳动就不可能生存这个真理。劳动的乐趣是无可比拟的，这种乐趣与其他方面的乐趣不同，因为一个人在劳动时总是尽力去做他应该做的事情，而不是去做他随心所欲的事，于是他就会因替别人做了好事而感受到乐趣，就会希望去做为公众谋利所**需要**的事情。

一个人以乐观的态度对待世界，从而**获得**了最高的乐趣——进行创造的乐趣，劳动的道德意义就在于此。这实际上是一种自我教育。如果少年们不是从童年起就习惯于劳动，那么对于他们来说，就谈不上什么劳动的乐趣。少年们在道德上的自我肯定只有在劳动中才能成为现实，这是因为我们的学生在童年时期，当他们还在一二年级学习的时候，就去开辟小花园、葡萄园，为人们培育各种花秧和玫瑰花的树苗，从而把荒地变成了鲜花盛开的花园。12～14岁的少年就已经感到自己是一个劳动者，为自己参加了劳动而产生了最初的公民自豪感，因为他们在9～10岁的时候就已经看到了自己劳动的最初的物质成果。这是培养初步的道德素养的重要条件。一个12岁的孩子看到用自己的双手培植的鲜花盛开的花园，他会感到无比的自豪；他会用他为人们创造了多少物质财富来衡量自己走过的道路。这种感受愈深刻，他就愈能自觉地产生他对人们所负的公民责任心。

我们努力使集体中没有一个少年不体验到劳动的乐趣。在集体中不应当没有个性；劳动的愉快不仅使集体受到鼓舞，也使每个人对自己的优点有深刻的亲身感受。我们注意使每一个少年都能从自己劳动的物质成果中清楚地看到自己本人，就像照着镜子，看到了自己掌握的技能、工作的坚定性、意志力和创造思想的发挥。只有在这样的情况下，不劳动就不能生存这样一个颠扑不破的真理才能深刻地铭刻在少年的心灵中，成为最神圣的东西。假如你们喜爱园艺，那你们就去培育树木，供大家观赏，使大家都能从中看到你们对劳动的热爱和你们的智慧。假如你们爱好技术创造，那你们就制作一些物理仪器，这些仪器不单单能为你们的小同学这一“代”服务。一个少年，只有当他专心地从事劳动，深入到劳动中去，在劳动中克服困难、掌握知识、锤炼意志的时候，他才真正开始进行自我教育。这是教育少年和少年本人进行自我教育的重要规律。

4. 应当和善地对待别人，关心别人。要帮助弱者和没有自卫能力的人。不应对别人做坏事。要帮助陷入困境的同

志。要尊敬父母，因为他们给了你们生命，教育你们，期望你们成为社会主义社会中正直的公民，成为心灵纯洁、才智出众、心地善良和双手灵巧的人。 对别人仁慈、关切，乐于助人——这是富于人性和作风正派的基本品质，每个学生都应当具备。这些品质要成为他个人的道德财富。我认为学校最重要的教育任务之一就是要培养每个人用仁慈、恳切和同情的态度来对待一切有生命的东西，因为在这些东西身上体现着生命的伟大和美。没有起码的人性，就不可能有共产主义道德；没有细腻的感情、缺乏同情心的人，也就不可能有崇高的理想。而缺乏同情心就会对人漠不关心，并从漠不关心发展到自私自利，从自私自利发展到残酷无情。

有人认为，既然在我们的时代应当培养能适应各种情况的有毅力的强者，那么也就用不着讲什么仁慈、诚恳和同情了。这种看法是非常错误的。诚然，我们最重要的教育任务是要在我们公民的心灵中树立起一种对于祖国的敌人毫不妥协的精神，准备好去和蓄意侵犯祖国的自由和独立的人进行殊死搏斗。但是，谁要是没有受到过关于仁慈、诚恳和同情的教育，他也就没有憎恨敌人的高尚情操。因为勇敢精神是人类高度仁慈的表现，而对敌人的仇恨则是真正的人道主义精神。童年期和少年期应当是培养仁慈，人性和同情心的时期。只有在这样的条件下，人的心灵这一灵敏的乐器才会弹奏出人类崇高感情的最高音阶——从对母亲的最细腻、最温存的关心到对敌人的憎恨，对思想上的敌人毫不妥协。

可惜的是，很多学校都忽视基本道德素养的培养。人们要求少年了解崇高的道德真理，却没有注意到他用弹弓打死小鸟，毁坏树木。人们对少年讲要做一个诚实、正直的人，而他一面听老师讲话，一面却在为即将来临的考试或测验准备作弊用的小纸条。起码的行为不端是造成思想贫乏、心灵空虚的根源。

只有对人民具有一种强烈的爱，才能激起对敌人的憎恨。为了防止儿童和少年成为冷酷无情和漠不关心的人，我们努力使他们对一切有生命的、美好的东西表现出关切、忧虑和激动不安的感情。如果一个孩子非常关心在严寒中挣扎的可怜的小山雀，把它从死亡的边缘上救回来，如果他能保护小树免受损害，那么这个孩子永远不会变成一个对人残酷无情和毫无恻隐之心的人。与此相反，如果一个孩子任意地伤害或毫不可惜地去毁坏一切能给人带来欢乐、一切使人崇敬的东西，那么他就会变成一个惯于侮弄亲人的小霸王。

在生活中会遇到过多少这样的小霸王啊！有一个 7 岁的小男孩，他准备去上学，但怎么也扣不住大衣的纽扣。他不是心平气和地请大人们帮助，而是干脆把大衣一脱，准备不穿大衣去学校。他希望母亲因为他的不遂心而惶惶不安，甚至哭起来。当他把母亲折磨得流眼泪时，就感到一种满足。对待这种看来"无罪"的霸王行为，应当明智地、有分寸地、关切地，同时又是顽强地、严格地进行斗争。

一个进入少年期的人在智力发展方面迈进了一大步，从而在他面前展现了一个观念世界，他的思想会促使他刨根究底地去寻求有关世界观问题的答案。人的生活中的这种合乎规律的质变孕育着情感素养落后于思想素养的危险。为了避免情感素养落后的现象，在少年期也要和在童年期一样，必须从事劳动，因为劳动能激起并增强善良、真诚、高尚的感情。如果一个 14 岁的少年认为，挽着母亲的手和她一起去俱乐部，或者去关心一下花和鸟这样一些事情会有损自己的尊严，那是很可悲的。关心母亲、祖母、祖父和小弟弟小妹妹，这和关心丰富多彩、生气勃勃的集体生活同样重要。少年和家长之间的相互关系，这是教育的一个重要方面，很可惜，这方面还没有作过很好的研究。

我们一直注意让少年有更多的时间待在家里，处在家庭的环境中，特别是和母亲待在一起。没有必要老是"抓住"少年们不放，老是要为他们组织集体活动。在节日前或是在节日里，就让少年同母亲、父亲在一起——这样是最好不过的。

5. 对那些总想依赖父母过日子的人不要不闻不问。不应容忍那些对公共利益漠不关心的人。要憎恨那些挥霍浪费和盗窃社会财富的人。这一道德准则能否遵循，取决于为人们而劳动的观念是否深入孩子的精神生活。只有那些能凭良心去**做好事**的人，才能**认清罪恶**并与之势不两立。我们认为，培养公民与生活中的种种不良行为作毫不妥协的、积极的斗争，这是学校的一项重要任务。如果孩子们看到了浪费现象和随便对待公共财产的行为，看到了懒懒散散、无所事事、阿谀奉承这样一些恶劣行为，却采取视而不见、听而不闻的态度，那是不能容忍的。但如果大人们也是用漠然置之的态度对待这些恶劣行为，那就不可能促使孩子们与这些行为进行积极的斗争。我们设立了少先队绿化保护岗。如果少年们看到了成年人在毁坏树木，那么只用讲道理的方法与这种恶劣行为作斗争就不够了，不给任何处罚或者采取漠不关心的态度，都会伤害少年的心灵。我们要让公众舆论来迫使做坏事的人赔偿损失。

少年们从自身的经验中认识到并确信：做了好事一定会有好的结果，因而以极大的热情参加到创造社会财富的工作中去。假如说一个少年有那么**一次**对生活中所见到的恶劣行为表示愤懑，并采取蔑视和毫不妥协的态度，那么他就会做**10 次**好事，从而在生活中把做好事确立为自己的行动准则。要是一个人忘记了这个行动准则，他长大后就会变成一个好说大话、蛊惑人心的人，一个"专爱告发别人"的人，而对于有成效的好事却不屑一顾。

掌握了最基本的道德素养之后，学生们就能认识到，共产主义实质上就是仁爱和道德的最高形式，是吸取了人类最宝贵的道德财富的思想和信念的体系。如果不具备这个最基本的素养，一个人在道德发展方面就会一无所获。对于这样的人来说，共产主义道德的思想和原则——热爱祖国，忠于人民的理想，在为祖国的自由、荣誉、独立、庄严和富强而进行的斗争中所表现的坚忍不拔和英勇顽强的精神——都将成为不能理解的东西。

只有在学校集体中确立了人们相互关系方面的基本道德素养，才能在孩子们的意识和心灵中培养起最起码的道德素养。这是一个很简单，但同时又是很复杂的问题。说它简单，是因为这些相互关系都是属于同一个公式：每个人都应当真正像对待一个人那样去对待每个人。说它复杂，是因为人们的相互关系包括了精神生活的一切方面和集体中的全部成员——既包括教育者，也包括被教育者。我想对做少年教育工作的人提个建议：如果你们希望自己的工作能顺手一些（大家都知道，做少年的工作是很困难的），你们就要使自己与学生们的相互关系充满深刻的**相互尊重**的精神。我们都是传授各门基础学科的教师，我们认识到，教育工作的基本点就在于我们每个人（无一例外）都要把每个学生首先看做是应当受到很大尊重的**有个性的人**。我们用"您"称呼少年。我们认为这种做法具有很大的意义，它体现了一种崇高的含义——使少年感觉到，所有的教师对他的这种能够达到智力、道德、思想和美感发展的最高峰的创造性的个性都非常尊重。在日常生活中同具有鲜明个性的人（包括他的一切长处和一切短处）打交道的时候，我们总是让他懂得并使他深深体会到这样一个最重要的道理：年轻人（年轻姑娘），我们不仅看到今天您是一个怎样的人，而且也看到将来您要成为一个怎样的人。我们不仅尊重您在我们的帮助下已经取得的一切，而且尊重您将要取得的一切。但是只有依靠您自己坚持不懈的努力并通过我们的帮助，您才能达到精神发展的最高阶段。我们用这个简单而有礼貌的"您"的称呼，表示我们看到了一个人发展的前景；我们使少年懂得并体会到，我们尊重他首先因为他是一个苏联公民，未来的孩子们的父亲或母亲，未来的能工巧匠、诗人，一个有权感到自豪的人。应当找到一种与学生进行精神交流的好形式，这种形式能使学生了解到，你尊重他哪一方面，你所注意的是他心灵深处的哪些隐秘的角落，只有这样，他的心灵才会像人们之间的相互信任这样一朵最纯洁的花朵，敞开在你的面前。

这里应当注意教育过程的逻辑本身所设置的一些暗礁：在教学过程中经常进行考查（测验），教师会随时把一个学生的成绩和另一个学生的成绩进行比较。这后面就隐伏着种种危险——产生失望情绪，对自己的力量失去信心，变得孤僻、冷漠和凶狠，也就是说，隐藏着产生这样一些精神状态的变化的危险性，这些变化导致人们的心灵变得粗野，而对影响人们精神世界的一些细致的手段——语言和美感——却会失去敏锐的感觉。教育者常常会感到奇怪，为什么一个少年会用粗暴无礼的话来回答别人的好言相劝，为什么他不懂得别人的情谊？这是因为他的心灵变得粗野了，以致对别人不信任、怀疑，人的心灵最敏感的部分——自尊心经常受到刺激而使他的心灵不断受到"锤打"。有人会这样说：你瞧，你的同学回答问题得 5 分，而你却总是得 3 分，你怎么就不害臊啊？你难道没有一点儿自尊心吗？——话倒不一定这样说，但是话里所包含的意思就是这样。如果经常抱怨少年没有自尊心，就会使他变得麻木，以致丧失自尊心，少年的心就会像蒙上一层冰似的。这时候你想要把一些善意的话语印入他的心坎，就会像用温暖的手掌去化开一块厚冰那样：用手掌是化不开的，只有用火加热才能使它融化。

　　怎样才能绕过教育工作中的这些暗礁呢？我们总是不让少年有这样的感觉：我们不信任他。因为只要他一有这种感觉，他就会用巧妙的办法欺骗教师和家长，而且欺骗手段十分高明。对少年不信任，就会使他的心变得麻木不仁，使他不可能去独立解决问题，不可能用自己的毅力去克服困难，——他会习惯于别人抽一鞭，走一步。他们寄希望于一个人的内在的精神力量，不能用耳提面命的办法，也不能扶着他走路，而是要为他提供选择的自由，结果是他所选择的道路正是我们所期待的：用自己的毅力去克服困难，从中体验到要看重自己。

　　我们教师之间说定了（大家从未违反过这个协定）：如果一个少年没有完成作业是因为他有些地方没有弄懂，那就不要马上给他打分，免得他心慌。一般说来，我们不打不及格的分数。"如果你还没有搞懂，那就再去钻研一下，思考一下，独立地去完成那些全班同学都应完成的作业。"——我们对他讲话的意思和语调就是这样的。少年们以真诚的态度和努力工作的精神来回答我们对他们的信任。如果学校生活的**全部精神**不是去培养少年的自尊心，那么要建立这种关系就只能是一种无法兑现的幻想。应当指出，仅仅通过课堂教学的形式是建立不起这种相互关系的。可以这样说，我们每个教师和少年在精神需求方面有着许多共同点：作为一个教育者每个教师首先应该是个受教育者，教师会在自己的每个学生身上发现一点火苗，从这点火苗可以看出，一个人是绝对不会停留在他今天这样的水平上的。

　　我们注意保护少年们的自尊心，总是避免作这样的对比：您学得好，而您学得不好。人们的才能各有不同，因此在对他们的智能劳动进行评价的时候，需要非常注意分寸。我们根据每个少年是否有向上的愿望，是否信任我们教师，是否信赖我们——据此来评定他们的知识。如果一个少年在学习和智能劳动方面没有取得一定的成绩，如果他的认识能力和认识条件没有得到发展，那么我们就认为他的精神生活是不完美的。

　　师生之间具有共同的善良愿望、真诚的同情、相互信任和细腻体贴的关系——这一切是我们教育工作中起决定作用的条件，它使孩子们能很好地领会教师说的话，更好地接受有关道德的指导、劝告和要求。少年的精神需求愈丰富多样，他从读书中获得的乐趣愈多，书籍和一切美好的东西在他的精神生活中所占的地位愈重要，那么他就愈能深刻地体会到我们的真心诚意和关怀体贴，他的心灵就愈能细致地领会我们对他所采取的与人为善的态度和人道主义精神。这是道德教育中最重要的一条法则。不能通过某些外来的手段在师生的相互关系中进行道德素养的教育。道德素养的基础在于人们精神生活本身所具有的深度，在于思想是否丰富，感情是否细腻和高尚。我不但非常注意少年讲话的内容，而且也很注意他和我们教师讲话的语调。如果一个少年表现出哪怕是一点儿粗暴无礼、心肠"冷酷"或者精神"麻木"，都会引起我的重视。

在柯利亚和米沙 12～13 岁的时候，我从他们身上感觉到了这些令人担心的迹象。我作了很大的努力来"磨炼"这两个少年的感情。为了能在这段时期内用人类不朽的精神财富充实这两个孩子的精神世界，我有意识地给他们看一些书，使他们的心灵更加细腻、敏感；我注意尤其在这段时期提高他们对音乐旋律的敏感。多年的经验使我确信，教师手中掌握着防止粗暴无礼、冷酷无情和缺乏道德素养的有力武器——这就是**音乐疗法**。冬天寂静的晚上，我把柯利亚、米沙以及另外几个和他们一样的少年邀请到音乐室来，我们一起欣赏格里格、柴可夫斯基和西比利乌斯的作品。在这几个晚上，我们很少说话——除非有时要解释一下音乐旋律所表达的意思，把少年们引导到音乐形象的世界中去。我高兴地看到：少年们的心灵渐渐解冻了，他们的眼神因受到崇高思想的鼓舞而闪现出光彩，充满了细腻而高尚的感情。

道德习惯

　　道德习惯的源泉，在于把高度的自觉性和个人对各种现象、对人们之间的相互关系以及他们的道德品质的感情评价统一起来。从一个少年的心灵深处所进行的理智和感情的过程来看，道德习惯的培养具有特别重要的意义。道德习惯是确立道德观念和道德信念的基础。道德习惯的形成，是教育者洞悉学生精神世界的一种途径，舍此就不可能对一个人有所了解，也不可能用细腻的手段——语言和美感——去影响他。

　　由于有了道德习惯，社会觉悟和社会道德准则才成为一个人的精神财富。没有道德习惯，就不可能作出自我肯定和进行自我教育，也不可能有自尊感。正是由于人们重视并习惯于这种高尚的道德真理，在他的意识中会闪电般地通过一些情感信号：应当这样做，因为不这样做，自尊心是不允许的。于是，道德真理就成为个人心目中神圣不可侵犯的、极为宝贵的东西。习惯使**良心**的这种内在的**感召力**变得高尚起来，而人的意识总是受感情保护的。这种复杂的过程只有在少年时期**才能完成**，因为一个人正好在这个时期能够领会具有概括性质的道德观念。少年期仿佛对各种思想都敞开了通向心灵的道路。如果作为道德素养的最重要的真理在少年时期没有成为习惯，那么，所造成的损失是永远无法弥补的。

　　究竟应当怎样在少年时期培养起道德习惯呢？为了提高他们的自觉性，使之掌握对于个人来说是神圣的绝对真理这样一些最重要的道德财富，应当做些什么呢？

在少年时期，自觉性和道德感的统一，在道德发展中具有最重要的意义。道德感是照亮人们行为道路的明灯。苏联心理学家帕·雅科布松写道："如果没有那种促使人们去深入理解社会道德准则的道德感，那么，这些道德准则实质上对他来说就永远是格格不入的。"[①] 我努力使我的学生对周围所发生的一切事情表示关切和同情，对周围世界的各种现象从感情上表示出明确的爱憎，目的是使少年们对一切事物和现象都非常关心，要求他们不仅从思想上，而且从感情上来理解它们。

少年们和我一起去观察和了解周围世界，而我就好像在把自己对各种事物、现象和事件的看法告诉他们：没有一样东西会使我们无动于衷。我们沿着树林走去，等待着我们的将是有意义的一天——休息、散步、读书、观察、认识世界。在途中我们看到：有一辆载重汽车停在那儿，司机正在翻来覆去地检查发动机。他看到了我们，并且好像问我们能不能帮他一下忙。我们感觉到，这个人不会说一句请求帮助的话，然而他正等待着我们的帮助。在这种场合，就需要对少年们讲几句话，这些话应当促使他们深入思考现象的实质，用道德的真理去激励他们。我找到了这几句话，大概因为它们带有明显的感情色彩，这些话说到孩子们的心里去了。我们忘记了对林中美景的欣赏（当然没有完全忘记，我们还记得它，但是良心告诉我们：袖手旁观是可耻的）。我们派一部分人到村里的机器修理站去，其余的人就留下来帮

---

① П. М. 雅科布松：《情感心理学》，俄罗斯联邦教育科学院出版社，1958年版，第210页。

助司机。

观察各种现象和人们相互关系中的**道德**表现，用心灵去认识世界——这是培养责任感的重要前提。公民的责任感是在基本的道德习惯中形成的。在少年时期，通过正确的教育，能在人的心灵中牢固地形成这种习惯，这就是帮助别人的习惯，——不管他是否提出要求，都要去帮助他。

要使少年对周围世界的各种现象，特别是人与人之间的相互关系经常感到激动不安，要促使他去体验各种感情——从亲切的同情和分担别人的不幸，一直到对于恶行的愤懑不平，——这是非常重要的。我深信，如果一个少年养成了敏锐地关切周围世界的习惯，他就会用别人的眼光来看待自己，就会产生一种使他感到不安的想法：如果我对别人遭到的不幸或者对于恶行抱着无动于衷的态度，那么人们对我会有什么看法？**人们会怎么想呢？** ……形象一点来说，这种令人不安的想法就像一根灵敏的导线，情感信号通过这根导线从心灵传入意识：假如我对周围发生的事情视而不见，那就是自己不尊重自己。只有这样，道德的概念**才会成为**习惯。当一个少年单独一个人面对各种情况的时候，他是怎样行动的，——作为一个公民或集体对此所作出的道德评价，是使道德概念成为习惯的极其重要的前提。在一个集体里，人们精神上的交流具有丰富的内容，个人对于集体的责任感应当是很强的，务必使学生即使在单独一个人的时候，或者当生活需要他发挥个人的主动性，表现出果断、毅力、勇敢和诚实精神的时候，他也会感到集体的目光。

我们的任务是要使那些最基本的道德习惯成为一种传统，这首先是，如果为了别人的利益需要你贡献自己的力量，就要有牺牲自己利益的习惯。把习惯发展成为传统——这是对意识进行艰苦改造的一个组成部分。没有这种改造，就不可能建成共产主义。长期以来所形成的旧传统，用列宁的话来说，是一种最可怕的势力。[①] 在我们这个时代，正在进行着一项耐心细致的工作——建立起新的传统，这些传统无论现在还是将来都应当具有巨大的精神力量。形成传统的那些习惯，对人们的行动起着极大的支配作用，它们的教育力量就在于此。在少年时期，我的学生集体中形成了一种传统：集体对你个人的评价取决于你对待母亲、对待姑娘和对待妇女的态度。这一传统对开展自我教育是一种有力的推动——每个小伙子都希望以自己的举止行为培养起高尚的道德。

培养道德习惯的另一条重要规律，是要求少年对自己的行为，特别是那些能反映出一个人对劳动、对亲人、对集体里的成员的态度的行为，作出情感上的评价和产生亲身感受。我们总是力求让少年们把独立完成任务看做是一种乐趣来感受，而对抄袭和坐享别人劳动成果的行为表示出对自己的不满。要培养起这种感受，必须经过一定的训练：要启发少年作出自我评价。要培养和发展细腻的感情，必然极大地发挥个人的主动性：为了对自己的行为作出感情上的评价，他必须激发起自己的毅力。就少年们如何进行自我教育提些建议，帮助他们选择一些专门训练的内容——这些都是形成道德习惯过程中的附加因素。要让

---

① 列宁在《共产主义"左派"幼稚病》一文中写道："千百万人的习惯势力是最可怕的势力。"

少年不仅对好的行为，而且也对那些不能容许的行为作出情感上的评价，这一点是很重要的。体会到哪些事情是"不容许"的，实际上就是确定个人在社会中的道德方向。"不容许"做的最主要的事情，就是对周围所发生的一切决不能采取漠不关心的态度，我们把每个少年对于这一点的感受看做是道德素养的基本特征。在实际的教育工作中，我特别注意让每个少年能体验到激动人心的快乐和充实的精神生活，让他积极参加看起来与他个人利益无关的活动。

培养道德习惯的第三条规律，是要使教师要求学生作出的行为和道德原则一致起来。热爱祖国、忠于人民的理想、原则性等等都是神圣的共产主义道德真理。这些道理不需要时时处处反复强调，也不需要总是把它们和那些最起码的道德素养和做人之道联系起来。譬如说，一个少年在课桌上画了一个小鬼，或者把同学绊了一跤，使他摔破了鼻子，——不需要就这样的事情大讲人们对于社会的义务和英雄人物的事迹，因为什么事情都要放在一定的位置上，都要有分寸。

根据这些规律，我们制定了道德习惯的纲要。纲要中列入了这样一些道德习惯：把已经开始做的事情做到底；做工作只能认认真真，不能马马虎虎；任何时候都不把自己的工作推给别人，也不坐享他人的劳动成果；帮助老、弱、孤、寡，不管这些人是自己的亲友还是"外人"；使自己的愿望和道德上可以允许的满足愿望的权利一致起来；绝对不能容许为了满足我的愿望而使父母在某些方面受到限制或增加许多困难；既要考虑自己的快乐、满足和欢娱，同时也必须顾及别人的需要；不能为了满足我自己的快乐而给别人带来忧虑和不幸；不隐瞒自己不体面的行为，要有勇气把这些行为直言不讳地告诉你认为需要告诉的人。

　　培养道德习惯，不需要采取专门的方法和手段。集体主义者之间的相互关系实质上就体现了培养道德习惯的要求。要使少年的良知和意志成为推动他作出良好行为的动力，这是道德教育这一细致工作中最重要的方面。不能把教育简单地归结为教师下命令和学生的盲目服从。少年应当时刻意识到：如果缺乏意志，就不可能有良好的品行。特别是当环境要求少年对自己的不良行为作出正确的评价时，这就显得更为重要。孩子们刚进学校，我就培养他们有这样的思想：坦白承认自己不体面的行为，这是高尚的道德。不容许以惩罚相威胁，"硬逼"孩子承认错误。在培养道德习惯的过程中，不容许采用惩罚的手段。一般说来，采用这种手段时需要有最大的耐心并十分注意分寸。对于一个有丰富经验的教育工作者来说，这种手段是随时准备着的，但他却从来不使用它。哪里广泛采用惩罚手段或规定了一套相应的惩罚办法来对付可能产生的不良行为，哪里就谈不上道德习惯的培养。马克思曾经说过："从该隐以来，利用刑罚来感化或恫吓世界就从来没有成功过。适得其反！"[13] 未经周密思考、单凭一时冲动而采用的惩罚手段，会给儿童和少年带来最大的危害，因为受到惩罚的人感到不需要再振作起来，使自己变好。弗·陀斯妥耶夫斯基的话很有道理：惩罚使人摆脱了良心的谴责 [14]。采用惩罚手段是很简单的，而教育一个人为自己的过失感到难受，从而受到良心的谴责，那要困难得多。在童年期，特别是在少年期，一个人如能进行自我谴责、洗刷自己的良心，那就有了一股很大的力量。我总是努力使少年在意识到自己的不良行为之后，能产生这样的想法：我应当成为一个和我现在不一样的人。为自己的过失感到难受，这是对别人的不良行为不能容忍和毫不妥协的源泉。

思想变为信念

道德教育的基础是道德信念。我们的任务，是要使每个少年都具有辩证唯物主义者的世界观、战士的信念、诚实者的心灵、创造者的双手、人才的美质。我们努力使每个少年都把共产主义思想看做是神圣的、不可违背的思想。用马克思的话来说，使这种思想变成一种"不撕裂自己的心就无法挣脱的枷锁。"① 这是培养人的心灵方面最细致、最复杂的一部分工作。我们不要害怕**神圣的**和**不可违背的**这样一些字眼。在谈到新人的道德面貌时，这些字眼的意思是十分明确而又具体的，它们就是人们作为个人的名誉和尊严来珍视的东西，也是人们在任何情况下都不肯抛弃的东西。

怎样才能使经过反复多次的理解、领会、思考、深思熟虑和饱经风霜才获得的共产主义思想，成为人们主观世界的有机组成部分，与人们血肉相连，使人们永远不会感到无所适从呢？阿·维·卢那察尔斯基曾经说过："有时候各种思想的影响会一时一时地控制一个人，这个人就属于容易改变信仰、可塑性很强的类型；而在另一种情况下，这些影响也会合起来在一个人的身上同时发生作用，这种人就成为折衷

---

① 《马克思恩格斯全集》第 1 卷，人民出版社，1995 年版，第 295～296 页。

主义者"。这种心灵上的**脆弱性**，实质上就是心灵空虚，这是我们绝对不能容忍的——我们把这一点看做是培养思想坚定和道德完善的基础。要使思想变为信念，首先要**了解**少年的心灵，要成为他们的知心人。如果我需要在课堂上阐明一种深刻的思想，那么我在备课时就迫切地感到，必须在思想上非常明确，我在同谁讲话。

假如我不知道，在课堂上我面对的是谁，不知道柯利亚和季娜、托利亚和瓦里娅在想些什么，那我就好像是在给抽象的人上课。在思考我在课堂上阐明的某些观念时，我考虑到的首先是我的每一个学生的心灵。应该用生动的话语来阐明这些观念，并且以活生生的心灵和思想的颤动来充实自己话语的力量。

要把政治思想同孩子的个性融合在一起，通过学生个人精神上的振奋，并通过教育者的想法和意图来体现政治思想，——这是一个人对另一个人施加的一种巨大的、什么都代替不了的影响，这种影响（只能是这种影响，而不可能是什么别的东西）能够显示知识的强大力量和对共产主义思想的坚强信念。思想只能存在于信念之中，存在于人们的心灵之中，因而用思想去影响一个学生的心灵，也就是去影响这个人。

教育是从认识真理开始的。进行道德教育的过程，实质上是让每个学生树立道德观念和政治观念，并使之成为他们的行为准则和行为规范。这个过程只有通过多方面的**精神活动**才能完成，没有这样的活动，就不可能有对理想的追求，也不可能有生气勃勃的人的个性。

精神生活——这是一种复杂的现象。不能把它想得过于简单：不能以为一个少年用自己的双手做了一些对社会有益的和社会所需要的事，他的内心就会自然而然地产生我们所要求的感情和志向。我从事教育工作的头 10 年中发生的一件事使我永生难忘。5 个六年级的男学生提一桶水，去给一个老奶奶的白菜地浇水（有时候，少年会形成一种不好的信念：他认为"负责照料"白菜就等于"负责照料"人）。在路上他们遇见了一位老大爷。他们对这位老大爷很了解——老人视力不好，走路时要用拐杖在前面探路。孩子们想开个玩笑：他们把水倒在老大爷要经过的路上，然后就躲到灌木丛后面去了。老大爷无意中走进了水洼，引得少年们哈哈大笑。笑够之后，他们再回到井边，把水桶打满水，去替老奶奶浇白菜。少年们原本是去做好事的，而且似乎也确实做了好事。但是，如果这样的好事不是受高尚的动机所支配，它又有什么价值呢？如果一个人把做好事与读熟功课、完成作业同样对待，如果他在自己的童年和少年时期从来没有体会过，什么是凭着良心去做好事，那么他就会成为一个道德观念不健全的人。对于这样的孩子来说，就像这些六年级学生一样，不管是做好事还是做坏事，都是一种偶然现象。这样的少年从家里出来，走到街上，他们会做些什么呢？他们会表现出高尚的行为，还是会因为违反公共生活的准则或者因为犯罪而被民警局扣押起来，这就很难预料。

精神活动——这是个人为了把我们政治的、道德的、审美的思想、观点、信念和理想变成个人的财富，变成一个人内心的精神财富所作出的积极努力。精神活动——这并不是什么脱离了日常工作的自我反省和自我剖析，而是一种创造性的劳动，是受到崇高目标鼓舞的一种积极的社会活动。精神活动——这是包括劳动在内的各种社会关系的反映，这些社会关系表现在人的内心世界、他的爱好和志向以及他的愿望中。我再重复一下：表现在他的**愿望**中。当一个人的心灵中产生并确立起崇高的愿望时，这种愿望就对人的举止行为起促进作用，并产生激情和行动，通过这些行动人的品质就确立起来，于是又产生新的愿望，——只有通过这样的过程，这个人才能成为一个真正的人。我们在教育实践中把这一复杂过程称之为个人的思想生活。要使思想变为神圣的、不可违背的信念，并不是要把它们死死记住，而是要让它们**表现在**生动活泼的想法和感情中，表现在创造性的活动和具体的行动中。如果不是这样，如果一个少年在接受某些思想的时候，不对照自己，不把自己的举止行为看做是这些思想的生动体现，那就会造成心灵空虚，造成行为好坏的偶然性。要求少年中有更多的受崇高愿望激励的崇高行为，有更多的对道德理想的追求——这是少年教育中的一条重要法则。

怎样培育少年的心灵，怎样才能使父母亲不为自己的孩子担惊受怕：孩子到外面去是不是会遇上一伙坏孩子而遭到不幸呢？……怎样才能在少年的心灵中培植起对于做坏事的**免疫力**，使他们在生活道路上遇到坏人坏事时，不是受到毒害，而是在精神上受到锻炼呢？怎样做到在对孩子讲解道德观念和政治观念的实质的时候，在向他们传授知识的时候，也能和他们推心置腹地进行交谈呢？

在准备文学课和历史课的时候，在准备有关人和人性的教育讲座的时候，我总是对自己提出这样的任务：要求少年们对照自己，用共产主义思想这一道德品质的最高尺度来衡量自己。而为了达到这一目的，我努力在少年的心灵中激发起他们对于道德美的赞颂，对于崇高的道德表现的钦佩，对于苏维埃祖国的敌人的憎恨。最后这一点是非常重要的，因为对恶行的恨，能培养起一个人对善行的爱。道德观念和政治观念——这并不是抽象的真理和死板的原则，而是生气勃勃有血有肉的东西，是人们炽热的心脏的搏动，是一个人为了造福人类而活着的幸福，这里有他的欢乐和痛苦，他的成功和失败。如果少年们在你的话中感觉不到激情和志向、斗争和胜利的生动体现，那么你就不可能同他们促膝谈心，你的话也就不可能触及他们的心灵。我总是努力给少年们描绘出活生生的人的鲜明形象，这样的形象成了人类道德美的永久体现。我要让这个形象照亮少年的心，深入它的思想深处，使少年的心更快地跳动，也使少年在表现出忠于共产主义信念的同时，能体会到个人作为一个公民的自豪。

　　不一定要对少年们讲这样的话：你们也应当成为这样坚定不屈、英勇顽强、道德完美的人。要让少年们忘掉现在是在上课或者是在听教育讲座；不要使他们想到，教师是来对他们进行教育的，因为少年们不爱听训话，他们总是非常警惕地并且带着批判的眼光来看待这种比较：英雄是在怎样的环境中活动的，而你们现在生活在怎样的环境中。我常常在托利亚的眼睛中发现这种警惕的**刺人的目光**。每次都要费很大的劲，才能使这个少年忘记教师是来对他进行教育的。我焦虑不安地期待着，希望那种警惕的、表示不信任的**刺人的目光**会从这个**不简单**的孩子（是一个多么不简单的孩子啊！）的眼睛中消失。当道德美占据了他年轻的心灵，使他认清了自己，并能用一个真正的人的眼光来看待自己的时候，他的这种刺人的目光也就消失了。大概，正是在我忘记他是一个学生，在我不仅仅是向他传授知识，而且以自己的激动心情去感染他的时候，他也就忘记我是他的教师了。我逐渐成为托利亚的知心朋友，我们生活在同一个观念世界中。在这个时候，就会产生一种信念，产生并确立起一种对于创造力的坚强的信心。如果学生和教师能感觉到彼此是志同道合的人，如果在打开观念世界的同时，他们都能成为这个世界的主宰，都能选定自己的防御工事，并在防御工事里选定自己的位置，——在这样的时刻，就能进行我前面说过的那种复杂的精神活动，就能进行真正的自我教育，就能在精神上做好准备，去和思想上的敌人进行面对面的斗争，而这样的敌人在每个学生的生活中都是会遇到的。

　　追求道德美，渴望作出伟大的、英勇的行为，这是少年心灵中最重要的一个方面。赞赏道德美的感情使托利亚受到了鼓舞，他想："那么我呢？我是一个什么样的人呢？"但愿这个少年像对待最宝贵的东西那样珍惜这种想法，但愿道德美的火炬在他眼前永不熄灭，因为一个人看到了道德美，就像给他思想的风帆吹来了一阵清风。不要急于寻找在少年的举止行为和他心目中的理想人物的举止行为之间可供比较对照的东西。这种做法可能导致与预期的完全相反的效果。谢尔盖·拉佐和亚历山大·乌里扬诺夫生活在与托利亚、柯利亚完全不同的环境中。现在的少年需要探索他们自己进行自我表现和自我肯定的途径。假如我试图在托利亚的日常生活中寻找某种理想人物表现顽强精神所必须的那种品质，那么托利亚马上就会紧张起来，他的思

235

想深处就会出现警惕和表示不信任的感情。他把英雄人物的斗争与自己的日常生活相比较，就可能得出这样的结论：现在不是过去那个时代了。

我不敢作这样的比较，完全不是因为我想使少年们脱离现实生活，叫他们去想入非非。不是的，我担心的是这种比较很不自然，没有说服力。我主要考虑的是要让那崇高、勇敢的精神和对道德理想的信念，能和少年对自己的信心融合在一起，并使这种精神具体体现在少年的生活中，体现在他与人们的相互关系中。

在揭示道德观念和政治观念的伟大意义的同时，我真像怕火一样地害怕少年们会在我讲话的字里行间找到这样一些带有责备味道的话：真正的人是这样做的，而你们完全不是这样……甚至有这种暗示也会产生不良的后果，会因此而使精神活动中止，而没有精神活动就不可能培养起理想，少年的内心就会对自己的力量缺乏信心，造成一种可怕的心灵上的虚弱——感到自己毫无用处，感到在自我教育方面所作的努力徒劳无益，感到理想高不可攀。但是少年人不会容忍那种认为自己毫无用处的想法。他要表示抗议——出自内心、用自己心灵的全部力量来表示抗议：他不再相信你对他讲的话，从而使一切崇高的、理想的东西失去它们的光辉。这样一来就往往使有的人变得厚颜无耻。但如果失去了自尊心，就不可能有任何精神财富。因此，理想生活中的光辉形象、一切美好的东西和表现崇高的道德行为的光辉形象，不应当把少年照得头昏目眩，而应当照亮他前进的道路，**照清楚**他自己心灵中一切美好的东西和丑恶的东西。这恰恰是我们应当做的，我们应当为年轻的心灵照亮通向理想的道路，而不是用双手在他的心中乱翻腾，更不要把它"倒腾"出来。

一切美好的东西自然地会对一个人的心灵产生好的影响，这一点不用多解释。我们欣赏一朵玫瑰花，是把它作为完整的花朵来欣赏的，假如我们从花朵上撕下几片花瓣来研究一下，它美在哪里，那么美就会受到破坏。对于那些不言自明的东西，就不需要对少年进行解释。就让他自己去设身处地想一想，如果他生活在那个他所崇拜的英雄当时生活和斗争的环境中，会怎样表现自己。

只有用辩证的思维方法从大量的事实和现象中形成思想，这种思想才会变成信念。我常常努力使班级处于争论的状态。这是反映教育技巧的一个非常复杂而又细致的方面。只有当少年们由于对事实进行了周密的思考和分析，仿佛摆脱了事实、发现了问题的时候，才能形成争论的局面。在这种情况下就有了"赞成"和"反对"两种意见。少年怀着很大的兴趣去研究矛盾，并确定自己的看法。这样，他就不是一个不偏不倚的"知识的吸收者"，而是一个战士。我认为我的教育任务就在于，要从分析事情的焦点来改变对事情的看法，这样就能形成研究问题的局面。研究问题能丰富情感思维：少年对于事情的内在联系和它们之间的相互联系不会分辨不清。他们会把很久以前发生过的事件放到现在来领会和感受；文学作品中的人物成了他们的知心朋友或者是思想上的敌人。

懂得少年的志趣，善于调整好他发自心灵的乐声——这是一种伟大的教育艺术。如果你能以自己的心去感觉另一个人的心脏的跳动，那么你是能够掌握这门教育艺术的。

不要以为你在讲课的时候或者在教育讲座中塑造了道德完美的形象，你就控制了少年的思想和心灵，就能促使他们思考自己的命运，看到自己到底是个**什么样**的人，从而就能在少年的心灵中树立起你所要求的精神境界。不能抱这样的希望，因为这仅仅是对一个人形成思想信念所必须进行的多方面的教育工作的一个开端。这犹如你供给学生精神上的**弹药**，**它暂时**还仅仅是弹药，但**已经**很有威力了，它的力量决定少年以后的精神活动。能否把思想变为信念，这取决于这种精神上的弹药是否有威力，它的能量有多大，同时也取决于少年将做些什么，他的感情向哪个方向发展。

不要忘记，少年并不总是生活在集体中，而你这个教师也并不总是和他在一起的。他常常独自一个人活动。要使少年在单独一个人的时候，能产生这样一种愿望：要思考一下，幻想一下，并在自己的想像中描绘一下表现美好思想和英勇行为的壮丽情景；要设想一下，在为争取使善行获胜而进行的复杂斗争中，自己会怎样表现，这都是很重要的。如果一个少年不去进行这样的思考，他就不可能有个性，他的心里就不可能产生一种崇高的、攀登道德理想境界的强烈愿望。这不是什么自我欣赏，也不是什么脱离集体的自私行为。这是个人精神活动的一个过程，是自我教育的一个过程，也是确定自己信念的一个过程。我总是注意给每个少年提供进行个人精神活动的有威力的"弹药"，也就是说，使他们能严格地要求自己，用最高的标准——共产主义原则标准去衡量自己。我很高兴听到沃洛佳的母亲对我讲，这个 14 岁的少年经常沉思地、聚精会神地埋头读书，好像有什么东西使他情绪激动。我劝他的母亲说："不要破坏他的这种情绪，不要去对你儿子说：'去找同学解解闷吧！'这是他在进行自我教育，是学校里获得的精神上的弹药在起作用。"

必须再提醒大家一下，不要误解我这里说的"个人的精神活动"这个现象。这并不是什么脱离现实生活的幻想，也不是什么漫无边际的想入非非。这首先是这样一些考虑：一个人的志趣应当放在什么地方，他要关心些什么，他所感到不安的又是什么。这是对自己工作的思考与设想：已经做到了哪一些，还需要去做哪一些。如果在集体中缺乏生气勃勃、思想丰富的生活和劳动，缺乏高尚的道德关系，那么也就不可能进行有助于作出自我评价和自我教育、具有丰富内容的个人精神活动。

要使教师在学生心灵中所点燃的火花，即使在学生单独一个人的时候，也不致熄灭，这是在教育少年的工作中最为细致的一种技巧。我总是努力使少年们怀着极大的兴趣去阅读有关杰出人物的生活和斗争的书籍，因为在这样的人物身上，体现了道德的威力和道德的美。我认为，阅读一本好书，一本激动人心的书，并且反复地阅读它，这是人的精神生活中一个最丰富的内容。

集体是一种教育的力量，而劳动则是一种有益于身心健康的力量——这都是教育工作的起码真理，但如果没有个人内心的精神生活来促使理想的形成，那就会始终停留在对这个起码真理的理解上。道德理想——这是一种具有社会意义的，同时又是埋藏在个人心灵深处的东西：这是政治、道德和审美的原则在个人身上的体现。

信念就其本质来说，不可能是一种不劳而获的精神财

富。只有通过积极的活动，信念才能起作用，才能得以巩
固，才能变得更加坚定。一个人只有确认了一定的原则，
并愿意为实现这些原则而斗争，在任何情况下都不放弃这
些原则，他才能对某些东西产生信念。这里还需要回过来
谈一谈精神斗争这个问题。每个少年都应当通过自己的劳
动、通过自己与集体的关系来证实和捍卫一些东西，并且
在证实真理的同时，使自己的人格和尊严也得到磨炼。这
就是精神斗争。使一个人的活动中贯穿认识观念和道德观
念的精神——提高一个人的声望和荣誉的意义就在于此。
在少年时期如果做不到这一点，也就不可能做到自我肯定。
我认为，帮助每一个少年明确自己进行精神斗争的领域，
这是对他们进行个别工作的一个内容。劳动就是进行精神
斗争最常见的一个领域。

　　假如每个少年都不去经受自我教育的锻炼，那就谈不上
个人精神面貌的确立。只有在劳动中发挥思想的作用，一个
人才会对劳动产生极大的兴趣。

　　但是，精神斗争并不仅仅表现在劳动中。少年们还经
常组织自己的"少年思想家"晚会。在这样的晚会上，少
年们对真理进行热烈的争论，他们怀着崇高的愿望去了解、
确认和揭示真理，去肯定某种神圣的、不可违背的东西。
假如没有在崇高的思想鼓舞下而进行的劳动，那么，"少年
思想家"的争论就会变成脱离实际生活的幻想。假如一个
人参加了劳动并克服了许多困难（克服这些困难需要集中
全部精力和体力），从而确立起自己的信念，那么对他来
说，思想领域也是他进行尖锐斗争和自我肯定的一个方面。
只有以自己的亲身经历去体验为劳动和创造的胜利而斗争

的人，才会珍惜自己的思想和信念。

　　"少年思想家"晚会是由少先队和共青团组织举办的。少先队组织首先是一个进行政治教育的组织。12～14 岁的少年已经可以理解观念世界和思想领域的问题。少先队的课余活动不能局限于远足、游览、进行铁木儿队活动①和搜集废铜烂铁。年长的少先队员的劳动，应当同思想、观念、政治教育以及掌握科学知识和政治知识联系起来。"少年思想家"晚会在我们学校开始举办以来，在充满生气的集体精神生活的气氛中，一种积极、好学的思想在晚会上一直显得非常活跃。我们和共青团委员会一起去仔细了解，少年们最关心的是些什么问题，然后就定出下次争论的题目。我们做这些工作当然是不让少年们知道的。作为基础学科的教师，我们也参与他们的精神生活，我们点燃他们的求知欲，参加他们的争论，这样，我们的学生就感到有一种要表达自己的思想、疑问和意见的强烈愿望。

　　"少年思想家"所进行的争论，有一次是专门谈这样一个问题："什么可以做，什么不可以做，什么应当做"。这实质上就是围绕人和社会、义务和自由、个人和集体的相互关系的问题展开争论，对这个问题，青少年一直是十分关切的。少年们用各种方法来解释这个问题，他们急切地希望证明自己说的意见有道理，他们坚持自己的观点。在争论中，有正确的思想，也有错误的思想；错误的意见在热烈的争论中被驳倒，真理就成为少年们**自己的**宝贵真理了。我们教师

────────────────

　　① 铁木儿队是卫国战争时期苏联儿童帮助军、烈属及残废军人的组织。——译者

也和学生一样地参加到争论中去。在这种场合，大家就不会注意到我们是教师，而我们的少年朋友们是学生。我们之间是平等的；我们的某个论点被证明是正确的，主要并不是凭借教师的威信，而是由于我们知识丰富、见多识广。正是在这样的争论中，在少年们忘记我们是教师的情况下，我们教师的威信也就树立起来了。

自从举办第一次"少年思想家"晚会起，已经过去好几年了，对于世界观问题的争论已经深入到少年的精神生活。经验证明：如果我们想找到通向少年心灵的道路，如果我们想使他对我们说心里话，那就应当通过他所关心的有关真理的争论去吸引他。少年在参加看起来与他本人无关的问题的争论时，最容易敞开地对你讲述有关他自己的一些事情。我永远不会忘记"少年思想家"专门讨论关于善与恶的两次晚会。米沙和托利亚激动地谈论着关于人的心灵中通常所表现的善和恶的问题，但他们的话里流露出有关他们本人的一些联想，流露出忧心忡忡的疑问：是不是善总能战胜恶呢？假如你亲眼看到的竟是恶获得胜利，那该怎么办呢？为什么在我们的长辈中间有些人不愿意参与生活中某些尖锐的、有时是令人不快的复杂事情呢？起先他们只是转弯抹角地谈这些问题，到后来，他们就直言不讳地讲述了许多使我们感到惊讶和不安的事情。卡佳、瓦里娅、拉丽萨和季娜都从不同的角度发表了自己的想法，她们认为，一个人只有在为别人做好事的时候，他才会感到幸福。实际上，这几个女孩讲述的是关于自己家庭的幸福，关于她们的父母之间在平时相处中所表现的情谊和互助精神。如果少年能从日常生活中认识某个真理，这个真理就具有明显的感情色彩，因而也就更有说服力。米沙、托利亚以及其他少年怀着探求真与善的目的，激动地倾听同学们的发言。一个真理就在我们的讨论中逐渐形成了。我们教师参加争论的时候，常常是连一句话都不涉及到我们本人，而实际上谈的都是自己生活中的经验，正因为这样，教师的话就显得非常亲切诚恳而且充满感情。

"少年思想家"晚会向我们揭示了一条重要的教育规律：只有当少年不仅是为了直言不讳地说明自己的观点，而且是为了对同学的错误进行针锋相对的斗争而"进行交锋"，坦率地发表自己的看法的时候，他们个人才能掌握道德真理。这时候，少年们就会由于掌握了真理而感到极大的喜悦。

不应当把学校看成是能人为地产生思想免疫力的环境。少年们的周围蓬勃地发展着复杂而又充满矛盾的生活：他们经常处于各种思想影响的十字路口。不要把少年与外面的思想影响隔绝开来，要让他们去接触这些思想，促使他们去深入思考、独立分析生活中的各种现象和情况。为了使知识"变为"信念，形象地说，就需要把少年带到湍急的河流中去，教会他游泳，并和他一起激流勇进。当他登上坚实的河岸时，这个少年公民就会感到自己是一个真正的战士。列宁教导说，马克思主义思想不是什么生吞活剥的东西，而是"经过你们深思熟虑的东西。"[15] 人的思想通向真理的道路永远不会是平坦的。对于我们的学生所提出的一些尖锐的问题，对于一些争论性的或者错误的意见，我们从不回避。相反，少年们能真心诚意地来找我们谈自己的想法，我们是很高兴的。在真理同错误的观点和见解进行辩证的斗争过程中，错误就得到了纠正。

在"少年思想家"晚会上，我们的少年们专门讨论了这样一些问题："祖国可以没有你，而你失去祖国就失去了一切"；"怎样使自己确立起坚强的共产主义信念"；"真理只有为人们所掌握，才能算做真理"（**歌德**）；"真理定能获胜，但应当坚决地对它加以扶持"（**尤里乌斯·伏契克**）；"我们从社会得到了什么，我们给予社会的又是什么"；"我们应当怎样学习，才能感受到获得知识的快乐"；"作为一个现代人，是否需要了解遥远的过去"；"你遇见了遥远星球上一个有理性的生物……地球上的哪些情况你会很乐意地告诉他，而哪些情况暂时还得守口如瓶"；"人类应以什么为骄傲，什么是人类的不幸和耻辱"；"个人和全人类怎样才能在自己身后在这个世界上留下美名"；"怎样使自己成为一个幸福的人，同时又为他人创造幸福"；"怎样培养自己的勇敢精神"；"什么是善，什么是恶"。"少年思想家"晚会成了把我们学生的周围世界，把他们的生活经验同道德思想和知识联结起来的桥梁。由于每个少年都在进行思考和探索，而且把自己的想法都敞开了，我们就能使他们的精神生活充满积极向上的精神，使必要知识的掌握变成饶有兴味、引人入胜的事情。在"少年思想家"晚会和课堂教学这两者之间形成了紧密的相辅相成的关系：在课堂上点燃了少年们求知的火花，引起他们想知道一切的愿望；而关于真理的争论却使他们得以深信，知识世界是一个多么广大、多么辽阔的天地。

我还想简单地谈一谈在道德教育中起决定性作用的一个最重要的思想。学校最重要的任务是培养对社会主义祖国、对共产主义思想、对劳动人民的理想无限忠诚的爱国主义者。

　　我们力求使每个少年都能树立起这样一种**个人对于祖国的态度**：强烈地希望维护她的尊严、伟大、光荣、声誉和强盛。如果一个人在少年时期就能认识到祖国的意义，培养起对祖国的热爱、感激、兴奋和关切的感情，关心她的现在和将来，和她的敌人作不调和的斗争并准备为她献出生命（只有毫无保留地把自己的一切贡献给祖国，才能有正直、高尚而自由的生活），那么在少年时期，他就能认识自己，树立起自尊感。

　　多年的学校教育经验使我们深信：爱国主义教育的力量和效果，取决于个人对祖国的意义理解的深度，取决于他是否能用爱国主义者的眼光清楚地认识**世界**和**自己本人**，要把少年培养成一个准备为苏维埃祖国的独立而献出生命的爱国主义者，这就意味着必须用高尚的情操来丰富少年的日常生活，使少年所认识的一切和他所做的一切都变得更加美好。

　　我们和少年学生一起，继续在祖国的地图上旅行，在《我把心给了孩子们》一书中，我谈了进行这种活动的情况。孩子们在了解祖国的过去和现在的每一次新的"旅行"中，仿佛脱离了具体的事实和形象而陷入了沉思。他们感到，对于一个人来说，祖国是最珍贵、最神圣的，一个人如果失去了祖国，也就失去了个人的一切。少年们把苏维埃祖国看做是一个统一的整体：她那辽阔的疆土和丰富的宝藏、她那光辉灿烂的过去和英勇奋斗的今天、她的社会主义制度和共产主义建设。

　　我为每一次地图上的"旅行"准备了谈话内容，谈话的线索从祖国的历史一直延伸到当代的现实。我非常注意让少年们对空间和时间有明确的概念，因为这是树立祖国意识最重要的条件之一，而且也能使少年们真正从心底里认识到祖国的伟大。为了做到这一点，我采取了这样的方法：在进行一次谈话的时候，我对几百年中在广大的地域上所发生的某些历史事件进行了概括，同时对学生们揭示爱国主义精神的某一个方面，例如，毫不妥协地同侵略者进行斗争，准备为自由和独立而献出生命。

对一个处于少年时期的人来说，很重要的一点是要使他在想像中所看到的不是一个非常狭隘的世界，不是只限于家庭这个范围。一个少年所看到的东西愈多、愈深远，激起他去认识日常生活中不能直接遇到的那些发生在遥远地区的事情的思想与感情愈丰富，那么，他用公民的眼光去观察自己的村庄、自己的劳动、自己的同学、亲友以及**自己本身**，就能观察得愈透彻、愈仔细、愈敏感。如果发生在帕米尔高原山脚下某个地方的事能使一个少年感到激动不安，那么他对自己家乡所发生的事一定也会十分关切。

我满怀喜悦地确信，由于受到祖国这一庄严而又崇高的观念的鼓舞，我的学生们对于他们眼前所发生的一切事情非常注意，他们看到了以前所没有看到的情况，因为他们是以一个爱国主义者的眼光去观察世界的——这里表现出来的不是一般的同情，而是一个公民的忧虑和不安。有一天，我们在树林里进行了一次假想的长途"旅行"。在回家途中，少年们看到了一个过去已多次遇见过的情况，这个情况他们过去见了一直是无动于衷的：一条沟壑"吞食"了好几公顷肥沃的土地。这个沟壑年复一年地使愈来愈多的黑土层从肥沃的耕田上流失。"这样下去，所有的耕田都会变成沟壑，"万尼亚担心地说。少年们若有所思地在沟壑旁停了下来。他们以爱国主义者的眼光看着自己故乡的土地：他们不仅看到了美好的、繁荣富强的一面，同时也看到了不够的一面。正是由于看到了周围世界存在问题的一面，从而就产生了责任感。

如果一个人在认识和体会祖国的伟大这一观念时，没有激动不安的心情，那么他就不可能在自己的故乡、在故乡的城市看到一点祖国的风貌，也不会产生为了祖国的强盛而作出贡献的那种热切的要求。使我高兴的是，我的学生已经具备了为祖国而劳动的精神弹药。五年级学生热心地着手进行一项工作，在这项工作上他们花了不止一年的功夫：他们在那个沟壑的周围种满了树木，并且辛勤地养护这些树木。当沟壑的周围长满了橡树和白蜡树的时候，耕田就不再受破坏了。

在评价某种工作的教育意义时，我们的教师集体首先考虑到的是，这项工作的**公民基础**是什么。我们认为，道德教育的作用在于它能使一个人在整个少年时期以及青年初期想看到自己祖国的强大、美好和幸福这一愿望，完全体现在劳动中，这种劳动能明显地体现出公民的倾向。产生爱国主义责任感的源泉就在这里。只有当一个人产生了一个公民所应有的愿望、爱好和志向的时候，他才能意识到自己**应当**做些什么。这种公民的愿望在少年时期表现得越明显，到成年时期他所产生的一切愿望就显得越高尚。

维·格·别林斯基曾经说过，一个人在少年时期就应当探究和了解过去，让过去来帮助我们认识现在和展望将

来①。历史教育是进行道德自我教育道路上的一个最重要的
阶段。一个人只有在深入思考祖国的命运的时候，只有在思
想上认真回顾自己的人民所走过的道路，并认识和体会到自
己是人民的一分子的时候，他才能深刻地意识到自己对于祖
国的责任感。"思想教育室"中的历史书架是获得历史知识
的源泉，少年们来到这儿，对有关历史的一些问题进行思考
和理解。

　　每个少年都是在个人阅读的过程中认识自己祖国的。我
深信，一个人只有在少年时期和青年初期，才能对人民的光
辉壮丽的历史具有如此强烈而又深刻的感情；只有在少年时
期和青年初期，当他想到自己是祖国的儿子的时候，他的心
才会如此激烈地跳动。我还深信，一个人也只有在少年时期
和青年初期，他的心才会由于人民历史上的一些阴暗悲惨的
往事而如此痛苦地颤抖。对于我的学生们来说，少年时期和
青年初期是他们怀着极大的好奇和兴趣去了解我国人民在过
去几十年和几百年中所经历的历史的时期。我为历史书架配
备了一些书籍，这些书的主题思想是：我现在所看到的一
切；我想像中的故乡（不仅是指我现在所生活的环境，而且
包括先辈们的遗训）。故乡的每一寸土地都洒满了为摆脱剥
削与压迫，为祖国的荣誉、自由和独立而斗争的战士们的鲜
血。也许，我的先辈们没能清楚地想像出来，他们为之献身
的那个未来是什么样子的，但是，他们要使善良和正义获得

---

　　① 维·格·别林斯基在其《对 1864 年俄罗斯文学的看法》一文中写道："我
们之所以要探究和了解过去，是为了让过去帮助我们认识现在，并展望我们的
未来。"（《别林斯基文集》俄文版第 10 卷，第 18 页。）

胜利的那个理想，就是我的今天。因此，我首先是一个负了债的人，对那些为故乡创造了财富，为赢得并捍卫我今天的幸福生活而艰苦奋斗的前辈们来说，我是个负了债的人。

正是由于对这种思想有了理解和体会，才使少年们懂得了过去和现在之间存在着千丝万缕的联系。责任感——这是良心的呼唤，它深刻地表现出个人对自己的社会和人民的态度。我们长辈们给予正在成长的一代以不可估量的物质和精神财富，关心着他们的幸福。但是，一个人只有在真正懂得并且从心底里意识到他**为什么**能得到幸福，只有在了解并体验到自己幸福的源泉的时候，他才能成为一个幸福的人。认识并感受到在社会主义社会中进行自由劳动的幸福，这是个人道德财富的基础，这个基础是在少年时期形成的。我看到，在少年的意识深处，在他们的心灵中，进行着一些复杂的过程：每一个少年都渐渐地、一步一步地按照自己的方式，以整个身心去认识自己生活的幸福——他不用为明天的一块面包而操心，他能接触人类的精神财富，他能享受周围世界的美所给予他的舒适和快乐，他能向往幸福并自觉地去创造幸福。

我给 13～15 岁的少年们揭开了我们苏维埃祖国英雄历史的最光辉的篇章。孩子们读了有关十月革命、国内战争和伟大的卫国战争的书籍。他们感觉到历史在叹息：母亲们的眼中泪水未干；不少英雄的坟墓还未找到；很多任意蹂躏苏维埃祖国的领土和精神的法西斯罪犯、那些出卖了先辈们的土地并且成了敌人走狗的叛徒，都还没有受到惩罚。我注意到使每个少年在登上我国人民历史的这一高峰后，能认识并体会到，我们曾经受到过哪些威胁，我们的先辈们所保卫的是什么，从而使他们的公民责任感更加充实。我的学生们在少年时期搜集了我们村里的人参加伟大的卫国战争的材料。孩子们收到了村里人交给他们的一些英雄的照片，这些英雄是他们的邻居和亲友，照片已经发黄了，他们把这些照片看做无价之宝。孩子们为英雄们画了巨大的画像，把它们挂在一个专门布置的房间里，这儿被称为"光荣之殿"。在这个房间里保存了有关伟大的卫国战争的一切资料。在荣誉台上放置了在前线阵亡的一些学生家长的画像。少先队（后来是共青团）组织的少年觅踪队也兴致勃勃地去采访英雄的事迹。有些人参加过把祖国从法西斯的铁蹄下解放出来的战斗，孩子们把这些人讲述的战斗故事记录下来，作为宝贵的点滴资料保存起来。

在少年们认识并感受到创造性劳动的幸福这个阶段，特别需要对他们进行为祖国而劳动的教育。少年们专心致志地从事日常的平凡劳动，他们从中体会到作为一个公民的深刻含义。我们村里有一块土壤贫瘠连草都长不出来的荒地，少年们就在这块不毛之地上为大家开辟了一个"休憩园"。我们还帮助学校开辟校园，保护童年时代栽下的树木，培育作物的种子。这些工作需要耗费不少精力和体力。在崇高目标的鼓舞下从事劳动，成了少年们进行精神锻炼的一种特有的形式，他们从中真正体会到自己是一个公民。

少年们为自己的故乡所做的事情愈多，他们为使故乡富裕起来而付出的精力和体力愈多，他们就愈能关切地用爱国主义的眼光去观察世界。

个人和集体

当一个少年认识了人身上所具有的各种细致特点，他就开始非常严格地要求别人。他希望在别人身上，特别是在自己的父母、同志和亲友身上去发现深深隐藏在他们内心的、一时不被人们所觉察的那些品质。少年要以自己敏锐的心灵和探根究底的钻研精神去发现这些品质，给予它们以严格而公正的评价。为了帮助少年们确立善良的信念和进步的愿望，恐怕最重要的一点就是要使他们周围的人们的道德品质符合他们已经认识的道德原则、道德规范和道德理想。"集体"这个词对于我们来说，既表示学校集体，又表示家庭中一起生活的人和生产劳动中一起工作的人；它表示与少年有各种联系的一切人。

集体——这并不是指没有个性的一群人，它是作为许多具有个性的人集中在一起而存在的。因此，如果一个教育工作者希望通过组织上的从属关系、领导与被领导的关系来体现教育力量，那么，他的希望是不能实现的。集体的教育力量首先取决于每个人所具有的力量，取决于每个人具有哪些精神财富，他给集体带来了什么，他给予别人的是什么，人们从他那儿得到的又是些什么。而每个个人的财富，仅仅是集体的丰富多彩而有意义的生活的基础。当人们进行共同的活动，而且在这种活动中显示出他们在崇高的道德目标鼓舞下从事劳动的高尚的思想面貌时，集体就成为一种教育力量。

少年期的重大意义，就在于他不仅**发现**人是什么样的

251

（这也是童年期的特性），而且在**探索**怎样做一个人。如果一个集体的活动是在崇高的道德和社会目标的鼓舞下进行的，那么一个人处在这样良好的集体里，就会像在镜子里一样看清自己，发现自己的优点和缺点。而如果一个人没有在集体中受到过崇高的劳动生活的熏陶，他就不可能树立起进步的愿望，不可能使自己得到提高。自我教育作为具有深刻的个性特点的一个过程，是个人精神生活的一个方面，只有当一个人亲身体验到高尚的道德关系的良好影响，在精神上作出努力以求得进步的时候，才能进行自我教育。而且，个人在精神上作出的努力愈大，集体生活就会变得愈是丰富多彩，同时，集体的精神就会更充实，集体的思想也会更活跃。

在学校教育的实践中，往往会出现这样的情况：一个班级在童年时期曾经是个很好的集体，而到了少年时期竟变得非常涣散，这是什么原因呢？因为在童年时期他们在与自己同龄的同学身上已经看到了可能看到的一切，现在到了少年期，已经找不到什么新东西了，他们在这个集体中看不到他们的心灵所要竭力寻找的东西。他们找不到新东西的原因在于集体生活中缺乏内容丰富、思想充实的活动。要关心集体所产生的教育力量，——这就是要关心集体中每一个成员精神上的不断充实和成长，关心人们之间各种关系的发展。如果少年能在集体中找到一些风趣的、精神上成熟的、思想丰富的不同类型的人，这样的集体对少年就具有吸引力。我总是努力使每一个少年都能为自己的同学提供些什么东西，都能为丰富集体的生活作些贡献。如果一个少年想要使自己对人生的探索能通过集体的关系得到满足，他就应当在同学身上找到自己所努力追求的东西（在正确地进行教育的条件下）：聪敏才智、热爱劳动、创造力和高尚的道德品质。在少年期，个人精神财富的充实愈来愈取决于每个少年个人的精神生活。因此，担任处在少年期的班级的教学任务的教师集体，需要特别注意的一个问题是，我们每一个教师都要有自己的学生：语文教师和历史教师要有自己的学生，生物教师要有自己的学生，数学教师也要有自己的学生。发现一个学生的个人爱好，意味着不仅仅是要求他把某一门课学得比其他课更勤奋。我们要努力在少年身上发掘他的创造能力，这种创造能力会引起他对这一知识领域的兴趣，激发起他渴求知识的感情，并在各种道德关系中表现出来。在这方面，渴求知识的感情起着特别重大的作用：如果一个少年对自己所热爱的事业充满了激情和信心，他就会渴望把自己的知识和自己的爱好传给别人，而这就是集体精神生活的伟大动力。

在我们的少年集体中，总是呈现出一种生气勃勃，丰富多彩的精神生活。从六年级开始，少年们就举行晨会，以后又举办科学知识晚会、文学创作晚会、文艺作品朗读晚会。他们把自己的知识财富奉献给自己的同学和低年级的同学，同时又从高年级同学那里汲取知识财富。譬如说，某个十年级学生，共青团员，来到六年级学生这儿，对他们讲述遥远星空的故事。讲的人对这个题目简直入了迷，听的人也都全神贯注地听他讲解。几天以后，又来了个酷爱数学的九年级学生，给他们演算几道有趣的算题。不久，一个八年级学生又来为他们朗诵描绘祖国自然风光的诗歌……现在轮到我的学生去给四年级的同学作报告了（第一次是在第六学年结束的时候）。这些报告是有关动植物的成长、自然现象以及英雄事迹等方面的有趣的小故事。

精神财富的相互交流，成了集体生活的一个特点。每个人都要为自己的同学们提供些什么，每个人仿佛都在悄悄地准备出人意料的礼物。当我的学生们升到七年级的时候，女同学把这样一份出人意料的礼物献给了男同学：她们创作了一组故事，这些故事描写了夏天在"阳光下的密林"中度过的日子。在这些故事里，她们对每个男同学的品行作了鉴定。这些故事引起了极大的兴趣。高年级的学生也邀请这些女孩子到他们那儿去，把这些故事读给他们听。

我的很多学生从五年级起，就开始担任最小的学生——一年级学生的小辅导员。我们这些教师怀着极大的兴趣和激动的心情注视着，这些向少年时期迈出了第一步的孩子们，如何在他们精神方面的成长中打开了新的一页。一个人只有在感觉到自己不仅是一个学生，而且是一个对别人的命运负有责任的人的情况下，他才能接受真正的教育。人对于人的责任心在集体生活中所起的作用，正像用砖瓦建造房屋时水泥浆所起的作用一样：没有水泥浆，就造不了房子，而没有人对人的责任心，也就不存在集体了。这是因为人对人的责任心，是具有高度思想性和创造性的劳动的顶峰。五年级学生是"十月儿童"的辅导员，也是儿童课外活动小组的领导者，他们还是培养低年级同学参加以列宁命名的少先队组织的指导员。到了六年级，他们就为低年级学生举办每周一次的时事报告会。

高年级学生和低年级学生之间所建立的个人友谊，揭示了人类的一种高尚的需求——对人的需求。五年级和六年级的少年们开始在学习上帮助自己的小朋友，这就确立了一种对于人的责任感。少年与儿童之间的友谊显示了人类真正的高尚品格，而少年们在帮助小同学的工作中表现出来的精神活动，正是我们教师想尽一切办法希望对他们的思想和心灵产生影响的那种活动。少年们希望看到自己的小朋友比现在有进步，我们认为这一点具有特别重大的意义。在帮助小朋友学习书写、绘画、朗读和解题的同时，少年们开始对他们的一切快乐和忧愁表示关切。而关心别人就是自我教育的一种最好的方式。如果一个人希望在别人身上确立善良的品格，那么随着这种愿望的日益强烈，他就愈能看清楚、愈能意识到自己本人身上好的一面和不好的一面。少年与别人之间的友谊，应当建立在献出自己的精神财富这个基础上，而在贡献出自己力量的时候，他也希望从别人身上找到自己快乐的源泉，从而产生对人的需求。我认为这一点对少年道德上的成长来说是十分重要的。

在集体中孩子们之间产生友谊，这是发展对人的需求的另一种形式。在五年级，特别是在六年级，集体中就开始形成一种精神上一致的相互关系，这种相互关系为建立牢固的友谊打下了基础。在某些情况下，共同的兴趣和共同的活动会成为精神上一致的基础。柯利亚和丹卡都酷爱物理；他们俩经常连续几小时一起在"知识源泉室"和"思想教育室"内摆弄有趣的活动模型或者在一起看书。但是与我的愿望相反，共同的对创造的爱好和一起活动能成为友谊的基础的情况是比较少的。在多数情况下，有不同爱好、从事不同的创造性活动的少年却会成为好朋友。爱好生物学以及植物栽培学的万尼亚和爱上了数学以及无线电技术的谢尔盖依卡成了很好的朋友。拉丽萨和托利亚在个人爱好和创造性的活动方面似乎志趣很不相同（女孩子喜欢艺术创作，她爱绘画，又爱写诗；而男孩子则是大家公认的"枯燥无味的数学家"），但他俩却成了很好的朋友。

我深信，在少年时期，特别是在 13～14 岁这样的年龄，友谊的基础往往是精神上的志趣和需求，而不是对某种活动的共同爱好。同学之间在看法、渴求知识的感情和对美的需求方面的微妙的一致（对此我们教师往往很难觉察），常常可以成为友谊的基础。无数的事实使人确信，人们关系中的情感和审美需求对少年来说起着多么重大的作用：由于需要同情心，一个人就会对另一个人产生好感。集体的精神生活愈丰富，愈充实，用相互之间的友谊把少年联系在一起的纽带就愈精细、愈牢固。

使我感到非常高兴的是，在绝大多数情况下，对书籍的爱好以及对一切精神方面和美感方面有价值的东西的爱好，能成为少年们精神上互相一致的基础。这有助于少年们互相深入了解对方内在的精神境界。随着相互之间对精神财富的兴趣的不断加深和发展，就逐步形成了一个人喜欢另一个人的感情。几十年来从事少年工作的经验使我确信，在教育少年要爱别人、要互相尊重、要体会别人细致的心灵活动等方面，培养友谊是一个重要的方法。

在少年们成长为男人和女人这样一个时期，建立高尚的友谊基础显得特别重要。我们教师感到非常高兴的是，男孩子和女孩子成为好朋友；他们之间蕴藏着两性爱慕的那种好感，受到细腻而又高尚的情趣的鼓舞。

少年和成年人之间的友谊，在确立对人的崇高需求方面起着重大的作用。在绝大多数情况下，孩子们的父母成了他们的朋友。为了适应孩子们在少年这个阶段精神上的成长，需要家长们作许多年的准备。我向父母们提出了这样的建议："要非常有分寸地对待那些正在发育成男人和女人的少年的个性，要尊重他们；你们和少年之间的相互关系应当体现平等的精神，同时也应当体现尊重长者的生活经历的精神；要保护少年们要求独立自主的志向，不要用不信任和怀疑去使自己的孩子受委屈，但同时又要了解他们的一切，不过不要去监视他们，不要纠缠不休地去干涉他们的行动。要教育他们，使他们的见解和举止行为趋向成熟，使他们确立起能表示一个人已经成熟的在道德方面的一个重要标志——对于自己行为的责任感。"

绝大多数的母亲和父亲，都和自己处于少年期的孩子建立了良好的友谊关系，只有托利亚、季娜和柯利亚没有把自己的母亲看做朋友。而萨什科是在没有父母的情况下成长的。然而，一个正在成长为公民、正在发育成男人或女人的少年，如果不和富有生活经验的长辈在精神上接近起来，他就无法生活。少年十分需要和成年人建立友谊，这首先是因为这种友谊是确立自尊感的基础。我熟悉一些少年，他们是很不幸的，因为他们很孤独；他们感到成年人的世界是望尘莫及、不可理解的；他们关于成年人的概念，仅仅是在与那些过于苛求、过分严厉和过分挑剔的教导员接触时形成的。为了把少年引进成年人的世界，需要有丰富的教育经验。有些学生失去了父母的智慧所能给予的幸福，于是我们教师就成了这些学生的朋友。

还是在低年级的时候，季娜和柯利亚就成了我的朋友。

和他们交上朋友以后，我了解了奇妙的少年世界中的很多东西。我懂得了，如果你能小心、细致而又温存地去轻轻触及少年的心，如果你能珍重他心中的隐秘，那么，这颗少年的心就会向你敞开。我愈是关心我的朋友们的欢乐和痛苦，他们就愈能信任地向我倾吐自己的秘密，并经常找我帮他们出主意。但必须善于替少年保守秘密，不要对他们的秘密表示出过分的兴趣，不要去过分探究他们的心灵。如果你要把少年的心"翻出来"，去追究连他自己都羞于承认的东西，去干预他身上具有深刻个性的一切方面——这些做法都是缺乏教育素养的明显表现。这会在少年和教导员之间筑起一堵高墙。如果少年向你这个教导员倾吐的秘密愈多，而你愈有办法保守这些秘密，那么，你在你学生敏感的心弦上就能弹奏得愈自如，你的学生对你懂得人情这一点也就会表示出无限的信任，同时他也会更强烈地渴望成为你心目中的好学生。

我与季娜和柯里亚之间建立的友谊使我认识到，一个人处在这样的年龄，有时候会非常强烈地感觉到对于人的需求；如果没有人支持他、安慰他、帮助他、同情他、分担他的忧愁，那就会引起不幸。有时候产生这种强烈的对于人的需求是有具体原因的，但常常也会出现这样的情况：一个人仿佛无缘无故地突然会感到自己很孤独，希望同一个能够理解并体会他的心情的人待在一起。我不止一次碰到过这样的事：在放学以后或者在星期天，柯利亚或季娜会突然跑到我这儿来。根据孩子不安的眼神以及其他勉强能够觉察到的迹象，我意识到这个孩子一定感到自己很孤独。在这种时候，就不能问原因。我们一起到花园、田野去散步，这是消除心情忧郁不安的最好的地方……在散步时，我就讲一些有趣的事，而且尽量避免把我讲的事情和这个少年的心情联系起来。有时候，这个少年没有把我的话听进去，他根本就不需要我讲什么话，他所需要的仅仅是和自己的朋友待在一起——这就够了。柯利亚和季娜时常向我倾吐自己心里的秘密。

和少年们交朋友使我了解了他们独特的道德标准的许多细节。少年们蔑视告密的行为，但有时却把同学中希望别人改正错误的真诚愿望也看做是告密。在教育工作中，这一切都应当考虑到。我们一直是这样来帮助少年们树立自尊感的：谁要是做了什么不道德的事情，就应当让他自己鼓起勇气把一切都告诉教师或集体。谁要是背着同学干坏事而又不肯承认，谁就是懦夫和叛徒。我们努力使孩子们从小就习惯于做一个光明磊落、襟怀坦白的人。谁要是在承认错误和保持缄默之间举棋不定，他就要受到同学们的蔑视，而这恰恰就是最厉害的惩罚。

和少年们之间建立的友谊也帮助我们教导员懂得，要杜绝抄袭、偷偷提示和作弊行为，靠严厉的禁止和惩罚是没有用的，要对少年们进行自尊感的教育。要让他们认识到，坐享同学们的劳动成果是可耻的。

在少年工作中会出现很多困难，其根源在于相互之间缺乏了解和信任：成年人不了解少年的精神世界；而少年也不了解成年人，因而对成年人带有警惕并抱有成见，认为他们所采取的每一个措施都是为了限制自己的独立性。我认为，教育工作的一项重要任务，就是要使少年们正确地理解，自己的独立性和对于他人的责任心这两者之间是一致的。没有成年朋友的帮助，少年就不可能懂得这样一个真理：少年时期的独立性有它合理的界限；不尽义务和责任，自由也就成为不可想像的了。我永远不会忘记我同柯利亚和季娜所进行的多次谈话：我对他们的幼稚想法没有采取姑息宽容、过分迁就的态度，而是把他们当做平等的人，给他们谈了生活的错综复杂和充满矛盾。这些谈话的内容实质上都是讲的关于人的命运，关于成年人和成年人之间、成年人和孩子之间的那种微妙的、充满矛盾的相互关系的问题。当我的学生意识到，世界上最宝贵的东西是人，是人的幸福，是他个人的欢乐同他周围的人的欢乐之间的和谐一致，这时候，他们的心就跳动得更快了。我坚信，每个处在这种容易激动和不易相处的年龄的人，都很需要这种揭示人生真谛的谈话。

另外，书的世界也把我们联系在一起，并使我们之间的关系亲密无间。我经常把一些在人类精神生活中具有永久影响的好书的内容讲给他们听，而且常常一直讲到很晚。这些故事激励少年们产生一种愿望，他们要进一步了解斯巴达克和泰尔·乌连什皮格尔、威廉·退尔和拉赫美托夫、唐·吉诃德和皮丘林、保尔·柯察金和格里哥里·麦列霍夫、牛虻和卓娅·科斯莫杰米扬斯卡娅。我个人的藏书成了柯利亚和季娜丰富的精神生活的源泉。在过节和过生日的时候，他们会得到我的礼物——一本好书。这是他们生活中最幸福的时刻。

如果与成年人之间没有建立起那种富有乐趣、充满崇高理想的友谊，少年和青年就不可能甚至简直不能设想会有丰富的精神生活。如果在你的学生中间有这样一些人，他们在家庭中失去了一个人所应得的温暖和快乐，那么要把这样的学生培养成为真正的人，就只能靠他们与成年人之间的友谊。但是，要做少年的朋友，就必须深刻了解他们的精神世界，真心诚意地体会他们的最细微的思想、愿望和忧虑，并对之作出反应。

恋　爱

"任何时代任何民族的教育家都痛恨爱情"[16]，——这是安·谢·马卡连柯在和教师们的一次谈话中所讲的一句话。这句话虽说带有戏谑性，但它也包含了一点真实性，因为有些教师并不懂得，年龄较大的少年，已经发育成男人或女人，两性之间产生爱慕已经成为一种规律性的现象。这些教师也没有考虑到，少年人的两性之间的爱慕所具有的情感色彩，和成年人的情欲完全不一样。在丰富而又有意义的精神生活中，男女孩子之间的相互关系的隐秘本质被理想化的、纯洁的和高尚的动机以及相互接近所掩盖。他们互相爱慕的客观基础是性的本能，但是，如果直言不讳地把这一点告诉他们，那他们就会大吃一惊。

少年们对于成年人去干预他们不可侵犯的感情领域这一点，特别感到不能忍受。要善于尊重和理解少年人的爱情——这样一种"对人的利己主义"——这是作为教育者的成年人和作为被教育者的少年在精神领域协调一致的极其重要的前提。

这种尊重和理解主要应当体现在哪里呢？据我看来，在学校里不应当不知分寸、毫无必要地谈论学生之间的恋爱。应当只字不提谁爱上了谁这样的事情。对于一个 15 岁的少年自称为"戴了铁手套去摸人的心"这样的事，也不应当有丝毫的流露。爱情对于人的一生来说，应当永远是最欢乐、最隐秘和最不受侵犯的。在我们教导员与自己的学生之间有一种默契：我们都知道少年们已经了解男人和女人之间的隐秘关系，但我们却装作不知道这一点；少年们也知道我们成年人了解他们这方面的情况，但他们也装作不知道的样子。这是成年人和少年之间的相互关系中应当始终贯穿的对正派作风的起码要求。这不是什么玩弄秘密，而是对人的深深的尊重。我们尽量回避什么是爱情以及男女之间那种天然的隐秘关系会产生什么后果等问题的不必要的谈话。我们认为，必须使男女孩子带着深刻的责任感来对待他们之间的相互关系。恋爱的自由需要有最严厉的、对轻率行为最不可调和的纪律和自制精神为前提。只有那些有自制力、能用理智来控制本能的人，才有资格享受人的这种巨大的幸福。也只有在这样的条件下才谈得上恋爱的自由。

　　如果没有美好而又崇高的感情上的自由，没有充满理智、纯洁无瑕、严守纪律的自由和不能容忍淫荡行为的那种自由，那么要培养人的尊严感是不可能的；同时，要使少年们坚决抵制那种侮辱人格的低级感情也是不可能的。要使男女少年之间的恋爱纯洁而又高尚，这当然取决于对他们的谆谆教导、对他们说些临别赠言或充满哲理的话，但在更大的程度上取决于我们学生的志趣和情操：要看他们精神方面的兴趣和需求是什么，要看我们社会关于最宝贵的财富是人这一极其重要的道德观念在学校集体中是怎样发展的。

　　一个少年在把一个女人当做自己的朋友来爱之前，首先应当把她作为一个人来爱，应当对在她身上已经并正在发现的一切充满赞叹和惊奇之情。

　　男女少年之间的恋爱，形象地说，就好比一扇明净的窗户，通过这扇窗户，一个正在走向生活的人看到了他周围世界中最重要的东西——人。当我们了解到一个男孩和一个女孩在一棵盛开的苹果树下一直坐到很晚时，我们并不感到什么担心和害怕。我们深信，他们之间的一切都是纯洁而高尚的，因为他们两人都需要向对方了解一些什么。

　　通过几十年对少年的教育工作，我发现了这样一个哲理性的真理：如果男女少年之间的恋爱建立在共同的兴趣和需求等精神财富的基础上，就能在人们的相互关系中培养起感情细腻、举止文雅和彬彬有礼的品格。要是一个人爱美，并且能够体会和懂得什么是一个人的美，他就会成为一个对别人非常体贴的人。尊重少年们隐秘的内心世界——这是正确地进行情感教育的一个极其重要的条件（遗憾的是，这在教育方面几乎仍然是一个未经研究的领域）。干预他人的恋爱——这就像对人的心脏施行手术一样。在进入这个禁区的时候，我总是感到一种巨大的责任心，感到自己是一个打开了一个人的胸廓、"面对他的心脏"的外科医生。我总是担心，当一个人的心还不能理解什么是生活的时候，你就粗暴地、不知分寸而又笨拙地去触及他最隐秘的部分，那就会永远地破坏一个人的感情，使他对人们相互关系的纯洁性产生怀疑。杀人凶犯的产生往往首先是由于在人与人之间的相互关系这个领域，一切美好的、崇高的概念被破坏了，被歪曲和玷污了。

如果你想使你的学生理解并体会到崇高的道德政治思想的美（对祖国的忠诚、责任感、为共产主义而奋斗），你就要努力使他们懂得并珍惜隐藏在内心深处的感情的美。没有纯洁的内心感情，也就不可能有纯洁的公民感情。

少先队员和共青团员的浪漫主义精神

共产主义的思想性并不表现在背诵一些共产主义的真理，它首先是一种崇高热情的激发。如果缺乏生气勃勃的情感生活，少先队组织就会变得软弱无能、消极懒散。只有当一种思想表现为奋发的精神，表现在斗争中，表现在遇到困难和克服困难的过程中的时候，它才能成为激励少先队集体奋发向上的因素。使一种崇高的思想充满鲜明的感情——实质上这就是少先队员和共青团员的浪漫主义精神。遗憾的是，有时候人们却把它看做是一种可以脱离思想政治教育的东西。思想生活的丰富多彩——这就是浪漫主义精神。

当少年列宁主义者的生活中充满了"成年人"的兴趣和志向，并把他们自己看做成年人的时候，也就产生了浪漫主义精神。绝对不容许用"牛奶一样的思想"去"哺育"少年，教育他们上课不要迟到呀，要认真做好家庭作业呀，等等。对于学生来说，这些固然都是很重要的职责，但是在这个基础上不可能建立起丰富多彩的思想联系，它们也起不了鼓舞作用。假如只要求学生尽到这些职责，那么对于鼓励学生去进行斗争、克服困难、形成思想上的信念来说，这个范围太狭窄了。要形成思想上的信念，就必须有丰富多彩的思想联系。如果在少年时期和青年初期有的学生对待学习不负责任，这就表明，在他的生活中缺乏那种能使他的日常劳动增添光辉的火花，缺乏那种为真正的（少年们称之为"成年人的"）事业而进行斗争的信念。

　　在对集体进行教育的时候，我们总是努力使少先队员们感到，在为一个伟大、崇高的理想而进行的斗争中，他们是志同道合的人。这个伟大而崇高的理想，就是共产主义思想的实质。"成年人的"思想首先体现在为社会而劳动，体现在积极参加为人们创造物质和精神财富的工作。当我的学生们还在上小学的时候，我就开始通过讲述列宁的思想把他们引进成年人的世界。我给他们讲了列宁的生平以及他为创立共产党而进行的斗争，讲了革命，讲了国民经济遭到严重破坏的艰苦岁月以及国内战争，讲了社会主义建设，也讲了苏联人民为反对法西斯侵略者而进行的伟大的卫国战争。我慎重地向学生们发出了号召："你们也应当成为像列宁那样的人！"要使认识变为信念，就必须顽强地鼓起全部精神力量。随着孩子们对应当怎样生活和斗争、我的理想应当是什么这样一些问题进行愈来愈多的独立思索，他们就会更深刻地受到道德思想的鼓舞。我给少年们讲述关于列宁和列宁思想的故事，首先是为了用为人民服务的思想去激励他们。个人的最大幸福，莫过于为某种比个人利益更重要的东西进行斗争。帮助孩子们得出这个结论的，正是那些揭示列宁思想实质的光辉事例。

　　我认为，少先队员和共青团员的浪漫主义精神的实质，在于使孩子们在做一件社会所必需的事情时，感到自己是幸福的。这是教育工作中的一件最复杂的事情。这里会遇到很多类似漠不关心、高谈阔论这样的"暗礁"。我总是非常谨慎地对待少年们为达到确定的目标而作出的尽责的保证。要作出这样的保证，必须具有高水平的道德修养——认识到生活就是为了履行职责。一个集体的成员只有具备了高尚的思想面貌，有决心为他人劳动，并从而感受到劳动的幸福，他才会承担起某种义务。只有在这样的条件下，每个少年才会从与自己承担的义务相联系的工作中产生自豪感，因为他是在人们面前以自己的良心来承担这些义务的，他想到，他活着不仅仅是为了自己。这种自豪感也就成为个人的精神财富。

如何就这样一种复杂的事情进行教育，这里很重要的一点就是要使列宁关于为人民服务的思想的崇高精神成为个人的一种动力，成为他行为的动机。不要让少年把他为什么而劳动、为什么去克服困难以及什么东西在激励着他这样一些话老是挂在口头上。应当使他把这一切埋在自己的心灵深处。

我们看到了一块光秃秃的、受到阳光烤灼的坡地。"这里将出现一个'休憩园'。"——少年列宁主义者们这样决定。我们在坡地上挖了一些坑，种下了苹果树。开始了长期的并不轻松的养护工作，这个工作在少年们的精神生活中构成了整整一个时期。夏天和秋天要给树木浇水，不然它们就会枯死，但是，每浇灌一次就要打几千桶水。冬天要在树旁盖雪，还要注意保护它们免受兔子的袭击。假如我们在困难面前退却了，或者半途而废，那么在少年们的心里就会产生一种空虚和伪善的感觉。

这件工作进行了一年以后，我们少先队中队又着手做另一件事：开辟一个葡萄园。我们把同样一个荒芜的、杂草丛生的小山丘开垦出来，把松了泥土，挖了一些深坑，种下了细嫩的树苗，并采取措施防止土壤受到侵蚀。葡萄比苹果更难照料，要费更多的功夫。少年们在每一枝灌木的周围培上了不少肥沃的土壤。这不是单纯的劳动，我们是在和大自然进行斗争。大家都感到彼此是志同道合的战士。很少有人提到集体荣誉，但恰恰是集体的荣誉感激励我们去克服困难。每个人都意识到自己对集体的责任感。团结一致的精神——这大概是可以用来评价每个少年对待集体事业的态度的最精确的字眼了。绿色的嫩芽使我们感到喜悦，这些嫩芽是我们集体的美德的具体体现。

　　两年以后，在我的学生们读完六年级的时候，我们所开辟的"休憩园"和葡萄园突然遭到了自然灾害——干旱的袭击。大自然似乎在考验我们。土地在骄阳的烤灼下龟裂了。在6月炎热的一天，当我们来到花园，看到了由于酷热而枯萎的幼叶时，不禁问道："难道我们就此退却吗？""不，决不退却"。——少年列宁主义者们许下了这样的诺言。就在那天晚上，少年们决定用一个响亮的、富有表现力的名称——"不可战胜者"来称呼自己的集体。他们立下了独特的、富有浪漫主义色彩的誓言："决不向大自然的恶势力这个敌人屈服，也决不向自己的懒惰和不愿劳动的习气妥协"。

　　就在这儿，在这6月的星空下，大家一个字都没有提到思想上的坚定性。这并不是因为我们每个人都从内心深处感到自己配不上这样的字眼——绝对不是，——而是因为少先队员的浪漫主义精神表现为更细致、更复杂的感情和体会；不管我们已经取得了多少成绩，我们前面总是有个理想，我们总是前进在通向理想的道路上。这种信念鼓舞着我们去克服困难——这就是这种崇高精神的实质。没有这种崇高的精神，也就谈不上什么少先队员的浪漫主义精神。孩子们的心灵总是倾向于精神振奋、勇往直前。因此，假如你想要使这种崇高精神的火花在少年们的眼中永不熄灭，那就决不能容忍那种安于现状和心安理得的态度：我们已经达到了目的，可以休息一下了。想要在思想生活中停息一下，就像战士们想在战场上睡一觉一样，是不可思议的。

几个星期以后，少年们为自己的"不可战胜者"中队规定了明确的口号："永远战斗，决不退却！"这句话号召、鼓舞并激励每一个人仔细检查一下自己，用集体的眼光来观察一下自己。除了这个口号以外，少年们还画了一幅画作为我们"不可战胜者"这个中队的象征，这幅画形象鲜明地体现了我们斗争的内容和目的：一串葡萄和一片绿叶正受到蓝天中骄阳的烤灼。这幅画的意思就是：不管怎样，我们一定要让生命获胜，要让葡萄开花结果，美化生活！我们要把幸福带给人们。

在坡地上的花园里，也就是离我们的"理想之角"所在的那个沟壑不远的地方，我们搭起了一个草棚，每天派两名少先队员在那里值班。每天傍晚和夜里，都要给树木和葡萄浇水，有时候一清早就要浇。我给少年们讲了有关那些具有高尚道德美的人的故事，通过那样的故事使他们灵感的火花永不熄灭。我不大敢采取直截了当的做法。因为我感到，在少年们所进行的那种精神斗争中，直截了当的做法是行不通的。假如我在每次紧张劳动之前，都要先讲个故事来鼓舞斗志，这就贬低了他们崇高的思想，也是对他们心灵的不信任。少年们会对这种直截了当的做法进行猜度，把它看做是对他们的不信任。因此，我所讲的故事在一定程度上与劳动无关。我愈是能巧妙地找到这种与劳动无关的讲故事的形式，就愈能使少年们的精神生活与劳动之间建立起有机的联系。这种有机的联系存在于他们的心灵深处：每个人都按照自己的方式对道德美无限神往并因此而激动不已。由于崇高的思想对大家都能起到鼓舞作用，使整个集体都受到精神上的鼓励，因此，少先队员们感到彼此是思想上一致的同志。

两年之后，我们终于看到了自己劳动的初步成果：葡萄枝蔓开始结果了。大家都为取得的成果感到欢欣鼓舞。我们把自己劳动的果实分给了学龄前儿童、老人和病人。第一批葡萄摘下来了，我们把它们送给了在伟大的卫国战争中牺牲的烈士的母亲，送给了那些把自己的一生都献给了农业劳动而受到全村尊敬的老奶奶和老爷爷们。我深信，对少先队员们进行思想教育的全部逻辑和哲理在于这样一个使人豁然开朗的真理：一个人在为人们而劳动的过程中花的力气愈多，并在这种劳动中表现得愈出色，那么，他心里要求进步的愿望就愈强烈，他所表现的个人愿望、志向和工作热情就愈纯洁、愈高尚。少先队员的浪漫主义精神的实质，就在于具体体现和确认人的内在的精神力量：一个人能够在自己集体所创造的成果中，看到自己本身的美，看到自己同志的美，看到自己集体的美。

与葡萄园同时开辟的一个葡萄苗圃里，长出了几百株树苗，我们把葡萄树苗都分给村里的人。村子里也就出现了几十个葡萄园。在秋天和冬天的晚间，少先队员们经常到集体农庄的庄员家里去串门，人们围着灯火坐下来，听我们讲大自然和科学，讲人和社会，讲离我们很远的国家，讲各国人民为反对剥削和战争而进行的斗争。我们向农庄庄员们解释，如果认认真真地干一番的话，那我们的土地可以获得比原来多好几倍的收成。我们想努力做到使葡萄在我们村里成为像面包一样平常的食品，因为吃葡萄的人能够长寿。

我们为用自己的双手创造的成果而欢欣鼓舞，但也清楚地看到了不够理想的一面。我们发现，在甜菜地里劳动的集体农庄庄员们，午休时只能在灼人的阳光下休息，于是我们便在田野里开辟了3个丁香园。大人们帮我们一起干。两年以后，人们就能在树阴下休息了，春天的时候还可以欣赏丁香花。与大自然斗争的天地随时随地都为我们敞开着。庄稼地里有一道很不容易发现的小沟——这是造成土壤流失的可怕征兆，它很快就会形成一个沟壑。我们开始了战斗：种了一些树，造了一道防止土壤流失的防护林。

我们还把劳动和游戏结合在一起。这种游戏的目的是从审美和情感的角度表现为争取美、人性和友谊而进行的斗争，体会精神上的一致带来的欢乐。没有游戏，也就不可能有少先队员的浪漫主义精神。学校里的一座楼房上有个阳台。有一次，少年们发现阳台上长着野菊花。他们就想出了一个好主意：在这儿再开辟一角——美丽之角。他们想对这个打算保守秘密。孩子们经常在晚上到学校里来，把带有腐殖质的土壤搬到阳台上。到了春天，他们搬来了一丛玫瑰，悄悄地浇灌着它们，不让其他同学知道。玫瑰开出了绚丽的花朵。在夏天寂静的晚上，少年们聚集在这里，他们读着有趣的书，幻想着一些尚未被认识的事物的奥秘。

少年们对童话故事的兴趣还没有消失。有许多游戏是以童话故事为基础的。在五、六、七年级结束的时候，我们的集体都要出去旅行几天。这是到童话世界里去进行的极其有趣的游历。在第聂伯河纵横交错的支流中间，我们发现了一块人的足迹好像从来没有到过的地方。那儿有一个寂静的、仿佛沉睡着的湖泊，还有一个树木丛生的小岛。岛上有很多野猪。在树林里，我们看到了一只驼鹿。少年们把这一小块地方称作"神秘世界"。我们下决心要保护这块地方。每年夏天我们都要在树林里安排两个住处：一处在第聂伯河岸上，是男孩子住的；另一处在岛屿深处，是女孩子住的。我们想出了一些有趣的游戏：夜渡湖泊和编造木筏等。男孩子们最感兴趣的游戏是"通过游击队的道路"。我们还准备了一些干草，为山羊和驼鹿储备过冬的饲料。为了使自己的"神秘世界"不致受到"怀有好奇心的"猎人的侵袭，我们在通往岛屿的道路上设置了一些障碍，堆放了很多椿树和石块，这样，在冬天就能使外人看不见通向岛屿的道路。

寒假里，我们悄悄地来到了"神秘世界"。我们找到了一个山洞，搭了一个冬天用的厨房，在那儿煮食物，在炉灶旁取暖。我们从雪下挖出了干草。冬天的驼鹿变得特别驯服。有一次，我们在岛上遇到了暴风雪。我们静静地谛听暴风的呼号，同时捕捉到了某些神秘莫测的声音。在那儿，我们读完了杰克·伦敦的《北方故事》和游击队统帅斯·科夫巴克的描写游击队从普季夫尔英勇地远征到喀尔巴阡山脉的书。在那些难忘的日子里，我们还玩了一些军事游戏：攻克"敌人的碉堡"、强占"难以攀登的高峰"。

在一次夏季旅游中，我们发现了一个长着许多树木和灌木的沟壑。在沟壑深处我们找到了一个明镜般的小湖，还看到了湖里的鱼。这些鱼怎么会到这儿来的呢？也许是春天潮汛时从别的地方冲过来的吧？但即使是在最大的春汛，别的湖里的水也到不了这儿呀。就这样，这个小湖里的鱼始终是个谜。在离湖不远的地方，长有一棵椴树，它挺拔壮观。这棵大树下面长着 20 来棵小椴树。深秋时分，我们又来到了这个沟壑，把小椴树都挖了出来。现在，七年级快要结束了。还在五年级的时候，孩子们就栽下了一些友谊树。每一棵树由一对朋友来栽种。栽树的地方是保密的，因为友谊完全是个人之间的事。我的希望是要形成精神上的一致，这种精神上的一致应当是神圣不可侵犯的，而且应当作为一种最珍贵、最亲密的东西保存下来。如果你想使集体的精神生活丰富而有意义，那就应当创造一种富有纯洁而又高尚感情的个人生活，创造一种能给个人带来幸福的生活，创造一种谁都不能干预的生活。这是教育工作中非常细致的一个方面。

　　朋友们找到了几个只有他们自己才知道的角落，种下了从沟壑中掘来的小椴树。假如你想要找到一种比崇高的友谊所表现的浪漫主义精神更能使少年的心灵变得高尚起来的力量，那恐怕是很困难的。不让少年去体验友谊的美和人所表现的忠诚的美，少年的心就会对忠于职守、忠于祖国这样崇高的道德思想无动于衷。如果不存在人对于人的高度的需求，也就不可能产生对于某种思想的忠诚。我努力使友谊中的浪漫主义精神在儿童时期和少年时期就能扎下根来。由于感觉到了对人的需求，在少年的心中就产生了忠于人民的崇高思想。在体会到友情的同时，孩子们认识到了人民的美、人民理想的美、劳动的美和创造的美。

　　我的学生们在五年级学习的时候，我们学校与哥美耳州①的科尔米扬斯克中学结成了友好学校。我们的少先队员每年都要到白俄罗斯的朋友们那儿去做客，而白俄罗斯人也每年都要到我们这儿来。在白俄罗斯的森林中或者在我们的树林里举行少先队的营火晚会，已经成为一种传统。

　　白俄罗斯客人第一次来做客的时候，我们开辟了一个"友谊园"——我们和白俄罗斯的少先队员们一起栽种了苹果树、樱桃树、李树和杏树。我们亲爱的朋友每来一次，就给"友谊园"增添一些树木。在少年们所从事过的劳动中，从来还没有哪一种劳动能像照料"友谊园"中的树木那样明显地体现出崇高的公民感情，体现出一种深切的发自内心的感情。每一个少年都把自己心灵中最真挚的热情灌注到这个劳动中去。我们作教导员的都深信，我们的学生和兄弟民族的儿童建立的友情，是一种强大的精神力量，它能使少年的心灵变得高尚起来。在这种感情的支配下，少年的心灵会发生深刻的变化：一个对别人漠不关心和冷漠无情的人会变得同情和关心别人；在一个利己主义者身上会产生对于别人的责任感。

　　托利亚、佩特里克、柯利亚和季娜所处的家庭环境使他们的心变得冷漠无情，但他们也到白俄罗斯的朋友们那儿去做了几次客。我决不会忘记，托利亚和他的同龄人如何成了永久的兄弟，他和他们告别的时候，难过地哭了，而且并不因为自己流了眼泪而感到害臊。这是他有生以来第一次流泪，也是第一次动感情，那是由于他感受到了一种高尚的需

―――――――――――
　　① 哥美耳州在白俄罗斯。——译者

273

求——对人的需求——的美。我高兴地注意到，托利亚的性格在发生变化：这个男孩对别人说的话反应灵敏了，也容易接受了。有些话过去他好像听都听不进，而现在，这些话会使他激动，忧虑，促使他去干预周围生活中所发生的各种事件。

从白俄罗斯朋友们那儿回来以后，托利亚忽然发现，在离他家不远的地方，住着一个残废的学龄前儿童彼德里克。这个卧床不起的小孩子的不幸使托利亚非常不安。有一次彼德里克对托利亚说："你多幸福——你能在地上走来走去，能走到池塘旁边的柳树那儿去……"这些话深深地刺进了这个 12 岁的少年的心坎。他到我这儿来，向我描述了自己的这个小朋友的眼神。在彼德里克的眼神中，他看到了一种祈求：带我到树林里去，到田野里去吧，哪怕是一次也行！他和这个小孩子的友谊就这样开始了。他们之间的友谊在培养托利亚的情感方面起了很大的作用。

有一次，白俄罗斯朋友们带来了一些云杉树和花楸树的树苗，这些树在我们这个地区是非常罕见的。大家一起开辟了一条"友谊林阴道"。而我们给白俄罗斯朋友送去了苹果树苗。在白俄罗斯的土地上也就出现了一个绿色的友谊园。当少年们挖掘着我们乌克兰的普通泥土，把它们装进箱子里，准备运到白俄罗斯，倒在那儿的苹果树下的时候，——在这千载难逢的时刻，他们体验到一种深刻而又细腻的感情：但愿这些苹果树在那儿长得更壮实。而当少年们在白俄罗斯的土地上把这些箱子打开，把苹果树苗种下去的时候，我在托利亚、佩特里克、柯利亚和季娜的眼神中看到了一个人由于高尚的思想境界而发出的光彩。在这种时刻，一个人就是在攀登道德美的顶峰。他会感到自己在精神上是充实的，会体验到实现人民的神圣理想的崇高感情。我下定决心，要引导每个学生都经历这样的过程，要和每个学生一起攀登道德美的顶峰。生活使人确信，思想教育——这就是培养一种用理智和心灵去认识世界的极其细致的能力。

少年们的道德感和审美感愈细腻，他们就愈能敏锐地领会教导员的话，而我向他们讲述的故事中的形象和情景也就能对他们的意识产生十分微妙的影响。和白俄罗斯朋友的会见给少年们留下了深刻的印象，因而他们对我所讲述的有关列宁思想的故事就特别容易理解。细致的感受、对他人的精神世界全心全意的深入了解、对于人的深刻的需求——这一切都确保少年们易于接受革命的浪漫主义精神——为人民的利益去建立功勋、为捍卫红旗和少先队的红领巾而战斗的浪漫主义精神。我向这些少年列宁主义者讲述应当如何忠于少先队的誓言，向他们讲述那些为了维护革命红旗的荣誉而献身的英雄们的丰功伟绩，这时候，我看到少年们的眼中燃起了崇高的感情之火。在这样的时刻，我就会想起很多学校教师的抱怨："为什么少先队员们有时候会对红领巾没有感情？为什么有时候他们甚至不好意思戴红领巾？"这是因为在思想教育方面常常缺乏牢固的情感基础。一种思想只有在与美感、与人的高尚情操牢牢地联系在一起的时候，才能成为个人最宝贵的东西，成为他心灵的财富。如果一个人珍惜道德美，他就不可能把这种思想从自己心中去掉，就像不可能把自己的心摘掉一样。

到了八年级，我们班级里建立了共青团组织。少年们带着异常激动的心情筹备这件大事。少先队中队的全部精神生活，实质上就是准备参加共青团组织，少年们把共青团看做是成年人的组织。主要的是应当让每个人通过各自不同的途径参加共青团，应当使参加这个组织的每个人都是各方面成熟的人。不要认为，我们对八年级的少先队员们说了声"现在你们已经是共青团员了"，并且在庄严的气氛中授予他们团证之后，也就帮助他们成为成年人了。如果一个教导员天真地相信团证的魔力，这往往会造成他所意料不到的后果：假如少年感觉到，在庄严的入团仪式之后，人们就把他忘了，他也就会变得无精打采了。更有甚者，他还会认为：人们口头上说的那些高尚的、庄严的话，原来都是虚情假意。

要使每个少年在公民感和社会政治观点方面已经成熟的基础上加入共青团，——我们对这一点是很重视的。在这方面，个人社会工作的锻炼将会起到很大的作用。我努力使我班上的每个少年都能体会到"别人需要我"这样一种感情，体会到个人为集体而工作的乐趣。一个人不仅应当极其认真地完成委托给他的任务，——他还应当成为某些重大的社会活动的组织者和倡导者，只有这样，他才有条件加入共青团。每个人都必须找到一种自己感兴趣的社会工作。

在七年级的时候，万尼亚就已经是少先队的大自然探索者小组的领导人了。他也有自己的学生——三四年级的同学。暑假期间，万尼亚带领孩子们去旅行：少年育种家们一起去寻找最耐寒的小麦品种。他很关心自己的小伙伴，时时关注着他们的成功和失败。我们所有的教导员都认为非常重要的一个问题是，要使每一个少年的社会工作都贯穿这样一种精神：和低年级同学建立细致而又多方面的关系。

在六年级，尤尔科成了校内的一个机械师，学校的一切技术设备（拖拉机、汽车以及修理用的器械）都是由机械师们管辖的。渐渐地以尤尔科为中心形成了一个少年机械师小组（由三至五年级的少先队员组成），他们在这个小组里学习内燃机的原理。这种社会活动的教育作用在于：少年们在活动中所看到的首先不是机器和器械设备，而是活生生的人。

到了七年级，很多少年走出了校门，乡村和集体农庄成了他们开展社会活动的场所。有些男孩子和女孩子爱上了在居民中间传播科学知识这个有意义的工作。他们干得很出色。村子里成立了"尊书者协会"，少年们也参加了这个协会的工作。在村子的一些边缘地区，在秋天和冬天的晚上佩特里克、塔尼娅、柳达和柳芭经常为集体农庄的庄员们朗读文艺作品。他们在成年人中间找到了朋友。

"你们应当考虑一下，衡量一下自己的力量，检查一下自己是否已经具备了加入青年共产主义者组织的条件。"我们向少年们建议，"不要过于心急，但也不应当白白地浪费时间，哪怕是一小时也不应当白白浪费掉。"我们希望少年们的精神生活能充满各种各样的想法、感情和体会。我们努力创造一些环境和条件，以便使孩子们在争取入团的日子里能独自一个人读些书，考虑考虑问题。在这个阶段，为了向不同的少年建议读哪些书，就要求教导员和学生之间的兴趣非常合拍，非常一致。

第一批递上入团申请书并且加入共青团的是瓦里娅、拉丽萨、柯斯佳、柯利亚、加利娅、柳芭和万尼亚。伟大的十月社会主义革命和伟大的卫国战争的参加者出席了他们的入团仪式。我们村里的第一个党员、国内战争的参加者瓦西里·穆西耶维奇向加入共青团的少年们作了指示。在这个时刻之前为培养少年们从事社会工作的积极性而采取的一切措施，实质上都是为了让少年们理解前辈们的指示精神。我们对指示的内容和形式都非常重视。请共产党员作指示成了共青团的一种传统。

道德的坚定性

季娜的遭遇是很不平常的。她的母亲不希望把她生下来。母亲想尽一切办法使自己早产，或者孩子生下来就是死的。但女孩子生下来却很健康，就是容貌有些缺陷——脑门扁平……季娜生下来以后，她母亲还是想摆脱她，把这个婴孩一个人放在房间里，很长时间不去喂她。只是由于一种偶然的侥幸，才使这个女孩活了下来。从此以后，母亲产生了怜爱女儿的感情。她想到自己曾经对孩子这么狠心，就感到很难受。于是她就时常对着孩子哭泣，为孩子的健康担心，而女孩子却长得很结实、很健壮。

季娜上学以后，很少有人注意到她扁平的脑门。女孩子在头上包了一块头巾，这个缺陷就看不出来了。"蓝蓝的眼睛、淡淡的发辫——长大后一定是个真正的美人。"——我们教师都这样认为。

季娜是个聪敏的、求知欲很强的女孩子，她非常富有同情心，心地善良，容易相信别人，——这些特点使她在集体中显得与众不同，她对同学们的快乐和痛苦都非常关心。要是有谁病了，没有来校上课，她就为他担忧、难受，就要去探望病人。情感丰富灵敏，感受性强烈——这种精神上的特点可能减少，但也可能加深教育工作的困难。具有这种情感特点的人，一旦领悟了道德真理，就会在其敏感的心灵中留下深刻的痕迹，思想就会很快变为信念。但与此同时，灵敏而又感受性强烈的心灵对真理的感受也非常强烈，然而，要领悟这些真理，就必须有一定的生活经历。在 10 岁的时候，季娜敏感的心灵第一次显示出童年时代的不幸所留下的影响……一天清晨，离上课的时间还很早，季娜的母亲惊慌失措，泪痕满面地跑来找我。

"怎么办才好呢？季娜整整一夜没有睡觉。从昨天晚上起她就若有所思，长时间地睁着眼睛躺着。我已经睡着了，但她的哭泣声把我惊醒：'妈妈，难道我们大家都会死吗？包括您和我，包括所有的人？……'我能对她说什么呢？只好尽我所能地安慰她，但她老是哭。后来总算安静了一些，但还是一分钟都没有睡着。"

根据经验我知道，关于人总是要死的这个想法，会使情感灵敏、感受性强烈的心灵受到震惊。但像季娜那样深刻的感受，我还从未遇到过。这个女孩子变得沉默寡言、落落寡合。周围所发生的一切似乎都与她无关，她一头钻进自己的想法里去了。在听教师讲课的时候，往往是一开始她好像还在注意思考所学的东西，过了一会儿，她的目光就会停留在空间的某个地方，眼中充满了泪水。

高尔基曾经说过：对于死亡的恐惧会把人赶进宗教信仰的监狱。[17]这种恐惧会使人的精神力量受到束缚，并能对人的一生的道德面貌和思维发生深刻的影响。我们想了很多办法，希望季娜能够感受并亲身体验到生活的乐趣，希望乐观主义的世界观能成为一块三棱镜，使季娜能透过这块三棱镜看到大自然，看到人们，也看到她自己。幸福——这首先是一种乐观主义，是对于光明的未来的信心，是创造性的劳动，是感受到由于满足了人的最高需求——对于他人的需求——所带来的欢乐。少年还不善于设想未来。他的幸福就是欢乐的今天，就是充实的精神生活，就是为创造人们今天的欢乐贡献出自己的体力和精力。我努力使季娜的生活充满今天的幸福。对于死亡的恐惧思想逐渐地在她的意识中消除了。季娜又变得像以前一样朝气蓬勃。

　　但是，接着又产生了我一直担心而又是意料中的新的危机。发育成妇女的时期来到了。季娜开始意识到自己的美是有缺陷的……这种想法给她带来了痛苦。发现容貌上的残缺使她大为吃惊。母亲已经猜到了女儿的心事，但怕说出来会加深她的痛苦，所以只字未提。对于同学们的每一句话都非常敏感并且感受非常强烈的季娜，从女同学们的窃窃私语中捉摸到了关于对她的容貌的议论，这更加深了她的痛苦。怎样才能治好这颗敏感的心灵的创伤呢？假如直截了当地去和季娜谈她痛苦的原因，那是不行的。这会使她变得更加孤僻。但是，不管怎样避免触及这块伤疤，到了一定的时候，总是要和这个女孩谈到这件事的。只不过应当是在她自己有了思想准备，愿意主动把自己的痛苦讲出来的时候才能谈。为了促使她把痛苦坦率地谈出来，需要耐心地等待，也需要做些工作。

　　当我还在考虑这一切的时候，发生了出人意料的事。在春天温暖的傍晚，季娜常常到河边去，坐在石头上，默默地注视着河水中自己的倒影。有一天，正当暮色苍茫的时候，季娜感到有一个人站在她的背后。她回过头来一看，见到一个美丽的、穿着节日盛装的中年妇女。这个妇女温存地、亲切地看着季娜，在这样的目光的爱抚下，季娜感到很愉快。她认出来了：站在她面前的是基督教福音会——浸礼会教派的一个传教士的妻子玛丽亚。

这次相遇之后所发生的一切，我是在季娜面临着极大危险的时候才知道的。我不准备把她所讲的情况的始末原原本本地加以转述，——这简直可以写一部小说，我只是把事情的大体经过以及季娜所体验到的慌乱心情简略地讲一讲。这一切对于我们教师来说，是一个严峻的教训：个人的幸福，个人幸福的丰富的精神内容——这是一颗珍贵的宝石，在它的灿烂光辉的照耀下，共产主义理想的一切表现——科学唯物主义的真理、伟大的社会目标、社会的福利和安宁，成为人们最宝贵的东西。没有个人的幸福，没有个人真正的欢乐，就不可能有完整的世界观。幸福、理想、世界观——这是一个重大的哲学问题，并且不是书本上研究的哲学问题，而是人的心脏的生气勃勃的搏动，是活生生的人的热烈向往。

……第二天傍晚时分，季娜又到河边去了，还是在与前一天同样的时刻，玛丽亚又来了。这一次玛丽亚离女孩子更近了，她在季娜旁边坐下来，用手轻轻拍了一下她的肩膀，又像昨天那样温存地注视了一会儿她的眼睛。

"我看得出来，你很不幸，"玛丽亚说道，"而且你的不幸是如此的巨大，使你想离开这个世界……"

　　季娜想表示否认，可玛丽亚却温柔地、轻声细语地继续说道：

　　"你什么都不用说。上帝已经知道你想要说的话：'这和你没有关系，大婶。'你错了，孩子。这和我有关系，因为我们都是上帝的子女，大家都是兄弟姐妹。我们大家都会死，在这个世界上，我们仅仅是些匆匆的过客，我们永久的归宿是在那儿，在天上。但是，如果没有上帝的召唤，我们就提前到他那儿去，那他是不允许的。他知道什么时候你该去了，到那时他会召唤你的。对于我，对于这个世界上的每一个匆匆的过客也都一样。在那里有永恒的生命，我的孩子。你的灵魂纯洁无瑕，像天上那块白云一样。你的灵魂是多么美好。而肉体只是罪恶的贪欲和诱惑的暂时的栖身之所。不要让爱美的思想给自己带来烦恼，美——这只不过是昙花一现。到我们这儿来吧，我们是一些真正的人。你来听一听我们谈些什么。我们喜爱歌曲，也喜爱音乐。在我们这儿你一定会找到你所期待的东西——真正的善良、真理和安宁。"

　　季娜听着，思考着玛丽亚所说的每一句话。她不止一次地听说过或从书上读到过，有关宗教的传说都是欺骗，但此刻她却把这一切都忘得干干净净了。在她面前的是一个活生生的人，这个人的双眼中燃烧着虔诚的信仰之火。这个女人大概是幸福的，她感到幸福大概是因为她信仰自己所讲的那个道理。这个真诚地、全心全意地希望你幸福的人，难道会是一个坏人吗？

　　玛丽亚的话之所以打动了季娜的心，还因为这些话对她的疑问作出了回答，而且这个回答恰恰是她希望听到的，是她的心灵深处所期待的答案。是的，她确实想结束自己的生命。她简直不能想像，还有什么比想到自己的容貌有缺陷更为可怕的，于是她就想死。当她从这个女人的口中听到了关于永生的、美丽的灵魂的说法之后，她就感到这些话对她来说好像已经不是什么宗教传说了。也许，在她灵魂深处的某个角落，还隐隐地有着认为这是欺骗的想法，可是在这绝望的时刻，她希望这是真理。一个人在苦恼的时候，自己会编出一套关于真理的幻想，他也愿意相信自己所编造的幻想。也许，人就是这样在自己的想像中创造了上帝。

季娜到"真正的人们"那儿去了。那天，教徒们集合在一起做祷告，以庆贺他们教团的一件喜事：一个 20 岁的姑娘嫁给一个 40 岁的鳏夫。一系列强烈的印象不断地向季娜涌来，并且使她感到震惊。她感到惊奇的是教徒们有一个出色的合唱队，更感到惊奇的是，"宗教的"歌曲是用季娜所非常熟悉的乌克兰民歌这种"尘世间"的曲调唱的。亲切的旋律抓住了她的心，使她感到激动，这种旋律赋予歌词以某种特别的含义。

玛丽亚送季娜回家，并且提醒她，两天以后是礼拜六的祷告。到了星期六，季娜又到这个"神圣的教堂"——教徒们这样称呼这座普通的乌克兰农舍——去了。这一次，她仔细地聆听神甫的布道。神甫用平静的、温和的、慈父般的语调教诲大家："我们大家都在上帝的掌握之中，我们谁也不知道，明天将会发生什么，一分钟之后将会发生什么。这些事只有上帝知道。所以说，我们应当相信上帝的威力。"

然后，神甫说，现在由他们教会引以为豪的人物——传教士讲话。传教士的话把季娜深深地吸引住了。在他的话里充满了崇高的灵感和真诚的信仰，这使季娜感到自己的心跳得更快了。但随后在她思想深处不知不觉地产生了一个疑问：为什么玛丽亚、传教士和神甫都强调这么一点——要不加思考地去信仰，要用心，而不是用理智去信仰，不要对你的心向你诉说的一切从思想上加以判断；上帝是看不见，摸不着，也是不能通过思维来认识的；一个凡人只能用心来感觉上帝的存在，作为一个凡人，他只能去信仰，信仰，再信仰……这儿所讲的仍然是玛丽亚说过的话里所包含的那种千篇一律的意思，就是说，我们所看到的周围的一切，只是梦境，我们在这个世界上都是匆匆的过客，我们真正的栖身之所是在那儿——在那永恒的法官身旁。你可以工作、吃饭、睡觉、感受阳光带给你的欢乐，也可以生儿育女，但是，你每时每刻都应当准备结束你在这个世界上的暂短的旅行。而且上帝召唤你去的日子来得愈早，你就会愈幸福。

季娜感到肢体发麻，头脑昏晕。难道她所寻求的就是这个吗？一瞬间，在她眼前像耀眼的闪电一般，闪现了一下关于什么是永恒的灵魂之美的想法，但这些人却说不应当思考，也不应当在自己的头脑里设想：什么是永恒的美，什么是灵魂。她把这些疑问悄悄地向玛丽亚提了出来，而玛丽亚却用极其严厉的、生气的眼光看了看她，这使女孩子非常吃惊：难道这就是那个美丽而又温柔的女人吗？玛丽亚碰了碰她，并且气愤地小声说道："要用心去信仰，用心，不要用思想去加以判断。除了天堂之外，还有地狱的苦难。上帝对于自作聪敏的人是要惩罚的。""这时候，所有的一切仿佛都在我的眼前黯淡失色了，"季娜事后告诉我们说，"我差点儿失去知觉。玛丽亚把我领出房间，送我回家，在路上她对我说了一些话，但我一点也没有听懂。"

季娜病了，病得很重。母亲忧心忡忡地跑到学校来找我。她把自己所知道的一切都告诉了我：讲了女儿跟玛丽亚的谈话，也讲了女儿去参加祷告的情况。"现在她一直在发呓语……在昏迷中呼唤您。请您到我家去一次吧。"在病人床前，我们遇到了玛丽亚。在季娜恢复知觉的一刹那，她看到了玛丽亚，就大声地叫喊起来："滚开，滚开！……"

3 天之后，女孩子的病情减轻了。她终于把一切都讲了出来。教徒们提出的对一切事情都不可以思考的要求使她大为惊愕。怎么能这样呢？还有，什么是灵魂？什么是灵魂的美？难道可以不假思索地去信仰某种东西吗？所有这些问题使这个女孩子深深地受到了震动。

季娜还坦率地讲出了自己的痛苦——她讲了为什么她要到教徒们那儿去，在去之前她想了些什么，那时的心情是怎么样的，她怎样想用自杀来结束自己的生命。现在，当季娜把郁积在心里的话都讲出来之后，就可以谨慎小心地去触及她内心的创伤了。"孩子，你是很美的，"我对季娜说，"不仅你的心灵很美，你的外表也很美。你有美丽的眼睛和发辫，美丽的容貌和体形。你的美还在于你有自尊心，能意识到自己的尊严。你一定会找到自己的幸福。你已经深信，真正的幸福并不在于去做一个不敢冒犯上帝的俯首听命的畜生，而在于相信理智的力量，在于自己去创造幸福。希望你早日恢复健康，朋友们在等着你呢。而和那些虚情假意的人，要尽量离得远一点……"

我还没来得及讲完，季娜就打断了我的话：

"不，我还得上那儿去。我要对他们去说……"

　　季娜又上教堂去了一次，在那儿，她说了一番实实在在而又充满热情的话。当传教士又开始讲到必须用心，而不是用理智去信仰时，她站起来大声地问道：

　　"那么理智难道就不是灵魂吗？"

　　传教士因出乎意料而窘住了，他猜不透这个女孩子说这些话的用意是什么，便回答道：

　　"是啊，理智是灵魂。只有人才有理智。"

　　"但是，如果像您所教诲的那样不允许思考，那么灵魂还剩下什么呢？我希望了解，您几次三番讲的所谓永恒到底是什么，我希望知道，天堂到底是什么样的，也希望能弄明白，为什么我每时每刻都应当准备死。我本来是愿意相信这一切的，但是我感到惊讶，为什么对这一切都不允许加以思考。对于不允许思考的东西，怎么能相信呢？"

　　传教士说不出话来了。他被这个 14 岁女孩的简单而又充满哲理的论证弄糊涂了。过了一会儿，他慌乱地又开始重复那几句话：

　　"要用心去信仰，因为上帝是这样要求的。"

　　"但是人的心——这就是理智，"季娜说道，"没有理智，也就没有人的心。牲畜也有心脏，但是没有理智，因此，这种心就不能成为灵魂。您说了很多有关灵魂的话，但您自己又给灵魂加上了枷锁。您把灵魂变成了奴隶。您夺走了人们活生生的灵魂，把它们变成了木乃伊。而我希望活着。我想关心的不是死，而是蔚蓝色的天空和鲜艳的花朵。"

　　也许，读者们会觉得难以置信，这样深刻的思想怎么会出自一个 14 岁的女孩之口。假如在我的生活中从来没有闯入过这颗极其美丽的心灵,假如我的内心深处没有为她所讲的关于生活、真理、美、幸福和理想的那些观点鲜明、充满哲理、充满灵感的话而多次受到感动,那么,我也是不会相信的。我并不夸大季娜对教徒们的影响:这些教徒们仔细地听完她愤怒的、但又符合实际的话以后,并没有变为无神论者。可是她的话也使某些人受到了震动,她的话里所包含的真理、诚意以及对那些强加于人的恶行和暴行的毫不妥协的精神,特别使青年人受到了震动。

在与不良的思想影响发生面对面的冲突以后,季娜开始为使自己在精神上获得自由而斗争,并且最终成了胜利者。假如在那些日子里,当人总是要死的这个想法以及自己的容貌有缺陷因而会得不到真正的幸福这种想法使季娜受到极大震动的时候,大家都不去帮助她;假如在学校里季娜所处的整个生活环境不是充满了乐观主义的世界观,那么,她就会受到宗教世界观的影响。为反对不良的思想影响而斗争的坚定性,是要由集体的精神生活的各个方面来培养的。在一个人面对面地与思想上的敌人遭遇的情况下,这种品质就更为明显地表现出来。

*　　　　*　　　　*

个人的道德财富的特点,在于个人的思想、感情、感受和行动的统一。

在规划为期一年、数年或者整个少年期的教育工作时,首先应当确定,在这个时期,少年关于周围世界和关于他自己需要知道些什么,怎样在精神生活中,特别是在具体活动中反映这个认识过程。少年期按其本质来说，要求具有这样一种积极态度，就是要在人们的道德关系中去深刻地认识、理解和感受需要成为个人精神财富的那种思想。应当注意的是，对那些使我国人民和全人类都受到激励的思想和真理的认识，不能同人在这个时候所做的事脱离开来。

要使少年的思想、感情和感受的领域逐渐扩大——把眼光从自己所在的村庄、城市和州扩大到自己的祖国，扩大到当代的现实和对未来的展望，这是极为重要的。假如一个少年能够对涉及祖国命运的重大问题进行思考，那他就会对超出于满足人的日常需求的范围之外的问题表现出极大的关心。应该努力使那种看来并不涉及个人利益的具体事情成为少年的带有深刻个性的事情。当一个人的个人利益由于包括了许多人的利益而扩大了范围的时候，这个人也就成为一个公民了。

我们希望每个少年与其他人之间的道德关系能够这样来表现：应当把他人的利益看做是少年个人的利益。在这样的情况下，我们就可以进到个性教育的细致而又复杂的范畴——情感教育和美感教育的范畴。

7.

情感教育与美感教育

情感教育和道德教育的统一

认识周围世界不可能采取不偏不倚和漠不关心的态度去解释和理解世界。如果人在这一活动过程中缺乏崇高的情感素养，缺乏感情的崇高思想倾向，不能设想他对共产主义的理想有坚定的信念和矢志不渝的忠诚。

我国的社会政治发展和摆在我们社会的每一个成员面前各项新的任务，正在使我们与周围世界接触的范围不断扩大。对前辈创造的物质财富和精神财富树立起公民的义务感和个人责任感，这是培养个人高尚的道德、全面发展和思想积极性的重要源泉之一。对我国人民所创造的一切所表现的个人责任感的观念只有在下面这种条件下才可能成为每个少年的道德财富：要在少年的心灵中根深蒂固地确立起个人对这一观念的正确态度；然而，要是缺乏对社会的极其细腻的义务感，要确立起这种态度是不可能的。

现在，当人们还在学校里学习的时候，就已经深入思考自然界、社会发展以及个人精神生活的复杂规律。个人和社会、个人和祖国、个人和集体、个人和自然、个人和未来这些问题正愈益成为集中注意的对象。

一个人的劳动态度和日常的行为越来越影响到其他人的命运。每个人的称心如意和幸福，取决于他对自己周围人们的感觉，取决于他如何把自己的行为与集体、社会的利益一致起来。培养和发展诸如集体主义、友谊、善良、对他人的内心精神世界的尊重那样一些情感，越来越引起社会的广泛重视。在对待人们的态度上缺乏情感素养导致利己主义，而利己主义则是漠不关心、违反社会利益的举动和犯罪行为的主要根源。有些人不懂得人剥削人的道理，他们在情感上和道德上都处于无知的状态，而这种无知则和总的精神世界的贫乏联系在一起，这是他们不道德行为的根源。年轻人所享用的那些由祖祖辈辈遗留下来的物质福利和精神福利越多，那么个人对社会的义务感就应当越强烈，越深刻。我要着重指出的是：不仅要理解，社会毫不吝惜地给了我个人幸福，而且要从感情和态度上正确对待我国社会关系中的这一因素。在培养少年的过程中，要特别注意培养个人对前辈的责任感。要最庄严地向少年们揭示一种观念：人高于一切，我们社会所做的一切都是造福于人。如果在认识这一真理的过程中不去同时培养高尚的情感素养，那么旨在培养人的自尊感的宏伟的思想也就不可能取得预期的效果。依人为生者的心理恰恰造成了这样的结果：使有些少年没有感到要去努力追求个人行为、行动和个人对人们态度的道德美。

个性自由，包括感情自由，是我们社会带给人们的巨大好处。然而如果人们之间的相互关系不是贯穿着一种最纯洁最高尚的感情——**人的感情**，如果我感受到和我在一起的那些人们的需要和愿望可能和我的需要和愿望不相一致，那么这种好处也可能变成祸害。只有以高度的内心情感自我约束作为出发点的感情自由才会带来共同的幸福。提高一个人对别人的责任感，这在任何一种精神生活环境中都是十分必要的。需要通过感情约束，通过自我教育和自我节制来引导少年们理解"感情自由"。

把道德感、理智感和美感这三者紧密地联系在一起进行培养，能达到实际的目的：教会青年人控制自己的各种愿望，自觉地限制它们，要成为愿望的主宰，培养自己具有高尚的作为一个人的需求。

伊·彼·巴甫洛夫把情感称之为模糊力[18]。情感的生理基础隐藏在使人和动物相似的各种本能之中。而人之所以能上升到动物界之上，那是由于人的各种情感通过特殊的素养、人的认识、劳动和多种社会关系而使人变得高尚。人的手为了创造生产资料而进行的第一次有意识的运动以及人的思想的第一颗火花同时也是在开辟美的世界的道路上迈出的第一步。当一个人看到晚霞和蓝天上飘浮的云彩时能发现它们的美，当一个人能聆听夜莺的歌唱并赞赏空间的美时，他才成为一个人。从那时候起思维和美一起发展，使人变得崇高和伟大。但要培养人们高尚的情操，需要在教育上作出巨大的努力。

在少年时期情感教育和美育的统一具有特殊的意义。一个崭新的思维阶段促使人们通过思维和感情去认识和掌握的不仅仅是事物、事实、现象，而且还有观念和原则。对社会观念的个人情感—美感态度越是鲜明，道德感也越深刻。在少年时期个人对观念和周围世界的情感—美感评价的感受特别鲜明。这是由于，人似乎发现并初次通过观念和原则来观察世界。用崭新的眼光观察世界以及许多新事物的发现促使少年个人对各种观念和原则采取这样的态度：它使少年受到崇高精神的鼓舞而去赞美善良，憎恨邪恶。这是道德感形成过程的一个重要方面。少年的道德素养在很大程度上取决于这样一个条件：在深刻理解社会生活和人们相互关系的复杂现象的实质时，他能体验到多少崇高的感情。

个人对别人和集体的态度以及对其他人的苦和乐的态度是否细致、诚恳、热忱，这取决于少年时期情感上所认识到的观念和原则是否有鲜明的色彩，取决于人们思维的视野和概括事实的广度如何，取决于对周围世界的情感评价和道德评价是否能有机地结合在一起，汇合成一体，也取决于在人的个人活动和斗争中被他所认识的观念反映的深度如何。要做到这一点，就要在认识过程中鼓励少年去为争取崇高的理想而斗争，就要使少年感到自己是这样一些人物的志同道合者，这些人由于思想上具有坚定的勇气从而使他们的形象进入了人类精神的宝库，——教育技能的高水平也就表现在这里。

必须对少年进行深入细致而又合理的情感教育。这种教育取决于少年精神生活中的知识、训练和智力发展这三者所起的作用。世界上没有比童年期、少年期和青年早期的训练更为困难和紧张的劳动了。只有当人们在认识事物和掌握知识的同时，逐步具备高度的情感素养，这种劳动才能达到预期的效果并丰富自己的精神世界。没有扎实的情感基础，

连一般的正常训练也不可能进行，更谈不上有成效的训练
了。情感教育和对世界的认识不能统一起来，是造成对知识
抱漠不关心态度并最后导致不想学习的最顽固也是最危险的
根源之一。培养脑力劳动的情感素养和掌握知识的过程是学
校生活中获得智力财富的一个重要方面。

感觉素养和知觉素养

情感教育和美育由感觉素养和知觉素养发展而来。手的
长期锻炼能发展智慧和智能，它是培养劳动技巧所必要的；
同样，精神素养、道德素养、情感素养、美感素养的培养也
要求长期锻炼感觉器官，首先是视觉器官和听觉器官的长期
锻炼。感情和感受的细腻程度，对周围世界和对自己本身的
情感—美感态度的细致性，取决于感觉素养和知觉素养。人
的感觉和知觉越细致，他在周围世界见到的色彩和听到的纯
音和半音越多，个人对事实、事物、现象、事件的情感评价
越深刻，那么确定人的精神素养的情感领域就越宽广。

对观念、原则的情感—美感评价是思想教育最重要的
因素，它取决于人们在认识周围世界的同时，是否能深刻地
感受诸如高兴、赞赏、惊奇、悲哀、恐惧、羞愧、愤慨、腼
腆、良心的谴责等等。我努力使孩子们在童年期就靠了感觉
的细致使他们在认识自然景色和自然现象的同时产生这些感
情以及无数细微的感情流露。到了少年期这种教育的目的性
要进一步加强。每个孩子都应当通过长期的感觉和知觉训
练，因为这种训练能够在每个人身上造就那种与认识过程同
时发生并在认识过程中形成和发展的宽广的感情领域。

　　我们选择有助于挖掘知觉财富的地点和时间到自然界去旅行。每当春天来临，我们每天总要到村庄的周围去走走，登上草原的山冈，从山冈上眺望，辽阔的盆地和遥远的草原尽收眼底。每次我们都看到明媚春光的新色彩。我们发现树木从冬天灰暗的颜色转为绿色的细微变化。长满灌木林的斜坡呈现出一片娇嫩的、淡淡的绿褐色。这种色彩天天在变。绿的色彩在变换，由宝石一样的翠绿变成淡紫罗兰色，从湖绿色变成雪青色，这些色彩的变换与天气有关，特别是决定于春天太阳的**闪耀**（少年们这样说的）。我们发现春天绿色的细微色彩超过 20 种。而绿色草地上色调的变换更是五彩缤纷。

　　少年们感受到欢乐、喜悦、惊奇这样一些感情，细腻的知觉产生出细腻的感情并发展为需要去体验这些情感的人的高尚需求。

　　当秋天展现自己容光焕发的面容时，我们到森林中去旅行，这是极妙的培养知觉和感觉的一课。很难用语言来表达在那初秋宁静的阳光普照的日子里树叶的五彩缤纷的色调，特别是在雨过天晴或夜露初霁的清晨，——在晨曦中，清新的空气似乎使树木、花园、草地的魅人秋色展现出新的容颜。有些少年发现有七十多种由红而黄、由黄而绿、由绿而青的色彩变幻，另外有些人发现有八十多种色彩变幻。瓦里娅和柳达，正如她们所说的那样，在一张槭树叶片上找到了 **9 种色彩变换**。萨什科、柳芭、柯斯佳看出冬小麦有 6 种绿色色彩。在天气晴朗的日子里，少年们放学以后就到田野、树林和池塘边去欣赏自然景色。

　　我们面前展现出周围世界新的迷人的美景——空旷的

美。我们开始观察并仔细探寻，我们发现，在早晨和傍晚的时候，由于空间逐渐变为另一种颜色，从而引起自然界色彩的变化。初秋的一个星期日我们到少年们称之为**辽阔的草原**的田野去进行观察。当太阳高挂在天穹最高点的时候，我们登上了古代斯基福人高大的陵墓。我们眼前展现出一幅动人的景色，少年们看到这种景色没有不欢欣鼓舞的。我们久久缄默不言，惟恐破坏这令人心醉的景色和人们在这个时刻所感受到的现实的幸福感。我们面前的田野就像碧波万顷的大海。树林犹如一座座绿色的小岛。鳞次栉比的盆地，连绵不断的丘陵，此起彼伏的浪涛，庄严肃穆的陵墓，错落有序的树林，所有这一切就像那神奇的海底王国一样向远方伸展。而那辽阔的空间，田野上空微微晃动的雾气则像被太阳所照耀的透明的水底一样。我们看到，空间使田地和草丛、丘陵和小树林染上几十种色彩，盆地上星罗棋布的村落也被涂上了颜色，它们好像在和煦的秋阳下打盹；深绿色的樱桃园、岸边柳树成荫的静谧的蔚蓝色池塘（照少年们的说法，这是"地上的几十块蓝天"）也都染上了各种色彩。我们欣赏了极为微妙的颜色的变幻，从淡绿到暗紫，从浅蓝到深蓝。我们面前出现空间的各种颜色和色调。而在远处地平线上，雪青色的雾霭笼罩着森林的周围，使我们无限神往。下一个星期天我们就要到那儿去了，于是又有新的远方展现在我们面前：第聂伯河、村庄和田野、第聂伯河对岸排列整齐的杨树和卷曲的柳树。

观察和感受周围世界的美，是理解和感受生活的喜悦和生命美的主要源泉之一，这也使我产生这样一种不可逆转的坚定的思想：世界、大自然和美的生命是永恒的，而在这永恒的生命中，我个人只能活在大自然指定给我的那么一段时间。要使每一个人在少年期就考虑到应当怎样来度过自己的一生，这是非常重要的。我们要教育人珍惜生命，也就是珍惜人、爱护人，保护生命。

我永远不会忘记，在宁静的夏天的早晨我们在树林的边缘观察白天的诞生和旭日东升。孩子们好像着了魔似的站着，目不转睛地注视着朝霞色彩的变幻：天空上在变幻着的色彩，反射出清晨美景的池塘上水平如镜，它的色彩也在变幻着，——如画美景把他们吸引住了。在宁静的秋高气爽的日子里，我们学会区别晴空的 14 种颜色。塔尼娅用"冷漠的，令人不安的天空"这样的话来形容天空的一些色彩。丹卡称其中一种颜色为"安谧天空"；费佳用"深沉而凝冻的"这样的字眼来形容天空的色彩。

到自然界去旅行也丰富了我们的听觉和知觉。少年期和童年期一样，听大自然的音乐使我们感到极大的欢乐、赞赏和惊奇。**春天草地奏出的音乐**在我们学生的心坎上留下了终身难忘的印象。从童年期起他们就熟悉这种音乐，不过现在能更细腻地感觉和感受它了。风和日丽的春天，当草地铺上一层幼嫩的绿茵，当树木蒙上一层薄薄的淡紫绿色的嫩芽时，我们来到池塘岸畔，坐在一棵古老的柳树旁，倾听远处悠然飘来的春天草地的细语声（这一艺术形象是少年们创作的）。世界为我们奏出了最为细腻的音的变换。在**欢乐的、叮玲作响的天空**（这是卡佳的话），从温带地区飞回的鸟儿在鸣叫；平静的波浪汩汩作响，头顶上柔韧的树枝在震颤，草地远处不时传来喃喃的细语声，这些都像蔚蓝色的天空在叮玲作响。这是一种能在内心知觉世界激起极其细腻的感情的音乐。人在感受着和大自然接触的喜悦，他们想要生活得更美好。沉醉在自然美景里的莉达说："活着多好啊！……"

我们去聆听森林的喧嚷。在夏日炎炎宁静的日子里，在快乐晴朗的早晨——接踵而来的该是**阳光照射的白天**（舒拉的话）和**凝神警觉的傍晚**（托利亚的话），如果红彤彤的霞光预示着有风和天气转凉，少年们会捕捉到具有各种音响的极为精微的**森林音乐**（加利娅的话）。

夏天田野上的音乐也带给我们巨大的享受。中午我们来到田野上，躺在麦穗旁，观看**酷热的天空**（拉丽萨的话），细听偶而能捕捉到的细穗的低语声、受惊的鹌鹑的双翅簌簌声以及百灵鸟银铃般的歌声。而百灵鸟的歌声则是这一交响乐的主旋律。我们的女诗人瓦里娅说："好像整个世界都在发出银铃般的声音"。

在长满灌木林的沟壑中我们**发现了**（柯利亚的话）又一种大自然迷人的旋律——**林中小溪奏出的音乐**。小溪的涓涓细流，**唱着歌**（女诗人柳达的话），从泉源中涌出，发出潺潺的细语。

寒冬腊月我们来到自己的"理想之角"，在神秘的山洞里我们点燃火把。在**暴风雪百般地淘气**（萨什科的话）或是冷风**肆意敲打我们的门**（斯拉夫卡的话）的这些日子里，我们感觉到真正的幸福。

从童年期起我的学生们就记得他们在离村庄不远的草原上度过的愉快的时刻：我们观察白昼的消逝和夜晚的降临，**聆听傍晚田野的音乐**。到少年时期这些时刻显得更为愉快和诱人。我们坐在高高的白腊树下，观看傍晚的暮色**笼罩**（谢尔盖依卡的话）田野和村庄，聆听白天的喧闹声在沉寂下来，而新的音乐——**夏天夜间的音乐**开始演奏。

　　在感知周围世界最精细的色彩的影响下所产生的感情，使观察更为细腻、更为敏感、内心的感受更为强烈。每当我们从森林、田野、池塘岸畔回来，形象地说，我们看到孩子们的眼睛总是忽闪忽闪地，他们不仅对自然的美景看得更清楚了，而且对所有人与人之间的事情也观察得更清楚了。他们不仅互相关切对方的精神状态，而且关心其他人的，即"外人的"精神状态。在听了林中小溪奏出的音乐以后，回家路上，我们看到路旁有一棵被汽车折断的小树。这时孩子们走到它的跟前，感到很痛惜，若有所思地久久地站在那里。尽管一句话也没说，但是可以感到，在这个时候少年们的精神生活经历着复杂的活动。

　　这些年来，少年们栽培了"休憩园"和"葡萄园"。相当繁重的劳动成了孩子们的精神需求。要是没有美的崇高精神的鼓舞，要是不重视感觉素养和知觉素养的培养，是不能做到这一点的。对那些家庭环境有可能使他心灵变得冷酷的潜在危险的少年来说，感觉素养和知觉素养的培养有着特别重大的意义。柯利亚和托利亚只要在家里待上两三天，不和班级来往，他们的心情就像穿上一件冷酷无情的铠甲，他们就会变得粗暴并且容易发脾气，特别是托利亚（这样的少年往往是由他家人的粗暴无礼、漠不关心和冷酷无情造成的）。只有通过激发对自然界的美、观念和原则的美的敏感和对其他人的精神世界的敏感来消除这一层铠甲。我把容易激动、恼怒和十分警觉的托利亚带到花园或草地去。我努力使处于这种精神状态的人感到自己周围的美，在他面前能出现一种充满人道精神和诚挚热忱的新的气氛。当一个少年处于激动、警觉和心情急躁的时候，教师对他的影响非常重要，对此我是确信不疑的。我向托利亚讲述了有关那些为他人创造美和欢乐的人们的事迹。对有些人来说，邪恶已经把冷漠、仇恨和冷酷无情的种子播到他们的心里，要使这些人看到并感觉到某种人道的东西，这是十分重要的。我看到年轻的心灵里的小冰块在逐渐融化，眼神变得柔和起来。我们深入到密林深处或是遥远的草地，在我们面前展现出一个风光绮丽的世界。我尽可能使少年在这些时刻领悟美的种种极为微妙的表现。这首先对于培养年轻的心灵对言语的敏感是必要的。

言语和人的情感素养

现在我们开始探讨在教育工作中还研究得很不够的那个带有神秘色彩的领域。为什么一个教师的言语成为强大的教育手段，而另一个教师的言语对学生来说却是痛苦的折磨呢？

当然，对"用言语是教育不好人的"这样一种论点是无论如何也不能同意的。关于言语教育是"片面的"教育这一"理论"，已经产生并且还将产生很大的危害。有些教师坚信，言语作为一种教育手段，应当尽量少用；主要的还是靠制度、劳动、监督。

在这些观点和论点中，反映出对教育过程的极为肤浅的概念。在教育中没有统一的、能影响人的精神世界的万能的手段。劳动是强大的教育力量，这是起码的道理。然而，如果不用人类教育中最微妙的工具——言语去触及人的心灵最敏感的角落，那么，劳动这种教育力量也将是一个沉睡的勇士。不重视言语，不相信言语的力量，就会形成教育上的缺乏修养和简单化。教师中有人这样想："如果'言语教育'这一概念本身包含着某种不体面的东西，那么为什么要自找麻烦在这方面进行探索和创造呢？"

我要把许多学校师生间的精神交流看做是教育上的拙嘴笨腮。主要问题在于，教师不善于从语言宝库中选出那些惟一能通向各个不同的人的心灵之路所必需的言语。教育上的拙嘴笨腮就表现在教师所用的言语局限于临时偶然想起的那些话。这些话从学生的意识中弹回来，一点不起作用。学生不爱听教师说话，他们内心对教师的话毫无触动。

在一定的意义上，言语是惟一的教育手段。这特别适用于少年时期，因为这个时期是认识观念、原则和概括性真理的时期。必须对言语及其色彩十分敏感，才能实现了解各种复杂的现象和关系的愿望。要是不在少年身上培养感知人的各种思想和情感色彩的能力，少年的道德教育、情感教育和美育都是不能想像的。当一个人理解和感觉到词语的变化，即理解言语丰富的内在含义和情感色彩时，才能培养出对言语的敏感。

培养对言语及其各种色彩的敏感，是使个性和谐发展的前提。从言语素养进到情感素养，从情感素养进到道德感和道德关系的素养——这就是通向知识同道德和谐一致的道路。在语言教师和教导员（班主任）的工作配合中，我看到形成这种和谐的有利条件。高度的感觉素养和知觉素养是培养对言语的情感色彩和词语变化的敏感性的手段。我举出一些定义作为例子，都是经过考虑的，因为这些定义能使少年们懂得词语的色彩和语音。少年们在祖国语言的宝库中找出每一个词语都要在智力上和情感上付出很大的努力。言语表现出一个少年在感情的自我培养方面内心所下的功夫。人的智力认识周围世界要求具备很高的情感素养，而只有言语才是这种素养的具体体现。

为了使教师的话语能起到教育作用，应当使它们活在学生的心灵中。我常给学生们讲共产主义思想的美，讲为祖国的自由和独立而斗争，讲人的精神的力量。如果我不能在学生的心灵中引起对言语细致的敏感，如果我的每一句话不能在他们身上引起内在的情感反响，那么我的话不过是一些空谈而已。为了用言语进行教育，需要在年轻的心灵中创造言语的精神财富。要是没有言语的精神财富就会出现教育上的拙嘴笨腮。

我坚信：少年教育中的许多困难之所以不能被人发现，这是因为教师在进行智力教育的时候，没有同时在培养情感—美感素养和培养言语的敏感性方面进行细致的工作。

在少年时期，我们继续组织孩子们到思想和言语的源泉去旅行。但旅行的目的不仅要吸收新的词语作为积极的语汇，还要揭示这些词语的情感—美感色彩，而且要在少年们的个人创作和精神的相互关系中表现出自己的情感素养。通过到思想和言语的源泉旅行，充分显示出言语的细腻及其情感—美感色彩，我力求使言语扎根在少年的心灵中。

我们欣赏正在扬花的荞麦田：我们聆听那犹如竖琴演奏的蜜蜂的嗡嗡声，我们洞悉了言语的细腻。在低年级的时候，面对这种情况就马上开始集体创作，孩子们写作文，写诗。现在，由美激发的灵感表现出更多的个人特征。孩子们在集体面前似乎羞于表现自己的感情。这样，个人的创作就开始了。每个人都以大自然为题创作自己的小故事和诗歌。在少年期几乎所有孩子都酷爱写诗。这是形成情感—美感素养的重要阶段。有时我们举行诗歌创作晚会。孩子们都愿把灵感冒出来的时候所创作的东西和同学们交流。他们把这些诗歌牢牢地记住了，这一点证明：言语已经在学生们的精神世界中扎了根。

几乎所有的诗都是自由体。这在一定程度上暴露出我对他们的影响。我就经常写这样的诗。孩子们不仅沿用了我的文体，而且还沿用了我的思维特征和对周围世界感受的特点。我抄录了几十首由我的孩子们创作的诗。下面就是我们的女诗人瓦里娅的诗作之一。

百灵鸟之歌

> 黎明的雨水洗濯蓝天，
> 蔚蓝的苍穹
> 响彻嘹亮而又欢乐的歌声。
> 麦穗上水珠晶莹，
> 每颗水珠映照一个小太阳。
> 草原上静悄悄，静悄悄。
> 麦穗和雨滴垂落到土地上。
> 我在草地上漫步，
> 也怕把田野上的宁静打扰。
> 我来到古代的西徐亚人陵墓边，
> 把双手高高举起，

呼吸着暴风雨的气息。

我站着，屏息聆听这迷人的寂静。

突然从太阳那边，

被黎明的雨水冲洗过的高空深处，

荡起平静而又温柔的声音，

犹如从蓝色玻璃钟里，

发出嘹亮响声，

好像有谁把金色的谷种，

撒向透明的钟——蔚蓝的苍穹。

钟颤动着，摇曳着，

传出阵阵歌声。

我眺望蔚蓝的晴空，

只见一点灰色小东西在跳动，

这是百灵鸟在迎接朝阳。

有一个关于春鸟的神奇传说：

来自太阳的火花

溅落到黑色的土地上，

从此大地到处欣欣向荣，

鸟儿飞向天空……

百灵鸟在歌唱母亲——亲爱的大地，

歌唱明亮的太阳，

歌唱自己的孩子，——

雏鸟在某处麦地的小窝里，

它们睡得多么香甜……

醉心于言语美的人对自己周围的美的、道德的现实更为敏感，更为严格要求了。

对言语及对言语的丰富色彩越敏感，年轻的心灵对道德教育的领会就越深刻，对影响少年精神世界的最细腻的手段——教师的言语和全体人类的美的感受也越深刻。在培养这种感受性的过程中，到观念世界中去旅行具有重大的意义：这里指的是讨论有关精神力量、思想勇气、对邪恶的毫不妥协、在克服困难中的不屈不挠精神以及一个人忠于崇高思想的气魄和美。这些讨论的一个显著特点似乎是避开具体的事实、事件和现象，而去追求概括的真理和原则。少年们感到非常需要这样的讨论，因为他们很想**作出判断**。认识观念世界是少年期的特征。但是为了从观念中受到教育，少年们应当感到并体验到它的美。这能使人的精神变得高尚起来。

我从讲解有助于揭示人的精神生活的现象、事件开始，引导他们到观念世界旅行。寂静的冬夜少年们来到"故事室"。我给他们讲述有关亚历山大·乌里扬诺夫的故事。亚历山大·乌里扬诺夫的勇敢精神所体现的美和他对信念的忠诚不渝使孩子们深受感动。当我讲到亚历山大·乌里扬诺夫怎样愤慨地痛斥了律师们建议他向屠杀人民的刽子手请求宽恕这件事时，我的学生们的眼睛像一团火在燃烧，他们为真正的人感到骄傲。激动人心的讨论开始了。孩子们似乎离开具体的历史事件和具体的功绩，他们就思想上的坚定性，对信念和荣誉的忠诚不渝等方面谈了自己的想法。我们看到了这些概念的真正含义。少年们深信：做一个真正的人、珍惜自己的荣誉、整个一生对崇高理想忠诚不渝，这同人的最基本的正派行为相比要高得多。在谈到谢尔盖·拉佐的英雄功绩，列夫·托尔斯泰、康斯坦丁·齐奥尔科夫斯基、伊里亚·列宾和伊戈尔·库尔恰托夫的卓越劳动时，我努力使这一信念进一步深化。我尽力使"荣誉"、"功绩"、"勇敢精神"、"英雄气概"这些崇高字眼的真正意义不致在少年的意识和心灵中消失，使他们不致对"生活中总能建立功勋"[19]、"人人可以建立功勋"这样一些格言持轻率的观点。少年们深信，高尚行为与功绩、基本的正派作风与共产主义的坚强信念、执行纪律的要求与勇敢精神，平时日常生活中的诚实美德与公民荣誉感之间，是有着很大差别的。

思想认识

懂得了真理之后，人的全部精神力量都集中到要记牢、背熟、了解、回答、向教师"和盘托出"自己的知识等这些事情上去了。而那时内心对理智所考虑的东西仍抱漠不关心的态度。有些教师在揭示道德、政治、社会和美学真理的含义的课上，过多地采用着眼于熟记事实和对事实进行逻辑分类等等的智能劳动手段，从而降低了进行道德、政治、社会和美学教育的力量。我认识一位历史教员，他热衷于使用各种表格和图表。他向少年们概述了1812年卫国战争中我国人民的伟大功勋。孩子们凝神屏息地听着关于全体人民反对侵略者的斗争的故事。然而这位教师忽然用寥寥数言结束了故事，建议学生们按意思列一图表，把我们取胜的各种原因"逐条开列"。这样一来，崇高的激情消失了，"对事实的解剖"把活生生的思想变成死的图表。思想犹如在意识的表面掠过，没有触及人的内心。

对于思想的真正认识（用理智和心灵来认识，确立个人对道德真理和原则的态度）是在您开始面向自己学生的内在精神世界的时候。如果学生已经理解了教材，不要急于接着讲下一章或者下面一个题目。要准备一些能引起学生思考和有助于深入理解的话语。对于少年来说重要的是让他们有机会亲眼看到事物，成为事件的参加者和判断人。情感—美感认识实质上就是这样开始的，信念也是这样形成的。

少年们对善良和邪恶、公正和不公正、荣誉和耻辱是非常敏感的。因此对于社会生活的规律和人的精神世界的规律的认识，对他们来说，同时也应当是对善良和邪恶的情感—美感认识。要准备一些话，针对学生的理智、心灵和良心，以便使他们不仅懂得善良和邪恶的本质，而且能明确地确定自己的道德和思想立场。要准备一些话，促使学生去感受对社会邪恶毫不妥协的态度。感受到用针锋相对的立场去对付思想上的敌人，这是必要的精神状态，没有这种精神状态，道德信念的形成是不可想像的。每当我讲述到乔尔丹诺·布鲁诺时，在孩子们的眼睛里迸发出对宗教裁判们仇恨的火光，因为他们残酷迫害那些使人类重新认识世界的优秀人物。在揭示理智与愚昧的斗争、自由思想与宗教的斗争这些观念的时候，我看到的不再是抽象的学生（他们的头脑只"加工"听到的东西），而是活生生的有着敏锐心灵的托利亚和柯利亚，斯拉夫卡和尼娜。学生们对善良必胜的信念、对正义的信念、对一切光明和纯洁的东西的信念，都取决于他们怎样对待善良和邪恶的实际表现。我认为自己教育工作的重大成就在于：那些英雄人物的形象（他们认为拒绝真理是巨大的耻辱，为宣扬真理而死则是一种光荣）深深地印入孩子们的心灵，孩子们在自己周围的生活里所看到的不仅有善良，而且还有邪恶。

每当谈到在我们苏联国土上法西斯的兽行以及有关波兰的马伊达内克集中营的杀人炉和基辅的老娘崖时，我努力在少年的心中树立起与当代准备发动世界大战的力量进行斗争的精神。

在文学课和历史课上，孩子们的意识和心灵感受到道德发展的历史。

我告诉他们，在人类社会中道德素养的基本规范是怎样形成的，劳动者是怎样珍惜地爱护那些为争取幸福的生活并通过共同的劳动获得和创造的一切美好的东西，并把它们一代一代往下传。

在有关道德史的讨论中，确立祖国的观念和对祖国的感情占了特殊的地位。对这一观念的情感态度决定公民的道德面貌。在人的生活中应该有一种最为重要的，高于种种日常琐事、忧虑、激情的东西。这两者是互相对立的，然而当涉及到伟大而又神圣的概念——祖国的时候，这两方面又是同志，战友和朋友。对祖国这个最神圣最宝贵的东西的观念，使人的全部感情高尚起来，使人们关系密切、亲近，并消除心灵中一切降低他们自尊感的东西。

要在每个年轻公民的心灵中确立神圣而又牢不可破的概念，要求细致而又深思熟虑地看待人类历史。我曾指出，对祖国的感情使人变得崇高，它鼓励人去建立英雄的业绩。人的真正不朽在于对祖国的无限热爱。我曾几次向孩子们讲述我们的同乡，苏联英雄，黑海舰队水兵阿列克塞·卡柳日内依不朽的功勋。他在保卫塞瓦斯托波尔的战斗中受了致命重伤，他在临死前给自己的父母亲、青年和后代写了一封信。读了这封刻在英雄墓碑上的信之后，我让孩子们思考自己的命运和祖国的命运。故事总是能激起孩子们浓厚的兴趣和交流自己各种想法的愿望。孩子们就是怀着这样的兴趣听了有关亚历山大·马特洛索夫、尼古拉·加斯捷洛的故事以及那些和他们一样建立功勋的英雄人物的故事。我将永远不会忘记，当听了有关亚历山大·马特洛索夫功绩的故事后，托利亚说："要是没有祖国，真正的人是一天也不能活的。祖国把我们每个人培养成真正的人。"

"但为什么会这样呢？——万尼亚问道。——我们不知怎的常常会把最宝贵的东西忘记。我们面前是一片广阔的田野，小麦正在成熟。我们想：这将是一个好收成。但不知为什么我们总会忘记，这就是我们的祖国。大概这是因为，当人有一双眼睛时，他们就连自己的眼睛也会忘记。如果有一双手，那么连这双手也会忘记。我听一个卫国战争中成为残废的人说过，他被法西斯分子俘虏，他的口袋里不知怎么有一块保存得很好的灰色的小石头。这块石头是他在法西斯分子把战俘赶往西方时随便从地上拣起来的。就是这块小石头温暖了他的心灵，使他想念祖国，坚持对胜利的信心，因为小石头提醒他，我们有亲爱的国土。"

柯利亚说："我向高耸的草原陵墓眺望，心想，'要知道就在我们这块土地上，我们的老祖先打败了鞑靼入侵者。我们的祖先也打败了瑞典人，当时他们从波尔塔瓦逃往土耳其。打败了白卫军，打败了法西斯分子。这已经是我们的祖辈和父辈了。这就是解放者——苏联军队来到我们村庄所走过的道路。祖国就是这样。'"

似乎这是一些很普通的、说过多次的话。但是，它们对少年是一种启示。这些话里包含着祖国的观念，祖国的观念深深扎根在少年的心中。

少年精神生活中的情感刺激

我在学校工作的全部时间里，一直为学生们的情感状态与他们的观念、道德和智力的发展以及信念的形成这两个方面的相互关系和依从关系感到不安。对同样一些学生的精神生活、劳动和训练进行长期的观察，直接参加到集体的精神生活和劳动中去，和部分学生多年的友谊，——所有这一切都使我有可能作出有关个人活动的各个方面和谐一致的结论。形象地说，个人的情感状态是乐队指挥，随着他神奇的指挥棒的挥动，各种散音变成美好旋律的和声。如果说在童年时期各种情感能很快控制人的精神世界，而且感情的变化很快，那么到了少年时期情感的稳定状态就占了优势。在理智和感情之间、感情和道德意识之间、对周围世界的情感态度和现实之间的联系就变得更为细腻、更为敏感了。

少年思维的内容、性质、倾向，深刻地反映在他们的情感状态中，不仅产生智力感，而且给全部精神生活打下了烙印，并形成使精神生活丰满的感情。教师的任务在于使智能劳动（智能劳动在少年生活中起着决定性的作用）成为心灵活力的活动表现，成为人的自我肯定和自我认识。班主任教师的真正本领在于，使少年在班主任领导下在训练过程中**善于表现**自己。决定少年情感状态的是他们在复杂而又多侧面的周围世界对自己本身的态度和对自身的观察。表现自己是进行教育和自我教育中非常复杂而又相当困难的一个领域。这方面的问题不能只靠上课来解决。传授知识和掌握知识,这是多方面的智能活动,也是造福社会的劳动。我们力图通过数十条乃至数百条渠道使这个活动与复杂而又多种多样的少年的智力生活,与他们在劳动和思想方面的自我肯定的过程联系起来。

少年越是深入到知识领域和劳动领域,他们会更深刻地体会到自己是一个人,一个有创造性的人。我们所注意的是,要使掌握知识的过程和创造性运用知识联系起来,以便使知识不致成为一堆死的东西。对于那些学习困难的少年们说来,实现这一教育任务尤为需要。佩特里克、尼娜、斯拉夫卡的努力学习和爱好劳动就联系在情感刺激这根纤细的线上,只要这根线一断,就什么也没有了,他们的学习也就成了沉重的,不胜负担的义务。因此,要使这根线变得牢固可靠,不致使人们受到失望的威胁,这是何等重要啊!

我们得出的结论是:不管一个少年的一般智力水平如何平庸,他在某一方面应能达到并体验到可观的成就,在某一方面感到自己是一个真正的创造者,知识的主宰。这也正是把人和学校、人和智力生活领域、人和一般素养联系起来的牢固基础。斯拉夫卡在理解历史科学规律方面困难极大,对理解抽象真理也有困难。这孩子在数学中也难以"抓住"从实际的现象和事实向抽象规律的转化:代数公式或定理对他说来是神秘的百思不解的东西。要在智能劳动中和智力生活中找到那么一个领域,使这个少年在这里能感到自己是真正的创造者。我们找到了两个这样的领域。一是阅读世界各国和各民族的科普文献。斯拉夫卡被这些书迷住了。他逐渐收集了一批图书，他在集体里成了地理学和人种学的行家。他能连续数小时向同学们讲述有关印度尼西亚各民族、印度洋和非洲各群岛，以及他们的文化、风俗习惯和各种传统的情况。二是制作几何图形的模型。教师用塑料和玻璃制成的模型指导斯拉夫卡表述与定理有关的体积概念和空间概念。这个少年爱上了这项作业，他开始理解抽象真理的实质。经过顽强的劳动，通过钻研教科书，终于使几何学成了斯拉夫卡喜爱的学科。把斯拉夫卡和智力劳动、和学校联系起来的纽带逐年得到加强。他感觉到自己是一个完全够格的人，在困难面前不再张皇失措。

佩特里克以前对领会语法规则困难很大，犯过重大的语法错误。长期以来他对文学课上的写作也非常头痛。我们多次与他一起来到田野上、湖泊边、森林里，一起仔细地观察花木和色彩，聆听大自然的乐声。言语的细腻性在孩子身上逐渐地显露出来。而冷漠的表情在这个孩子的眼神中消失了，我对此感到十分高兴。他对创作产生了兴趣。我读了一些他在大自然中现场构思的小作文。这个孩子怀着用自己的语言来描述景色和现象的强烈愿望，他所描写的景色和现象激励了我，而我的灵感又去影响他。

把知识反映到情感上，这是知识转为信念的重要条件，也是形成坚强的信念和世界观的条件。情感状态产生一种巨大的循环力，影响少年的智慧和全部智力生活。在少年时期智慧对情感状态特别敏感。无数事实使我相信，具有乐观愉快的世界观，能掌握各种事物、现象和真理，对自己的力量充满信心，是加强记忆、思维和灵敏性的新源泉。

精神生活充实，是一种广泛而又多侧面的概念。把手艺和知识有机地结合的创造性劳动，是使少年精神生活丰富的有益源泉，但遗憾得很，这方面研究得很不够。我们要把智慧的创造和双手的创造结合在一起来理解"工作"这一概念，丰富的精神生活是在这两者的结合中产生的。我们力求使每个少年都有自己喜爱的，感兴趣的和使他们激动的工作；要他们把在这项工作中产生的感情转到学习中去，转到自己在集体中的道德态度上去。但这个转化并不一定要把这项工作和现在正在学习的理论教材直接联系起来。这项工作能丰富智力生活并加强学习上的兴趣，不管这项工作与教学大纲和教学过程的关系如何。与此相反，务必使双手的创造性工作促进认识范围的扩大，这是非常重要的。

世界观和道德观念、道德原则、
道德真理的情感感染

高尔基在谈到自己痛苦的童年时代和卡希林外祖父的一只爱打人的手时，他写道："从那些日子起，在我身上出现了一种对人们不安的关切，正如有人从我心上剥去一层皮似的，这种不安变得对任何委屈和痛苦——不管它们来自别人或是自己——富有无法忍耐的敏感。"[20] 培养不安的关切，培养对人的无法忍耐的敏感，这是学校最重要的任务之一。要是在残酷的年代，在残酷的环境里，有人从他心上"剥去一层皮"，他的心在情感上变得十分灵敏，这是很大的幸福。然而在极大多数情况下往往不是这样：委屈和残酷使心灵变得粗鲁，使人变得残酷。当然培养情感感染决不是要人们去

经受委屈和侮辱的考验。

教师的言语和学生行动的统一，是培养情感感染的重要手段，而情感感染在形成人的全部品质中起着特别重大的作用。对世界观真理、观念、原则和规律性所表现的情感上的敏感，形象地说，就像一点星火，从这星星之火里迸发出坚强的信念、原则性和人们对自己信念的忠诚。只有当人们体验并遭受了种种苦难，感觉到观念、原则和真理的深刻性，他才会珍惜那神圣的、不可动摇的信念。由世界观的逻辑认识和情感认识的一致，形成共产主义的坚定信念：学生们在认识世界观真理实质的时候，产生一种赞赏、惊奇的感情，并因认识到人的伟大、充满智慧和美而引以自豪。

要达到这个要求并不是采取某种特殊的方法，也不是靠说大话或是故意作出一副慷慨激昂的样子，而是通过对真理、观念、原则的深入的唯物主义的解释——这种解释强调人的理智和创造性的威力，强调思想上对邪恶和黑暗的毫不妥协。情感认识不要求少年具有专门的情感表现手法。情感认识应当表现在心灵深处，它的力量就在这里。

感受世界观真理、观念、原则的灵敏性，只有在体验到它们的伟大、充满智慧和美之后才能产生。在少年期，人要积极地表现自己在精神生活中的各种观点和信念，这方面起的作用特别巨大。为了充实精神生活，为了树立乐观的世界观、培养乐观地观察世界并建立对自己力量的信心，务必使少年感到仿佛自己的观点和信念是在和某种对立的东西发生冲突，这是十分重要的。

这种对抗犹如引爆新的情感的燃料，也是个人对真理、正义、丰功伟绩和世界观真理的美作出极其鲜明的评价的动力。我们一直关心少年们在劳动中的世界观表现，力图使劳动对少年来说不仅是一种义务，而且是表明和确立自己的观点和对待真理的态度的形式和手段。为了表现自己而需要克服的困难和障碍就是一种反作用力。例如，少年知道，要把板结的泥土变成能结果实的熟土，需要一年的时间，为此要创造一种能促进有益微生物生机活动的环境。在完成这个工作的时候，少年不仅确认了科学知识的正确性，他还为科学、为人的认识、为自己本身而确立一种自豪感。这就是使人的道德力量得到锻炼的那种精神斗争。因此，没有情感教育就不可能有真正的道德教育。

道德观念和政治观念对成千上万的现象、事件和人的激情进行概括。道德观念和政治观念就其本质而言有着强大的情感根基，这种根基经过适当的培育会化生出诸如人的行动、关切和忧虑这样一些活生生的枝干来。然而这种根需要一定的环境。为了使根生气勃勃，长出幼苗，必须去体验和理解思想，这意味着，应该把自己摆进去进行对比。如果在少年的生活中对人们有着个人的看法：为了懂得道德，应该去热爱人，同时应该去痛恨那些使人受到屈辱的一切现象；只有在这种情况下少年身上才能产生、巩固并发展对观念的纯粹个人的情感态度。

只有当少年在认识世界的同时，作为积极的，有效的因素深入世界，才能实现对道德真理、道德观念和道德原则的情感感染。用理智和心灵来认识周围世界，这意味着要在现实的、具体的表现中，即在和具体的人的关系中，在人的癖好和行动中，在与人的观点和命运的冲突中，来理解道德真理、道德观念和道德原则。

少年时期道德面貌的形成主要取决于这样一种观念：凡是有利于为共产主义而斗争的一切都是道德的。把这种伟大的道德观念同时又是政治观念灌输到少年的心灵中，这意味着把少年引进公民生活的领域，使他们获得为祖国和为社会服务的公民的喜悦。我们始终认为，学校崇高的教育使命在于要使公民感——喜悦、自豪和责任感——成为少年精神生活中主导的，极其强烈的感情。当这些感情和谐地结合在一起的时候，少年在自己的活动中看到了公民的目的性。

我们也非常重视少年对这样一些观念的认识：要为人们做好事，要去理解并体验和你在一起的那个人的欢乐和痛苦，要把自己的一部分心灵交给他，不能容忍漠不关心的态度，要痛恨那些损害人的尊严的行为，——这样，你就能成为一个真正的人。培养对这种观念的情感感染力，这并不意味着要无休止地重复讲这个观念，以便在认识和记忆中牢固地确立这一观念。一个人可能根本不知道作为逻辑判断的这一观念，但是，如果他为其他人做好事并从中体验到高尚的情操，那么他一定是用理智和心灵去理解道德观念的。少年具有这样一个重要的特点：当他对周围所发生的一切表示十分关切的时候，他对周围世界各种现象的兴趣也越来越大，他的心灵能更细腻更敏锐地去感受教师所说的话，去感受道德教诲和用言语来表达的道德观念。用理智和心灵来感知周围世界，是确立道德素养极其重要的前提。道德上冷漠的根源是情感上的冷漠。

培养情感，这并不意味着要大家去谈论情感或者学习体验情感。斯坦尼斯拉夫斯基多次谈到，"情感是不能命令的"。如果说在一般培养工作中不容许有故意的和人为的做法，那么在培养情感素养的时候，这两种做法特别有害。有这样一种刻板的公式：我给你讲什么，你就去理解什么，我要在你的心灵里树立什么，你就去感受什么，这样你就会成为一个好人——如果教师相信这样一种公式的效能和教育力量的话，崇高言语就会在少年的意识中变成不值钱的小分币。感情需要引发，需要激起形成道德素养和情感素养所必需的感情，而为此需要有产生情感的环境。

利用人们关系中丰富多样的生活环境，有意识地创造培养情感素养的环境，这是最细腻的教育艺术的领域，是教师素养的本质。如果不去掌握细腻的对周围世界进行情感—美感观察的方法，就不能当一个教师。如果说发生在儿童、少年和男女青年周围的许多事情，从道德教育和情感教育的角度来看是无可挽回的损失，那么造成这些损失的原因是教师本身没有养成也没有发展从情感—美感的角度来观察世界的能力。而这种能力并不是某种天赋的精神本质。只有通过生活才能获得、领会、养成、完善并掌握这种能力。如果要讲教学经验以及取得这些经验所必需的工作年限，我首先要把从情感—美感角度来观察世界（首先观察人）的细致性归到这个概念中去。教师之所以能成为儿童和青年的指导者，是因为他细致而又敏感地用理智和心灵来认识世界。在培养少年的工作中这一品质具有特殊的意义。少年的视野无限制地在扩展，他们的智慧具有认识并逻辑地分析抽象真理的能力；这样年龄的人看到的是离他们很远的事情，而往往不去注意他们身边的事情。教师一方面要注意发展和加深少年期的天性和少年的社会地位所要求的能力，同时要培养少年用理智和心灵去观察自己身边的事物和现象的能力。

情感和公民的尊严

培养公民个人的尊严感是影响少年精神世界最细腻的领域之一。教师应当竭尽全力，使学生感到自己是能够影响社会发展的积极力量。公民感——这是最崇高，最高尚的心灵运动，它们颂扬人们，并在人们身上确立社会意识、荣誉感和自豪感。公民感是道德纯洁的主要源泉。具有深刻的、高度发展的公民尊严感的人有自己个人对世界的看法。他从社会意义的角度来观察周围发生的一切：即使那种似乎与他个人无关的事情也作为他个人的事情而使他感到关切。

崇高的道德行为是一种美，由此而产生公民的荣誉感和自豪感。这种感情享受早在童年时期已经为孩子所接受，而在少年期它则明显地由于意识到并理解到高尚道德的思想实质而显出光彩。从美感方面来体验道德美是认识人的社会意义的重要条件。要把从道德美所获得的美感享受和对人的认识结合在一起，这也会对少年的精神世界产生细腻的影响。在讲述崇高的道德行为时，我总是努力做到直接针对少年的精神世界。少年们对我的这种做法非常敏感，他们的心灵向教师敞开了：他们内心最隐蔽的角落变得敏感和容易感动了。

我常给少年们讲述人类崇高精神的高度表现——伟大的卫国战争英雄所建立的功勋，这些英雄为了祖国的自由和独立献出了生命，表现出对敌人的愤恨和蔑视，在极端痛苦的考验中保持了公民的自豪感，他们深感自己在道德上、精神上压倒了敌人。少年们在认识公民功勋的美和伟大的时

317

候，陷入了沉思并向自己提出这样一个问题："我能做些什么呢？"

纳尔奇克城的 13 岁少先队员萨沙·科瓦辽夫的功绩感动了学生们。科瓦辽夫用三硝基甲苯（T. N. T）炸药包把法西斯分子撤退时所要通过的一座桥梁炸毁，使它飞上了天空，他自己也在爆炸时受了伤。敌人把他押到法西斯城防司令部。司令官对他说："谁教你这样做的，把他们的名字全说出来，马上放你回家。"萨沙回答说："谁也没有教我。"司令官把一块巧克力糖丢给这个少先队员。"去你的吧，法西斯恶棍！"少先队员喊了一声，把巧克力踩得粉碎。司令官揪住孩子的头向墙上撞去。最后敌人把他押到柞木林中枪杀了。纳粹分子不敢面对孩子，他们朝他背上开枪。

我也常常讲述一位无名英雄的故事，他是一位苏联士兵，关押在德国布痕瓦尔德集中营里。他拒绝把腰带拿下来，因为在皮带的扣环上有一颗我们苏联的红星。当纳粹匪徒们向他走来的时候，他打死了一个匪徒，把另一个匪徒打伤。我永远也不会忘记，我的学生们是多么聚精会神地听我讲述我们本地的女共青团员薇拉·帕夫莎的英雄事迹！她和自己的女朋友一起书写了反法西斯传单，隐藏从俘房营逃出来的苏联士兵。薇拉被法西斯分子抓住后，受到严刑拷打。法西斯分子挖出她的一只眼睛。"如果你说出同伙的名字，可以让你活着，"一德国秘密警察说，"你要是不说，我们就挖掉你的另一只眼睛。你会祈求快些死去。"薇拉鄙视地向法西斯分子啐口吐沫。她咬紧牙关忍受了惨无人道的酷刑，她说："卑鄙的东西，你要死在绞刑架下。"

英雄们的卓越而又崇高的功勋使每个少年沉思起来，他们的思想上升到英雄的境界。在他们的想像中描绘出一幅显示人民的精神力量和情感美、表示人民的自豪感的壮丽画景。怀着这样一种崇高的感情，少年用理智和心灵去理解了这样一种思想：在人的生活中有一些东西，它们是任何事物都不能与之相比，不能相提并论的——这就是祖国的自由与独立，祖国的荣誉、强盛和尊严。

情感环境的共同特征

情感环境是培养情感的手段，它的实质在于，人用心灵来感觉别人内心的极其细腻的活动并通过自己的精神活动来回答它们。

表现为精神激奋的一种活动反映出情感环境的特点，这种活动似乎是自发的，并不是由任何意向引起的；这是过去已经获得的道德财富在起作用。那种不是预先规定和准备好的，而是在当时情况影响下产生的活动，同时也是一定的情感—道德素养的表现，是人类崇高激情的进一步深化。

母亲决定把托利亚送往舅舅那里去住。他和集体依依惜别，心情沉重，但在他的心灵深处却隐藏着一种希望：也许，在另外一种环境中，他的生活会变得轻松一些。集体感觉到托利亚的这种心情。大家都在发愁：离别的心情是沉重的。在动身前的几天，同学们都给他送来了礼物，买了纪念册，而且每个人都在指定的一页上画点东西，写几句话。动身的那天我们讲定，派5个人（3个男同学、2个女同学）到离学校两公里的火车站去送行。火车在第三节课的时候开。但上第一节课的时候情况已经摆明了：男女同学都没有心思上课了。我明白了，他们全都想去送托利亚。只有一件事使我担心：难道他们没有决心提出不上课的请求吗？同学们都走了，派了一个代表来说："难道在今天这样的日子，可以放得下托利亚同学吗？我们放学以后再补课。"对我来说，这是真正的幸福，因为孩子们所做的，正是高尚的感情对他们提出的要求。好就好在他们没有通过痛苦的思想斗争来考验这种感情："怎么办？可以这样做吗？会不会产生不愉快的后果？"

通过类似这样一些行动获得巨大的精神财富：人确信自己身上的高尚情操。内心世界的鲜明情感表现使人与人的关系更加纯洁：一个人对别人的义务感加强了，心灵更加敏感。集体的态度在托利亚的生活中起了很大的作用。

如果在教育工作中实现了情感影响和道德影响的统一，那么，儿童和少年的心灵活动的能力以及把自己的心灵献给人们的能力就更为加强。这种无私的能力使生活充满光辉和喜悦。儿童和少年需要以极其细腻的方式把自己的心灵献给人们，献给活生生的人和事，献给能体现我们现实美的一切东西，而没有这种需求，他们要获得充实的精神生活是不可思议的。我想把这种能力称之为**"亲近"**。大家都知道儿童具有亲近的精神需求——献出自己的心灵、使自己周围的一切都充满崇高精神和欣欣向荣。对儿童说来，洋娃娃是活的，他赋予洋娃娃智慧、感情和性格。这种精神需求并不是天生的。它是人们给予那个小生命的第一个具有人性的东西，这个小生命来到世界上并努力想成为一个人。这种崇高的互相亲近、充满激情和献出自己心灵的人的需求给教师指明了道路，教师在培养情感上的敏感性和对道德真理、道德观念、道德原则的感染力的时候必须走这条道路。儿童的心应当分给某个人或某样东西。如果孩子不把自己一部分心思放在洋娃娃、小马、绒布小熊、小鸟、柔弱的花朵、小树和心爱的书本上，那么，他们就不能理解人的友谊、信任、忠诚和眷恋这些深刻的感情。

我认为自己的教育任务是，在献出心灵这一点上，童年期和少年期之间不应该有什么界限，务必使童年期所获得的心灵财富不致因时间的推移而丧失殆尽。造成少年教育困难的原因之一恰恰在于童年时期的情感—道德财富丧失了，而童年时期的情感—美感领域往往比较狭小而又贫乏。形式主义给教育工作带来极大的危害：儿童们和少年们做的许多事情没有触及到他们的内心，而仅在意识表面上爬行（例如，有时甚至连帮助残废者和病人也变成轮流值班的"措施"，并逐渐成为用打分数来评定好坏的"课程"……很难找到比这种做法更扭曲儿童心灵的事情了）。

我很重视让少年们在友谊和美的领域里有着丰富的情感生活；使每个少年都有一种对他说来是无限珍贵和无比亲切的东西；要让尽量多的人和物进入童年期的精神生活，并在整个少年时期在情感领域中一直保存着这些人和物的迷人的吸引力。

无论在儿童期，或是在少年期，实际上都是通过劳动使人们对事物和动植物表现出崇高的精神。具有重要意义的不是每个孩子种了几棵树，而是他种的树（即使是一棵小树）对他来说意味着什么，在他心目中的地位如何。充满崇高精神的劳动把儿童期的情感素养和少年期的情感素养连接起来。儿童时期建立的"美丽之角"作为最喜爱的地方永远留在我的学生们的精神生活中。在和朋友、教师离别了许多年以后，他们都已经变成成年人，各方面成熟的人，但仍然十分想要到这些地方去看一看。

在培养年轻的心灵对周围世界的敏感性的过程中，情感记忆起着很大的作用。因此我努力用鲜明的印象和感受来丰富儿童和少年的情感世界，以便使他们对周围世界的情感态度不是一闪而过，而是把自己的痕迹留在心灵中，激发起纯洁的想法和动机。

情感教育和美感教育的统一在于发展和丰富情感记忆。在我们学生的童年时代展现在他们面前的是一些动人的美景：池塘边的垂柳、柞木林中寂静的暮色、沟壑中古老的甜樱桃树、丁香花园等。这些美景在孩子心中激起赞赏的感情。他们眼睛睁得大大地观看世界，体验享受美的幸福。与自然景色有关的对童年的回忆更增强了他们对周围世界的敏感性和感染力。少年们看到了大自然的美，因为在童年期他们就发现了它，因而大自然的美深深地铭刻在他们的情感记忆之中。

音乐是丰富情感记忆的源泉。我力图使儿童对音乐旋律的知觉同纯洁、高尚、崇高的情感及动机（这一点尤其重要）联系起来。当孩子们在大自然中听柴可夫斯基、格里格、贝多芬、巴赫的作品时，他们在自己的想像中形成了善良和邪恶的斗争场面；他们全心全意地站在善良、美好和公正一边。正是在这个时候孩子们产生一种做好事的愿望。音乐这一使人高尚的力量到了少年时期继续发生作用。有时我们举行音乐晚会和晨会，主要是听音乐。

最重要的情感环境

1. 教会学生用心灵去感受别人的内心世界

个性的精神美取决于教师能否善于教会自己的学生用心灵去感觉别人的内心世界，我们应当从能思维和感受，然而尚未成为名副其实的人的孩子身上来造就这种个性的精神美。**通过培养崇高的感情和感受使儿童和少年变得高尚的艺术，实际上是一种引起共同感受的艺术**。我力求使人在童年时期就能用心灵去理解并感觉别人的极为细腻的心灵活动。

我给学生们讲了残疾幼儿彼德里克的事，他重病卧床，因而失去了童年的欢乐，我要求每个男同学和女同学都设身处地替病人想一想。由此产生了共同的感受。我们常到这个孩子那儿去，给他送去书本和玩具。彼德里克是一个机灵的孩子，他对周围的一切反应敏锐。开始他怀着警惕心，对我们有些不信任，然而少年们坦荡的心胸和善良的动机使这个孩子心里的冰块融化了。他等着孩子们到他这儿来，和他们讲自己童年的欢乐和秘密：在他小窗上衔泥筑巢的燕子，给了他许多欢乐的带有插图的小书，清晨照射到他头上的阳光。孩童的幻想和创造的世界使我的学生们感到亲切、珍贵，他们很快就以自己的全部身心感觉到彼德里克的种种忧虑和不安。孩子们之间确立了诚挚的友谊。我们送给彼德里克一本大的纪念册，每个人都给这个孩子画了一张画。我们还和彼德里克一起为这些图画写了故事。

和这个生病孩子的精神交往成了进行情感教育的独特的学校。和彼德里克最初几次的会面已在少年们的心灵中引起深刻的同情：少年们感到，这个孩子不能像每个健康人那样认识许多事物。塔尼娅谈到"森林的黄昏"时，彼德里克向她提出好多问题："啄木鸟是怎样的？森林怎样呼啸？阳光在草上怎样闪烁？凉爽的森林的气息是怎样感觉到的？猫头鹰在哪儿度过白昼？小溪怎样发出潺潺声？"孩子们听了都非常激动。他们满怀着忧虑，因为彼德里克不能到森林里去，无法领略森林的美，无法聆听森林的宁静和森林的音乐。

"我们带你到森林里去。"托利亚说。彼德里克急切地期待着去森林旅行的日子。少年们找到了一辆橡皮轮的小推车，让这孩子坐在车上，把他带到森林里去。这时候，这些少年的心都满怀着做好事的愿望。在这风光绮丽十分美妙的地方每个人都想介绍彼德里克看些什么。大家把他带到充满阳光的林中空地。彼德里克看到了啄木鸟，第一次听到森林的呼啸，感觉到**凉爽的森林的气息**。

一二年级的学校课程彼德里克是在家里学的。我们大家都当他的教师。夏天，少年们帮助彼德里克治病。令人高兴的这一天终于来到了，这个孩子机体的活力战胜了疾病，彼德里克能够站立了。他迈出的每一步都在我的学生心中产生反响。现在只要到森林去旅行，每次都有彼德里克。他自己走一段路，我们推着他的车走一段路。当我们要到他力不胜任的远处去旅行时，总有一个少年陪他一起留在家里。

灵敏的情感仿佛打开了人们的视野，而共同的感受则使人们在最一般的表示担忧、沉思、惊慌的眼神中感觉到别人的不幸。由于我的学生在童年期、少年期和青年早期已经经历过情感灵敏性的训练，他们能觉察成年人和儿童的孤独，从而对他们充满同情，变成他们的朋友。他们发现已经退休的彼得·帕纳索维奇医生十分孤独。他的妻子死了，他把妻子埋葬以后就搬到我们村子里来住。每星期他都捧着鲜花到邻村他妻子的墓上去。到森林里去旅行的时候，少年们了解了这件事，看出这位老人忧郁的眼神。老人为了把一束玫瑰花或者矢车菊放到他亲人的坟上去，每次要走 30 千米路，这种深切的感情使少年们十分感动。少年们和彼得·帕纳索维奇交上了朋友。他们帮老人栽花，偷偷地把花送到这位医生妻子的坟上，以便给彼得·帕纳索维奇带来快慰。

和这位老人建立友谊的岁月对少年们的思想和感情都产生了深刻的影响。他们对人们之间的诚挚关系显得更为敏感和更易于动情。他们了解到三年级一个女学生的家庭中发生了不幸。女孩子的父母亲离婚了，她留在奶奶那里，而她的刚满两岁的弟弟则住在外婆家里。小姑娘难受极了，她想和她的弟弟住在一块儿。有一次她到弟弟那儿去，但弟弟却已经不像平时那样高高兴兴地来迎接自己的亲姐姐，而是用不安和警惕的眼光望着她。"尤尔科已经把我忘了，"——她对女同学们说。这句话使女孩子们非常震惊。

"为什么人们要互相为对方制造痛苦，给对方带来不幸和委屈？"当我们到森林里去旅行坐下休息时瓦里娅问道——"为什么他们把拉娅和尤尔科拆开？为什么常常有狠心的父母亲？"假如少年们对别人的痛苦无动于衷，假如不把别人的痛苦挂在心上，那就不会提这些问题。

表示共同感受的范围逐渐扩大——从少年在自己周围所看到的现象扩大到住得很远的那些人。假如在我们的日常生活中没有进行共同感受的教育，那么少年们对世界上正在发生的一切都会漠不关心。教师言语的力量，教师的话对学生精神世界的影响，"用动词来点燃人们的心"的本领取决于共同感受培养起来的是怎样的情感素养。

学生所理解的科学真理和科学规律越多，他们的智力财富越是可观，那么对于他们来说，认识人的精神世界、确立人的高尚情操就越显得重要。少年对文艺作品的领会也取决于生活中的情感教育，取决于对别人的欢乐和不幸所表示的共同感受的深度。只有当情感和道德素养的种子通过细腻的情感—道德关系播种到少年们的心灵中去的时候，文艺作品才能起到培养情感和道德素养的作用。这是对少年进行正确教育的极其重要的条件。

2. 善良感情的物质表现

每一个少年应长期坚持把自己善良的感情贯注到劳动中去，并以高尚的动机使它富有人性。按我的意图，劳动应当造成这样一种环境：它能使少年们更敏锐地感觉到别人的精神世界。

每年 1 月份的第一个星期我们庆祝姑娘节，早在姑娘节的几个月以前，一位男同学在树林里挖了一株铃兰的根，把它埋在冻土中，然后移入温室，等它开花。对善良感情的这种感受本身就逐渐成为劳动的目的和动机。为了一刹那的幸福感，一个人要劳动几个月，劳动的巨大教育力量就在这里。这一刹那仿佛使人在情感发展和道德发展方面提高到一个新的阶段。这一刹那在一个人的心中留下了深刻的痕迹。每一个少年都在感受着那最美好的情境的一瞬间，在这种情境中，一个人深刻地了解了别人的内心精神世界。在姑娘节的前夕，这位男同学久久不能入睡。他梦见充满喜悦的女孩子的眼睛。当这个男同学把这束鲜花献给一个女同学的这个难忘的一瞬间，他们两个人的心灵都互相敞开着。形象地说，这时候人的精神像"挺身而出"那样焕发光彩，充满了自豪感，准备去做好事。

当少年面前出现了地平线，当他注意了"世界问题"而可能忽略别人时，要使"为了人们的欢乐而劳动"这样一种人性成为少年时期个性的基础该是多么重要啊！我所关心的是使每个少年在劳动中找到个人情感和美感生活中的丰满而又快乐的领域。童年时期每个孩子已经在双亲宅边的自留田里开辟了自己的"玫瑰园"。形象地说，这块地方还是一扇小窗，通过它来揭示人的情感—美感世界。要是没有几十扇这样的小窗，学生就会像生活在黑暗之中，在他们走向生活的时候，他们在情感、美感和道德方面就可能表现得粗野、冷漠和无知。要是没有鲜花，我不能设想有完备的道德教育。每一个男女学生在"玫瑰园"里从事劳动，我认为这是教育的重要手段。栽培玫瑰树、体验第一朵花开放时的喜悦心情、把鲜花献给别人、感受这一瞬间激动人心的幸福这些过程对培养新人是这样的重要，正像耕耘田地、培育庄稼一样，体验到紧张、汗水、老茧以及劳动所带来的愉快。

一个人感觉的细腻、他在情感上的感染力、强烈的感受、关切、敏感、同感、洞察别人的精神世界——所有这一切首先会在家庭中，在和亲人的相互关系中遇到。这里需要寻找人的高尚精神需求的情感—美感源泉。培养人道主义是这样开始的：在婴儿眼里，母亲是世界上最亲、最爱、最美的人。然而要获得善良的感情却要耗费大量的精力作为代价。少年应当通过劳动来获得善良的感情，并使这些感情体现在物质财富上。

在二三年级（有时在一年级），每个孩子都要在宅边的自留田里种上"母亲苹果树"、"父亲苹果树"、"爷爷苹果树"、"奶奶苹果树"。提出这种劳动需要非常注意分寸，非常敏感，因为不是每个孩子都有自己的母亲和父亲……当然，孩子也可能忘记这是树，如果不提醒他的话。

岁月流逝，孩子们都在成长。小树也长大了，快到结果实的时候了。孩子们为之劳动了许多年的那个幸福的时刻就要来临。春天，当树上开始结果实的时候，孩子们已经激动地和我谈论在"母亲苹果树"上将会结多少苹果。也许还未曾有过其他能使儿童如此激动地等待它的成果的劳动，因为他们在劳动中看到了他们自己的力量。

在7月的一天的黎明，斯拉夫卡到我这儿来。他说："让我们一起去看看，苹果是不是熟了。"我们走进他的小园子。在"母亲苹果树"上的苹果已经变红了，可能，还没有完全成熟，但斯拉夫卡已急不可待。他走进小屋，拿来一只钵子，小心翼翼地摘下几个苹果。他把苹果送给母亲。我从未见过这个孩子感到这样的幸福。在那个时刻我想："如果说你的学生正感受着为人做好事的幸福，那么，你这位教师就是最幸福的创造者。"

3. 世界上正在发生的一切都与我有关

在儿童的生活中往往有不少这样一些难以捉摸的情感意境：周围世界的事物和现象可能震撼心灵，也可能丝毫不被觉察，这一切完全取决于儿童用怎样的眼光来观察世界。让他们用敏锐的眼光去观察世界、教会他们去感受观察的喜悦和忧虑，这是情感教育、美育和德育中的最细腻的东西。我努力使每个人都能珍视某种东西，保护某种东西，关心某种东西。培养高尚精神和人道主义是与美、美感、崇高感不可分割地联系在一起的。然而，如果孩子的双手为了自己和别人的欢乐什么也不去创造的话，那么，你给他们现成的供快乐和享受之用的东西越多，那么他们观察到的东西就越少，对生动而又美好的东西就越是漠不关心。

当我的学生第一次在校园里走的时候，我要他们注意一棵小橡树，这棵树不知怎么的就长在小路旁边。我们停住脚步。"孩子们，你们看一看那棵长在路边的、树叶茂盛的橡树，"——我说道，——"这棵小橡树也能长成参天大树，可是它命运不济。看见吗，有人用脚踩过它细嫩的幼枝，但是它还很挺拔。这棵小橡树还是有救的。"孩子们看到了刚才他们漠不关心地从其旁边走过的那棵树。他们产生了一种受到激励和渴望亲近的需求。拉丽萨温柔地抚摸着满是灰尘的小叶子说："小橡树，你痛吗……"孩子们用不安的祈求的目光看着我，问道："那么究竟怎样救它呢？"这时，对他们来说，那棵小的橡树已经不是阳光下上千棵橡树中的一棵，而是世界上惟一的一棵小橡树。我们拿来铲子，挖出一块大土团，连根带土地把细嫩的小树搬走了。我们在一个安静宽敞的角落里挖了一个坑，把带土团的小树种下去，我们这棵小橡树这就没有危险了。孩子们心里怀着珍贵的，惟一的思想回到家里。第二天孩子们一到学校就马上跑去看**自己**的这棵小橡树。

人观察世界的能力不是天生的，它是通过劳动和人们之间的关系获得的。这是一种用心灵参加的劳动，要是没有心灵参加，单纯的劳动不能培养出这种能力。

我的每一个学生都要找到世界上某种惟一的、珍贵而又独特的东西。他们每个人都关心着活生生的美好的东西。使孩子们受到激励和感到亲近的事物和生物越多，他们领悟周围世界的现象就越敏锐。每年我们在一小块试验田里播种小麦。在我们的精神生活中，收小麦成为一个劳动的节日。孩子们小心翼翼地剪下麦穗，担心别让一颗麦粒掉到地上。但从目前来说，这种担心还谈不上是公民感。对儿童来说，一小颗麦粒还不是社会财富，而是一种生物。只有当人的视野扩大以后，才能逐渐确立公民感和用公民的眼光来观察世界。但是，假如一个人在童年时期没有什么对他来说是最珍贵的东西，那么这个人就不能成为一个真正的公民。

我努力使少年们不要对那些应该使敏感的人焦急不安的事情漠然置之；使少年们对邪恶毫不妥协的感情和肯定善良的意向得到发展。务必使少年对那些似乎与他个人无关的事情表示个人的关切，否则，要培养高尚的情操和造就一个公民是不能想像的。务必使少年的心在面对漠不关心、麻木不仁和降低人的尊严时因痛苦而颤抖，务必使对邪恶的应有的愤懑鼓舞他们作出诚实、高尚的行为；否则，要进行完备的道德教育是不能想像的。把每个少年引导到为正义和善良的胜利而斗争，这是道德教育、情感教育和美育的非常重要的规则。

我的学生们建立了少年保护大自然小组。他们注意观察：是否有人想要破坏绿化？是否有人破坏森林和果园？在严禁捕鱼的时期是否有偷捕者在活动？是否响过枪声？是否有野鸭血或是鹌鹑血洒到草地上？有时候，这种保护大自然的旅行完成得很顺利，少先队员们回到自己年长的同志那儿时愤慨而又激动，因为他们预先发出了警告，或者在坏事发生后了解了真相。在这些情况下形成了非常有价值的情感意境。

4. 高尚的情感激动

一个寂静的秋天的傍晚，少年保护大自然小组组员柯利亚、维佳、谢尔盖、万尼亚来到教员休息室。万尼亚上气不接下气地说："他们坐着汽车来的……锯了一棵橡树。"从他条理不清的叙说中我们听清楚了下面这件事：几天以前少年保护大自然小组组员们在森林里发现一棵橡树，在这棵树的下部有很小的一圈树皮（几乎是觉察不出的）被剥去了。这棵橡树枯萎了。以后用同样方法又把另外两棵橡树**也给扼杀了**（这是柯利亚的话）。这个事件使所有的少先队员都焦急不安。很清楚：有人在破坏树木，目的是要使它们枯死，便于以后把这些树锯下来运出去。少先队"无敌"中队郑重地发誓一定要找到这些罪犯。今天，在光天化日之下，一部汽车开进了森林，两个人开始锯一棵橡树，第三个人到别的地方去了。使孩子们震惊的是：在破坏树木的人中间，他们认出了一个是畜牧场的场长。他们多次听过这位畜牧场场长谈论爱国主义和公民天职这一类娓娓动听的言论。这究竟是怎么回事？现在怎么能相信这个人？这些偷伐者尚未锯倒第一棵树，就放下锯子和斧头，来到林中草地坐下吃午饭了。第三个人也来了，这是汽车司机，他去过什么地方？三个人在一起又吃又喝。以后就躺在草地上，大概是睡着了。孩子们从自己藏身的地方走了出来，拿走锯子和斧头，从汽车的车身里找到了绳子。他们把所有这些东西缚在一起，扔进沟壑，还在上面撒上一层土。而在汽车车身上写上"窃贼"两个字。

孩子们按自己的方式惩罚了罪犯之后，现在有些后怕了：是否这些人会控告他们顽皮淘气或者甚至是胡闹行为。我在他们的眼神里既看到对坏人坏事的怒火，也看到他们的犹豫不决。孩子们似乎在问："我们做得对吗？"我好不容易抑制住自己的喜悦心情，对他们说："真是好样的，孩子们！当你们看到犯罪行为、欺骗手段和口是心非的行为时，始终要照良心所吩咐和要求的去做。良心永远不会出卖你们。要成为维护真理的真正战士。罪犯将受到惩办。除此之外，他们还要为毁掉的每一棵树自己动手栽种 10 棵并且养护数年。"

孩子们由于受到我的表扬而欢欣鼓舞，他们交出了汽车钥匙，于是罪犯很快就被截住了……

孩子们照良心所要求的那样去做了，而良心——这是感情和认清公正的乘积。孩子们的这种举动无疑将永远在他们的心灵中留下痕迹。再有几个这样的举动，少年们就会成为道德上成熟的、刚毅的、对邪恶毫不妥协的人。

我一直有点儿担心，生怕压抑少年们心中的热情，生怕散布冷漠的情绪，生怕扑灭愤慨心情的火花。任何时候也不要对年轻的心灵迸发出来的真诚的热情置之不理，任何时候也不要去动摇他们对世界上最宝贵的东西的信念，它作为指路明灯，照亮了年轻人生活的道路——这是对共产主义理想的信念，是相信最**公正的真理**（柳达的话）**必胜**的信念。生活的视野让我们看到的人的道德面貌，取决于这个人在面对邪恶的时候是怎样表现的。

有一次，少先队"无敌"中队的孩子们遇上了坏人坏事，他们干得更为果断。早春时节，禁猎候鸟，但他们看到两个打了许多野禽的猎人。这伙偷猎者感到疲倦了，他们给自己安置好休息地就睡着了。孩子们拿走了猎枪、弹药，还有一袋很重的东西（后来才搞清这是用来把鱼震昏的炸药），他们把全部东西都抛到水里。在离这伙睡着的偷猎者100米的地方，孩子们用芦苇燃起篝火，并且把十来发猎枪子弹抛到篝火里。也许会有人对少年们的淘气行为而表示愤慨。也许会要求他们："不要这样做。比方说，你们应该到村苏维埃去，或者，至少应该到学校去，控告他们犯了法。"然而在这个要求中有着假仁假义的东西。它似乎教导少年们："看到坏人坏事后，要好好看住他们，记在心里，也可以用笔记下来，告诉大人，让大人去考虑怎样处理……"如果一个少年这样做10次、20次，他长大以后，就是一个冷酷无情、麻木不仁的人，对所有的人漠不关心。他的生活准则就是对一切都冷漠无情、不偏不倚、谨小慎微。他会考虑："如果亲眼看到违法行为，是应该表示愤恨呢还是不愤恨？"他会从对自己本身是否有利、是否合适的立场学会控制感情。这样的人是可怕而危险的，因为他们会干出背叛和背信弃义的行为来，在复杂的环境下这种人是不可靠的，对他们来说没有任何宝贵的、神圣的东西。

在生活中经常有良心的感召，也有最高尚和最有理智的情感，生活中常常通过愤怒和愤慨来确认正义性。我认为重要的教育任务在于，要培养和训练自己的学生细心地去感受种种现象，这些现象就其性质来说首先会对感情产生特殊的影响。在这些现象中包括：一个人给另一个人带来痛苦和苦难，破坏那些在学生看来是神圣不可侵犯的道德规范。从成年人的观点来看，学生遇到的坏人坏事可能是无关紧要、微不足道的，然而要知道儿童和少年有他们自己的活动范围和他们自己的衡量善恶的尺度。不仅需要看到儿童感兴趣的领域，而且需要深刻地看透儿童、少年的思想，体验他们的感情并为他们的忧虑而焦急。共同的感受，这是在学生心目中理解您道德面貌的情感基础。少年是从您怎样对待他的对邪恶的愤慨心情这一点判断，您是怎样一个人。形象地说，如果您把一桶冷水倒在熊熊燃烧的篝火里，那么少年心中热烈的声音将被胆怯的思想所发出的冷漠而又谨慎的声音所压倒："是否值得去注意这件事？反正我的过问是无济于事的，我一个人能做些什么呢？"

由于情感上解除了武装，将产生危险的道德恶习——无能为力、自卑感。我认为，在人的情感世界中，如果一个人把自己看做是非常渺小、微不足道的尘屑，这种感情是最可怕的。按这种理解的广义而论，感情上的缺乏教养是形成这种个人道德消沉的根源。

美感的源泉

培养美感素养要求学校生活具有高度的全面素养，特别是道德素养——把人看做是最珍贵的东西。如果在人们相互关系的日常"琐事"中，粗鲁、冷漠和不守秩序占了优势，在这样的环境里，美的最珍贵的东西就会显得软弱无力。

美育是从培养集体成员相互关系中的丰富的内在情感——敏感、亲切、诚恳开始的。在人周围的美和人本身的美和谐地结合的情况下，人们相互关系中的美起着主导作用。儿童还不能用思想、用意识来理解这种美的本质，但是他能用心灵来感觉到美；美对他来说就是公正。公正使儿童的心灵变得高尚，而不公正则使他们变得粗鲁、残酷无情。人的内心世界和人的周围世界之间的协调一致，就是通过感受到公正待遇的欢乐达到的。公正具有奇异的特性，它能拨开儿童的眼睛和心灵去感受美。不公正则仿佛用冰制的铠甲把年轻的心灵裹住，因而心灵就变得迟钝，对美置若罔闻。在家庭和学校里，起决定作用的是公正还是不公正，这一点决定着儿童的心灵状态，决定着他的内心世界与同他在一起生活或参与他的生活的人们之间相互作用的状态。心灵状态是对行为的一种纯粹个人的情感评价，而这些行为在一定程度上与儿童的个性有关。公正培育出具有下述特征的内在的精神境界：一个人具有开朗、敏感的心灵，能够对别人精神生活中最细腻的活动作出反应。对于这样的心灵来说，周围世界的美是形成善良信念的强大源泉。不公正会导致情感冷漠和美感迟钝。

不公正对于少年的精神生活特别有害。少年已经能够对人们关系中的美进行初步的逻辑分析。但他们的概括能力往往会使他们得出错误的结论，认为人道和人的尊严并不是在某种个别场合下受到损害，而是时时处处都在受到损害。

美感的源泉是美的知觉素养。一个人感受到不公正之后，会使高度的美感素养所特有的敏感性变得迟钝。不公正会使少年的神经系统受到震惊，形成兴奋状态，然后转为心境抑郁、无精打采。处于这种状态下，人不能正常地感知事物和现象及其差异和特性，也不能正常地思考。他感觉不到自己周围的人们中间的美，因而也就不去寻求自己身上的美，不去追求人道主义理想和自己行为的善良。

人们相互关系中真正的美——真诚，并不总是很愉快的。说真话常常是充满了痛苦和忧虑，说真话包含着对邪恶的谴责和不妥协。但是，最痛苦的真话会使一个人在心中确立起做一个好人的志向，因为真话就其本质而言，永远不会损害人的尊严。

学校中的公正态度首先表现在对儿童和少年在劳动方面的努力程度作出评价。这种努力程度的表现是很细致、很难捉摸的，往往看不出效果，比如是否掌握了深刻的知识、牢固的实际技能等。他们进行了脑力劳动，作出了努力，可是却看不出效果；而教师只评价效果——知识。儿童就把这种片面的评价视为极大的不公正。我们务必使学生的脑力劳动始终能产生积极的效果——这就是我们在学校工作中贯彻人道和公正精神的艺术。

对学生劳动的努力程度作出公正的评价，能促使学生确立一种信念：他们和他们的老师是进行共同劳动的同志，是志同道合的人。由于有了这种感受，教师和学生会相互推心置腹，赤诚相见：他们心灵相通，人们的优点就不会被那些偶然的、伪装起来的和次要的东西所掩盖。在充满高尚动机的同志情谊的气氛中，儿童和少年的心变得对一切善良的表现都很敏感。他们感觉到人们中间存在的美，这种美就会在他们的心中确立对善的信念，儿童把教师提出的要求看做是真正的朋友、同志和志同道合者的忠告；如果少年也能这样来领会教师的要求，那对学校工作就非常有利。我坚信这是培养自觉纪律的基石之一。学生在专心致志地从事同志式的共同劳动时，会充分显示出自己身上所具有的道德力量和意志力。他的个人意志不会减弱；相反，他会鼓起自己的精神力量来达到目的。这个体现真正的教育的重要规律在实践中表现为，教师很少使用禁止的办法，几乎总是通过以身作则来鼓励和引导学生。这就是培养坚强意志的全部技巧的"秘密"。一个好的教师之所以很少使用禁止的办法，并不是因为他对坏事视而不见，而是一心引导学生做好事，鼓励他们努力做一个好人。

如果每个人都努力要做一个好人，那么每个人的个性会在集体中显露出来。这里指的不仅仅是每个人都表现出自己的力量和才能。他们还显露出个人知觉方面的特点、就教师对行动和行为的评价所作出的个人内心情感反应。这种反应是人们关系中的美的重要因素。由于他要努力做一个好人，即使教师表现出愤怒、激情、痛苦和忧愁也不会被理解为不公正。相反，教师的这些心灵活动会在学生身上激发起一种愿望——成为一个更好的人，并使学生体会到教师是公正的。

如果您想成为一个真正的教育者，请您首先要在年轻的心灵面前表现自己身上作为一个人所应该具有的美——这一点是很重要的。这里指的不单是要体现教师以身作则这一巨大的教育力量，还要使儿童和少年懂得并感觉到自己的老师在日常工作中所表现的作为一个人所应该具有的美：细腻的情感和情感素养的美。真正的教育者是一个情感领域宽广的人，他能深刻地感受欢乐和忧愁、悲伤和惊恐、愤慨和恼怒。他很少提高嗓门大声叱责。焦虑、忧愁、惊奇、痛苦、愤怒（教师和任何一个有情感素养、有教养的人一样，有权发怒）——所有这些感情和几十种与此类似的感情表现，儿童们都是从自己老师日常所说的话里感受到的。要使儿童们能体验到这些感情，一个真正的具有人道主义的教师并不需要进行专门的演说训练。我认识一位优秀的教师：他即使在愤慨的时候，也几乎是低声说话，而全班学生则屏息静听他的每一句话。这并不是对嗓子作某种专门的"调节"。这是发自内心、来自感情内在的高度教养。如果教师想使自己的学生在他身上感觉到作为一个人所应该具有的美，那他就应该努力使学生经常感觉到教师对他们的行动、对他们的行为所作出的细腻的情感审美反应。这种反应也就是用体现人类美的人道精神和公正态度来进行教育的强大力量，如果没有这种力量，学校就不成其为学校了。学生就是从教师的这种反应中，从教师丰富的心灵活动中感觉到他的个性。

在有些学校里，儿童们不理解、也感觉不到教师身上的人的特性，他们毫不同情和理解教师工作中的困难。儿童们往往用花样百出的淘气行为使身心疲乏、神经激动的教师感到厌烦；教师"失去了自制力"——大声叱责……这是人们相互关系中修养很差的基本特征。凡是出现大声叱责的地方，就有粗鲁行为和情感冷漠的现象。大声叱责表现出的是最原始、最本能的反应。每个教师心灵中所具有的情感素养的种子都会在这种反应中丧失贻尽。用大声叱责教育出来的儿童，失去了感觉别人最细腻的感情色彩的能力，失去了对善的敏感性，这后一点特别令人不安。用大声叱责（在家里还要加上拳头、打后脑勺以及其他一些粗暴的行为）教育出来的儿童，会看不到、也感觉不到自己周围的美，他非常冷漠无情，毫无怜悯心，在他的行为中有时会出现往往是人身上最可怕的表现——残忍。

人的情感素养的源泉是教师通过心灵来感觉儿童、少年、男女青年的内心精神世界的能力。孩子有自己的惊恐、欢乐、忧虑和痛苦。具有高度情感素养的教师，会根据眼神流露出来的对思想、感情和感受的反映，感觉到人的内心世界。当一位敏感的教师了解到一个学生有些不顺心的时候，他并不立即去仔细探询或者去安慰他。他要使这个孩子感觉到，教师已经了解他内心的惊恐、忧愁、焦虑和痛苦。当教师确信孩子需要帮助的时候，就和他进行个别谈话。善于进行这种谈话，是情感素养的一个非常重要的特征。

培养用心灵来感觉的能力，是完善教师教育技巧的一个最重要的方面。要去努力洞悉人们话语里反映情感的潜台词。言语像眼睛一样，是心灵的镜子。我学会了在学生的话语中体会出种种最细腻的感情色彩：抑郁、惊恐、忧愁、孤独感、痛苦、懊丧、不满、不安。萨什科家里有时会发生争吵。这个少年深感父亲的冷酷无情给母亲带来了痛苦。我已经能够根据萨什科话语中的细微末节猜度出他家里现在的情况。这个男孩子有时候讲述一本书的内容，这本书使他激动万分，我就以此来确定：他现在是高兴呢还是惊恐不安，也就是说，他家里现在是和平和宁静呢，还是与此相反，他的母亲正处于绝望之中。

教师可以从学生对美的反应中去了解男孩和女孩的心灵活动。一个心境不好，内心为痛苦、屈辱、恼怒和愤慨而颤抖的人，会从自己的情绪出发来感知教师关于善良和公正的谈论，他也会从自己的情绪出发对艺术和大自然的美作出反应。不安、痛苦、绝望、屈辱——这些感情仿佛封闭了把美传给人们心灵的道路。如果人们的心灵中缺少美感，如果不公正的态度使它感到惊讶，使它受到伤害和侮辱，那么，美感所培育出来的真理就成为美丽的词藻。在运用美感作为治病的良方之前，必须调节好人们敏感的心弦，使得美的音乐能在心中激起反响。对一个处于不安、抑郁和绝望状态的人最好能讲一些只涉及他个人的话。在学校集体里应当充满这样一种精神：大家对集体中的每个成员都怀有共同的感受，表示同情和衷心的关怀。这种精神不是一下子就能建立起来的，也不能用某种专门的手段来达到。这种精神萌芽的产生有赖于教师和学生具有共同的情感素养，特别是要求教师能理解并感觉到孩子所从事的智能劳动的全部复杂性和全部困难，要求教师能正确评价学生作出的每一个努力。如果教师根据学生们的情绪来"定弦"，对学生一味包涵和过分迁就，不严格要求和不讲纪律，这种态度和同情精神完全是两码事。对无所事事、懒惰和任性采取放纵态度，这是不公正的另一种表现。在那些存在道德沦丧的地方，不公正就渗透到精神相互关系的最细小的毛孔中，产生出欺骗、阿谀奉承和道德上的不规行为。

大自然和美

大自然的美在培养崇高精神方面起着很大的作用。大自然会在少年的心灵中培养起对事物、现象和人们心灵活动的各种细致的表现和差别的感觉和感知能力。

大自然是善的源泉，只有当年轻的心灵由于人类最高度

的美——善良、正义、人道、同情心、疾恶如仇——而变
得高尚的时候，大自然的美才会对人的精神境界产生影响。
多年的经验证明，凡是对善良缺乏敏感，没有想使自己变
得更好的真诚愿望的儿童和少年，会成为冷酷无情、毫无
心肝的对有生命的东西"开膛剖肚的人"，成为肆意破坏大
自然的人。对人的尊严感反应迟钝，会导致一个人看不见
大自然的美。大自然的美作为进行情感教育、美感教育和
道德教育的一种手段，只有在对个性产生精神影响的一切
手段都和谐一致的情况下才起作用。大自然的美对少年说
来首先是一种美感素养的教育。大自然的美能培养起细致
入微的感情，促使人们感觉人的美。我认为我的教育任务
在于：使学生在童年时期在认识大自然的过程中所获得的
情感——美感财富，到少年时期作为人最深刻的一种需求
进入少年的精神生活；使他们能比童年时期更深刻地认识
大自然的美，这能帮助少年认识自己身上美的和崇高的东
西，有助于确立人的自尊感。在认识大自然绚丽多彩的美
的过程中，孩子们感受到充分乐观愉快的精神力量，渴望
去认识日新月异的美感财富源泉。

　　人在少年时期会比自己道德发展、智力发展、情感发展
和美感发展的任何一个时期，要求更细致、更深刻并在情感
和美感方面更明确地感知周围世界。逻辑地认识科学真理和
科学的规律性，要求在感情上使自己的思想变得更为高尚。
这种从感情上使思想高尚的源泉之一，是大自然的美，因为
对于少年来说，思想的源泉、认识和发现真理的源泉也就是
自然界。在少年时期，对世界美的性质的感知是与深入的逻
辑认识、对事物和现象本质的洞察融合在一起的。逻辑认识

越深刻越细腻，与逻辑认识相联系的智力感情越是明显，那么大自然的美的性质对少年精神世界的影响也就越大。逻辑认识和美感认识的统一，智力情感和审美情感的一致，是少年集中注意力去观察人们、看清人的面貌并感觉人的精神世界的源泉。

在少年面前展现的是这样一些科学真理，诸如物质永恒、宇宙无穷、能量转化、生物和非生物的统一。洞察这些真理的本质，对于少年来说是一种卓越而又异常突然的新发现，他们对这一大堆知识和印象不仅需要深刻地理解，还需要深刻地感受。如果没有这一点，逻辑认识的过程就丧失了灵魂——对理智威力的惊奇感；而惊奇感则是产生求知欲的源泉。需要少年去感受和感觉这些真理，是为了使他们不至于被这些真理巨大的容量惊得发呆，不至于因此而张皇失措。

感受这些最重要的世界观真理的介质和背景是大自然的美。当各种真理和规律的逻辑性为少年们所认识的时候，我就带领他们到树林、花园、池塘边和田野上去，到普希金所说的"冷漠的大自然闪耀着永恒的美"的地方去。在认识过程中少年们产生了激动人心的思想，在这种思想影响下，从情感审美观点来观察世界的能力更敏锐了。我有意识地把物质永恒和物质不灭的思想放在大自然从冬眠状态开始苏醒的时候向少年们灌输。这个伟大的思想使我们感到异常激动和惊奇，我们怀着这样的心情向草地走去。少年们以崭新的眼光看到了春天的大自然。在少年们的智力和情感境界里，生活中的美与关于物质永恒和物质不灭的思想结合在一起了。我发现，在这种情况下普通的、熟悉的事物对孩子们产生了新的、出乎意料的印象。

我一直记得，托利亚、丹卡、柯利亚是怎样睁大了惊奇的双眼观看那夕阳照耀下的柳树的。红柳树丛披上了初春艳丽的色彩，色彩在阳光下变幻闪耀。丹卡说："我们周围充满了生命的活力"。我在这句话里感觉到一种新的、与童年时期完全不同的东西——对美的赞叹。这是思想上出现了一种新的情感——美感色彩。

在生命苏醒时期（初春），在万物生长、生命过程的极盛时期（盛夏）和停滞时期（秋天），少年们到大自然去进行观察，这已经成为他们的美感需要。关于生命是丰富多样的思想加深了美的感知。孩子们用崭新的眼光看到了披上秋装的树林，看到了秋天的阳光闪耀出新的色彩。他们第一次感觉和感受到光秃秃的树林具有独特的美，发现了生命变化的几十种细致的表现。少年们仿佛透过关于物质永恒和物质不灭的思想、关于生命是丰富多样的思想，在寒冷的、结了冰的（这是一些对秋天的色调变化感到惊奇的女孩子用的词）池塘里，在覆盖着白霜的田野里，在枯萎的柳树和杨树中看到了生命。即使是在生命似乎完全停滞的冬季，与大自然进行美感交往的需要，也会把孩子们召唤到树林、草地、田野去。就是在天寒地冻的1月份，少年们也会感到并觉察到树林里的生命。

为了让孩子们确立宇宙是无穷无尽的这一观念，我有意识地让他们在晴朗的秋天去观察灿烂的星空，因为在八九月份我们这个行星在自己的轨道上会碰到大量的陨石，所以在这段时期里夜空被"流星"照亮。关于宇宙是无穷无尽的这一观念最能震撼人们的思想。在9月底天空布满星星的黑夜里，我们坐在芳香的干草上，孩子们望着深邃的苍穹，努力去设想宇宙的无穷无尽。孩子们怀着更为细腻的感情去观察朝霞、晚霞的美丽色彩和浅蓝色的苍穹。在阴沉沉的秋日，天空被灰色的乌云重重地遮盖住了。孩子们欣喜而又全神贯注地望着天空，希望看到某处能露出一小块蔚蓝色的天空。

现在，孩子们以一种新的心情来感觉太阳的美。如果说他们在童年时期把太阳看做童话里的有生命的物体（当时认为太阳藏到地平线下面之后就走进它那奇异的花园里去躺下睡觉了，而幻想中的"铁匠巨人"却在准备明天的工作），那么现在所看到的太阳的美丽就完全是另一副模样了。出现在孩子们的惊奇而又富有求知欲的眼光面前的太阳，是一个正在进行各种神秘活动的威力强大的世界，这个世界是地球上一切生物的源泉。这个发现把关于周围世界的各种新想法渲染得富有鲜明的美感了。孩子们注视着晚霞和朝霞的变幻、绚丽的彩虹、苍穹柔和的色彩在平静似镜的池塘水面上的倒影。美激励了智力的发展，使求知欲更旺盛了。在静悄悄的夏天的傍晚，当我们在欣赏晚霞和倾听大自然演奏音乐的时候，孩子们提出了多少个复杂而意外的问题啊！

在童年时期，自然界首先是以鲜明动人的童话形式反映到意识里的：幻想的翅膀把儿童的好奇心带向遥远的世界。当儿童们看见雪莲娇嫩的花朵从去年寒冷的落叶下破土而出的时候，花朵的诞生这样一个令人惊奇而雄伟的自然现象，以美好的童话形式反映进了他们的意识：太阳公公融化了树上的积雪，一滴热的水珠掉到了地上，融化了冰铠甲，温暖了土地，于是在水珠掉落的地方就长出了一朵花，花儿看到了太阳和晴朗的天空，它惊奇地看了一下周围说："多么美妙的世界啊！"

童年期的情况就是这样。而现在，童话时代虽然尚未过去，但是幻想的翅膀却把少年的好奇心带到了另一个世界：创造出关于美和丑、善和恶的童话。孩子们想像那些遥远的星球、宇宙飞行、人类尚未认识的生命的新形式和能思维的生物。而认识大自然、认识大自然的美，现在已不是通过童话，而是通过思维的智慧来进行了。下面就是柳达的一篇作文。

朝　霞

我喜欢迎接日出。离日出还有很长时间，太阳就预告自己的苏醒。它用自己四射的光芒给黑夜的苍穹涂上了色彩，使星星黯淡无光。天空的色彩在变幻，在颤动。在天地的连接处仿佛出现了一条黑沉沉的深红色的带子，过了一会儿变成橙红色，以后又变成了玫瑰色，浅蓝色，淡紫色，蓝色。是在哪儿，在太阳深处的哪个地方形成了这样动人的美？那儿在发生什么变化？地球上的生命之火是怎样点燃起来的？太阳是否会永远照耀下去？如果太阳一旦熄灭了，地球将会遭到怎样的厄运呢？

太阳从树林后面冉冉升起。彩色的光带熄灭了，天空像雨后的花朵一样呈现出玫瑰色。太阳的光芒已经给树冠披上金装，然而还看不见太阳。瞧，地平线上露出了一点星火，它在扩大，很快就成了熊熊燃烧的火堆。东面的天空在燃烧，火光在青草的露水珠中间闪烁。万物苏醒过来了，万物都在欢迎太阳。雄伟的百年老橡树是太阳创造的。它得到了雨水的浇灌和春风的沐浴。而雨水也是太阳创造的。那风，那娇嫩的草茎，还有那煤、那温热的牛奶——这一切都是太阳创造的。

在这方面，最重要的是求知欲。少年越是深刻地感受到美，他思想上的起飞就越加有力，他也就越是希望通过想像的眼光看到更多的东西。

少年时期多方面的精神生活，要求大自然不再成为培养智力兴趣的某种附属品和设置的环境，而是成为生命的媒介。必须让少年去经常接触大自然，让他们在大自然中生活。特别重要的是使他们的智力活动、劳动、接触大自然这三者达到有机的统一。少年时期的美感认识和了解大自然，要比童年时期复杂得多。如果说儿童只是单纯地欣赏周围环境的美，那么，作为一个少年就不可能不假思索地赞赏美，不去探根究底地弄清美的源泉。我认为，教育的任务在于让少年在与大自然的接触中使他们的智力不断得到发展。为了使少年具有完全合乎要求的精神生活，必须创造性地去接触大自然。务必使少年能用自己的双手创造出某种东西。当然不仅仅局限于这一点。大自然应当成为投放精神力量的场所。每年夏季，我们总要有若干天从早到晚生活在"阳光下的密林"中，这是一个奇妙的角落，在那儿，形象地说，年轻的心灵每一次接触到美，都会激起一种希望知道、认识和思考的愿望。少年在与大自然的经常接触中，要求有越来越多的新发现。我努力让自己的学生与大自然进行这样的接触，以便使他们在发现生命的神秘源泉的过程中，对美更加敏感并激发起他们为智慧、科学和思想而自豪的感情。

在美育和情感教育中，不容许采取训人的做法，也不能人为地使人对美表示感动。只有当教师自己真诚地爱上了大自然的美，才能点燃起少年心灵中美感的火花。但是，只有当学生单独一个人也能欣赏美的时候，接触大自然才可能使他领略到全部美感。我努力使每个男孩子和每个女孩子在大自然中都有自己个人的精神生活领域。为了促使少年们喜爱和大自然接触，必须作出巨大的努力。每个少年都在自己家里布置了"美的一角"。我让孩子们在这个"美的一角"里读书、思考。终于逐渐使每个少年都在大自然里找到某种自己所喜爱的东西：加利娅喜爱井边的那棵枝叶茂密的柳树；萨什科爱上长满野葡萄藤的亭子；季娜爱上了樱桃树林中的一小块空地；柳达喜爱梨树林阴下拥有两箱蜜蜂的养蜂场；而柳芭和莉达则爱上了葡萄园。

艺　术

艺术体现了人类心灵美所经历的时间和空间。正如体操能使身躯挺拔一样，艺术能使心灵舒展。人在认识艺术珍品的同时，也认识了人身上的人性，使自己变得更加完美，从而感到宽慰。人的心灵生活是我们共产主义教育学的最高培养目标。知识、熟巧、劳动、创造——所有这一切都不过是实现最高目标的手段。斯坦尼斯拉夫斯基说过:"现在你们问我:人间的幸福是什么?——是认识。是艺术和工作,是理解艺术。你在认识艺术的时候,也认识了大自然,认识了世界上的生活和生活的意义,认识了心灵和天才。这是最高的幸福。"[1]

如果把学校和教育看做是共产主义建设的一个组成部分,那么,确立人类的幸福就是创造新世界精神财富方面最重要的任务。教育学是人类学,它的基础在实质上就是创造幸福。而在创造幸福方面,艺术起着巨大作用。

艺术对于塑造少年时期的人具有特殊的意义。在认识一切事物的过程中,少年应当感到自己是一个幸福的人,感到充满了创造力。如果在他认识的范围里包括了全部美好的东西,他就可能产生这种感觉。认识艺术是一个广泛的、多侧面的概念。不能把它归结为了解、积累一大堆知识,以便能回答出教师们提的问题和得到分数。当人们为了自己、为了丰富自己的精神生活而去接触美的东西,使自己生活在艺术世界之中,并渴望去研究一切美的东西,这才开始对艺术有了真正的认识。我认为,要使艺术珍品成为少年们的精神需求,使他们努力用最感到幸福、最生气勃勃的心灵劳动——接触美的东西——来充实自己的空余时间,这是一项复杂而又细腻的教育任务。

艺术进入少年的精神世界是从认识语言的美开始的。最通俗同时又最强有力的艺术是文艺作品。认识语言的美是走

———————

[1] 阿·塔拉诺夫:《克·斯坦尼斯拉夫斯基》,莫斯科,儿童文学出版社,1965年版,第172页。

向美的世界的第一步，也是最重要的一步。语言的运用是磨练和培养细腻感情的有效方法。最重要的教育任务在于，在童年时期就要使语言及其多侧面的、愉快而又使人变得高尚的美，成为认识美的东西的取之不尽的源泉和手段，成为内心的精神财富和表达这种财富的手段。如果说我相信教育的强大力量，那么使我形成这个信念最主要的根源之一就是诗歌的美，就是经历数百年的锤炼才达到的人类语言智慧的深度。

我和孩子们到形成本族语的各个源泉去旅行。我们边走边欣赏朝霞，听百灵鸟的歌唱和蜜蜂嗡嗡的叫声，以便引导他们深入到丰富多彩的、人们最易于理解的世界——语言世界——中去。在少年时期，这种旅行具有更深刻的意义。如果忽略了到形成本族语的各个源泉去旅行，我就无法想像会有完备的适合少年的美育、情感教育和道德教育。认识语言的美，会在少年的心灵中产生高尚的自豪感和人的尊严感。在认识语言美的同时，少年开始对一切丑恶的东西感到憎恨。语言美也会培养出对邪恶的毫不妥协和不能容忍的感情。带领少年们到体现本族语的美的各个源泉去，向他们展开这神秘的美，——我认为，这就是进行美育和情感教育的最细腻、最高尚的任务之一。当我和少年们在阳光明媚的日子里坐在荞麦田旁倾听**蜜蜂竖琴**的嗡嗡声的时候，当我向孩子们讲述我所看到的东西的时候，在这种时刻，语言美首先成了我的精神需求。语言在我的心灵中活着、颤动着，大概因此而使语言进入了学生的精神世界。

我们的旅行给少年们带来了巨大的满足。漆黑的夏夜，在黎明之前好久我们就到田野去，**到小麦田里去**（这几个

349

字是某个女孩子首先使用的，现在已表示本族语美的复杂的情感色彩），我们去的目的很简单，就是为了欣赏朝霞的美。本族语的源泉仿佛是顺便发现的，但是少年们却是全心全意地在研究它。4次旅行的情况永远留在我和我的学生的记忆中。无比美丽的田野，一望无际的蔚蓝色天空把我们迷住了。"假如我们今天不到田野来的话，我们就不会知道，世界上竟有这样迷人的美。"第一次旅行的时候柳达这样说。由于看到了周围世界的美而激动异常、心旷神怡的少年们，很想发现这种美的精细入微的地方，发现它的各种色彩和变化。在这种时候，一个人也就很想把自己的感情表达出来，找到与别人进行交流的用语，交流的目的正是为了把自己的惊奇和赞美告诉别人。当我看到这种愿望在少年们的心灵中成熟的时候，我就向他们揭示语言的美。

少年们听着令人激动的富有诗意的叙述，在想像我们所看到、听到、感觉到和体验到的那些东西的充满情感的形象。

世界上难道还有比日出时晴空中的色彩变化更美的情景吗？露水覆盖的小麦田也在变化着色彩。这亿万颗露珠反映出天空色彩的变化。麦穗悄悄地向大地弯腰，飘来阵阵麦香。这种香味是独一无二的，其他任何东西都不可能发出正在成熟的小麦的馨香。这是太阳把能量注入了自己的生命仓库、热能仓库和欢乐仓库。成熟的麦粒的馨香使人想起了夏日的炎热和树林里的凉爽，想起康拜因的喧闹声、傍晚时分少女们响亮的歌声，想起美味可口的刚出炉的大圆面包……这就是我们的小麦田……

我们侧耳倾听寂静的草原。起初，她像这些田野一样广阔无垠。一切仿佛还在沉睡。但是草原已经苏醒了，正在等着太阳升起。你们听到了蚱蜢的歌声吗？蚱蜢在欢呼跳跃：阳光很快就要使露珠变化色彩了。蚱蜢坐在麦穗下面演奏它的微型小提琴。它觉得田野是那么广漠无涯，就像我们觉得宇宙空间的无边无际一样。也许蚱蜢正在歌颂自己的广漠无涯的世界。你们听到了轻轻的颤动声吗？这是百灵鸟苏醒了。她抬起翅膀，抖动了一下。她在倾听我们说话。她默不作声，保持高度的警觉。你们听到了沙沙声吗？这是百灵鸟在麦茎之间跳动。她并不从自己的窝边飞向天空。看见了吗！她已经在空中了。看，她像一个灰色的小点点在上升。看见吗，她变成了淡红色。这是她在迎接太阳。金色的光芒已经在那儿，在高空闪耀了。她已经看到了太阳，在为太阳而歌唱。

我们满怀喜悦地在欣赏大自然的美。我的话帮助孩子们理解、感觉和感受他们希望理解、感觉和感受的东西。这是一种最细致的教育现象——理解语言的情感色彩。我知道，它将留在孩子们的心坎里。以后，不管柯利亚听到还是读到"草原的早晨"、"朝霞"、"日出"这些词句，他就会想到这个早晨。语言必将在他心灵最敏感、最隐秘的角落里唤醒一种感情——人类表现欢乐的生气勃勃的活动，对语言美的享受。

人们永远不会忘记到"森林的黄昏"去旅行的情况。炎热的 7 月的一天，我们到森林里去，寻找人的足迹似乎从未到过的角落。不知什么时候被暴风雨折断的树干上长满了青苔；神秘的峡谷被树冠覆盖；从峡谷底下传来依稀可辨的小溪的潺潺声；在森林深处，野鸽子在唱歌，布谷鸟在"布——谷，布——谷"地叫；树木簌簌作响；躲了一天在等候黄昏到来的夜鸟被我们吓得展翅高飞，发出沙沙的响声，——少年们都在屏息静听。他们希望看到、感觉到、并体验到这一切。我给孩子们讲述森林里的泉源、泉水、神秘的森林生活，语言作为人民最宝贵的精神财富也就在这种情况下进入少年们的心灵和情感记忆里。语言不仅帮助他们更好地发现、理解和认识周围世界，还能鼓舞人，激发人们的欢乐感和自豪感，因为人们感到我是一个大写的人，我在感觉、体验和思考。

理解语言的情感色彩——不仅是艺术的入门，也是少年们丰富而有意义的智力生活的开始。这就是我提出的"语言鼓舞人"这个概念的内容。当一个人感觉并体验到语言最细微的色彩、气味和情感涵义的时候，他似乎把理智从昏昏欲睡中唤醒过来。我多次发现，当佩特里克接触到语言的某个他以前所不知道的侧面而感到惊奇和激动的时候，他那慢吞吞的、有惰性的、几乎是十分懒惰的思想转变了：他变得细心好学，他能发现以前所不注意的东西，能对以前从来不去想的东西进行思考。对语言的理解为思维提供了能量。理解语言是阅读文艺作品的前提。只有当语言铭刻在逻辑记忆和情感记忆里的时候，阅读才会成为一种精神上的需求。当我们把一本书，譬如说，依·涅楚依—列维茨基的《米科拉·哲里雅》①、果戈里的《塔拉斯·布尔巴》，或者沃·柯罗连柯的《盲乐师》，放到少年手里并对他说："读吧！"之前，必须把他引进艺术的大门。除了到形成本族语的源泉去旅行之外，我认为，讲述文艺作品具有很大的意义。如果不是通过这种方式把少年引进艺术的大门，阅读和听语言的音乐不可能成为少年的精神需求。讲述文艺作品要求教师具有高度的情感素养和美感素养。在这方面往往会产生一种矫揉造作的情感和追求词藻华丽的危险。

有时候，我们集合在"美的一角"、"童话室"，或其他环境优美的地方，由我来讲述文艺作品。这些讲座是专门研究中、短篇小说的，有果戈里的《圣诞节的前夕》、坡·米尔内的《当牛槽满着的时候，难道牛还会叫吗？》、依·屠格涅夫的《阿霞》、阿·契诃夫的《草原》、姆·科秋宾斯基的《昂贵的代价》、列夫·托尔斯泰的《哥萨克》、艾捷尔·丽立安·伏尼契的《牛虻》②、赫克特·马洛的《无家的人》③、马克·吐温的《汤姆·索亚历险记》、尤利·凡尔纳的《神秘岛》、维克多·雨果的《被遗弃的人》、勃·波列伏依的《真正的人》、高尔基的《伊席吉尔婆婆》、奥·冈察洛夫的《大地轰鸣》。少年们从文艺作品中了解到一系列人物的生平和斗争：乔尔丹诺·布鲁诺、汤姆·闵策尔、谢

---

① 依·涅楚依－列维茨基（1838～1918）：乌克兰作家、教育家，他真实地描写了改革后乌克兰农民的生活。——译者

② 艾捷尔·丽立安·伏尼契（1864～1960）：英国女作家，长篇小说《牛虻》的作者。——译者

③ 赫克特·马洛（1830～1907）：法国作家，少年儿童长篇小说《洛曼·卡克多尔》、《无家的人》、《在家里》的作者。——译者

尔盖·拉佐、伊万·明恰夫·瓦佐夫①、伊万·博贡②、亚努什·科尔恰克、费利克斯·捷尔任斯基、亚历山大·马特洛索夫、卓娅·科斯莫杰米扬斯卡娅、尤利乌斯·伏契克、霍斯罗夫·鲁兹别赫。

孩子们都以迫切的心情等待着文艺作品讲座。

当我需要把某种思想灌输到年轻的心灵最隐秘的角落的时候，当我需要向他们揭示创造丰功伟绩、表现英雄主义和舍己精神、发扬真正的人道主义的伟大而又崇高的精神时，我就给他们讲述文艺作品。我认为，这比任何方式更能发挥出教育者的力量和语言的力量。

在讲述文艺作品的那种气氛里，我们互相之间更加接近了，我们精神上亲密无间，我们的讨论富有诗意。我们不希望在讲述文艺作品时在我们中间出现"外人"——别的集体里的人。我们很愿意在冬天的黄昏听文艺作品的讲述。我们也喜爱在夏天和秋天静悄悄的傍晚讲述文艺作品，在这些作品中充满了善与恶的斗争、人道和正义的胜利、纯洁而又高尚的道德的胜利、人类高尚感情的胜利。我尽量通过作品来培养人们忠于崇高目标、忠于劳动人民理想的思想。我努力使道德美成为纯粹个人的、极为珍贵而又不可动摇的理想。当少年们感受到道德的美，他们就奋起实现宏伟的目标。在讲述文艺作品的时候，每个少年比任何时候都更感觉到自己

---

① 伊万·明恰夫·瓦佐夫（1850～1921）：卓越的保加利亚现实主义作家，为保加利亚摆脱土耳其的压迫而斗争的参加者。——译者

② 伊万·博贡（出生年月不详，卒于1664年）：乌克兰政治活动家，1648～1654年乌克兰人民解放战争英雄，波格丹·赫米尔尼茨基的最著名的战友之一。——译者

是一个真正的人。

　　我一直记得那个天黑得很早的 12 月份的黄昏，孩子们第一次听高尔基的童话《伊席吉尔婆婆》。丹柯的形象使少年们感到深深的震动。我在他们的眼睛里看到了正在思考和激动不安的细腻表情。我看到了托利亚的脸，这张脸充满了作为一个人的自豪感。我知道，这些天他家里发生了不幸：他妈妈被遗弃了，因此而痛苦万分……这个男孩子看到的和听到的东西太多了，超过了他的年龄，那个给他母亲带来痛苦的人十分无能，这使他非常愤恨。少年的心灵中很有可能产生这样一种想法：邪恶取得了胜利……可是丹柯的心发出的熊熊火焰驱散了托利亚心头沉重的思想和感受。丹柯对人们的无限忠诚使托利亚激动万分，他为人们感到欢乐。确实，人道向他揭示了一条真理：邪恶是不可能取得胜利的。善良的胜利要求人们嫉恶如仇并无限忠于崇高的理想。

　　我发现尼娜的眼睛闪闪发光，那是被她内心的火焰照亮的。她一直在为母亲所受的折磨而苦恼。不久之前我和这个女孩子谈了一次话，我感到非常吃惊，她的一个想法使她年轻的心灵惴惴不安：她似乎觉得大家都在等她的母亲死去。当时我找不出话来安慰尼娜，驱散她心头的不安。我的心始终在担忧，我想："如果女孩子确信自己的想法，更何况现在这种想法有一定的根据，那么她可能对善失去信心，变得凶狠起来。凶狠一旦与不公正、孤独、软弱、绝望结合在一起，对于年轻的心灵来说是非常危险的，而对于尼娜这样一个对自己最亲的人充满爱心的女孩子来说尤其是如此。"然而，在崇高道德的影响下女孩子用新的眼光来观察世界了；她的眼睛里流露出一种感受到愉快的启示的神情：善是存在的，善一定会取得胜利。

讲述文艺作品使年轻的心灵对邪恶、谬误和生活中的黑暗面更为敏感，激发起他们对一切与理想背道而驰的现象进行强烈反抗和毫不妥协的精神。我深信，他们在那充满道德美的崇高精神的气氛里，内心所感受到的高尚情操必然胜利，这种信念会增强他们用心灵对周围世界的现象作出反应的能力。正是在孩子们对高尔基的童话《伊席吉尔婆婆》里的各个形象产生深刻印象的日子里，他们对人们所表现的冷漠和自私感到愤慨。他们以蔑视的态度激动地谈论一个40岁的男人，这个人在一个男孩掉到水里去的时候仍然钓他的鱼，甚至没有站起身来，丝毫没有想到要去救人。一位驾车经过池塘边的拖拉机手纵身跳进水里把男孩救了上来。我的学生们早就知道这件事，但当时，这个男人的冷酷无情并没有使他们的心灵激动。而现在他们用新的眼光看待这种行为了，他们愤慨地说："一个没有良心的人怎么能心安理得地在这片土地上活动，怎么能心安理得地睡觉，心安理得地呼吸正直的人们所呼吸的空气呢？"

通过文艺作品的讲述，为孩子们揭开了作品的潜台词和哲理性，这就是那些从来不用文字表达但却能激动人心的东西。在潜台词里往往蕴藏着作品的全部思想精微和作品的艺术感染力。当儿童们听我讲述依·屠格涅夫的《白净草原》这部艺术作品的时候，他们多么希望到大自然中间去，到这位伟大的艺术家所描绘的那个景色美丽的地方去。他们感受到一种欢乐的激动心情：这篇卓越的作品中一个字也没有写到的东西使他们最为感动。这是他们愉快地被这平常的、仿佛毫无特色的美吸引住了，而这种美到处都能见到，人们对它已习以为常，不再引起注意了。

我向 14 岁的少年们讲述阿·契诃夫的《第六号病房》。在剥削制度下残酷的精神奴役和人们的无力自卫——这一切使我的学生们感到异常震惊。

在讲述文艺作品的时候，我特别重视介绍卓越人物的生平和斗争。这些关于人的道德美和英勇行为的故事直接针对着某些孩子的精神世界。对于沃洛佳意志薄弱这一点我只字不提，而我讲述费利克斯·捷尔任斯基的故事首先就是为了他。我认为，只要这个男孩对思想上的坚忍不拔和勇敢精神钦佩不已，那也可以算是在克服教育难点方面取得了某种成绩。这是认识自己的一个必要条件。我并不指望借助于某种方法就能轻易取得成就，但是我认为通过文艺作品来展现道德美的方法具有特殊的意义。如果不是从心底里感觉到道德的伟大和崇高，就谈不上良知和自我教育。

经验向我证明，抒情诗和诗散文并不是培养感情的惟一手段。在情感教育和美育的手段领域里，抒情诗（狭义的抒情诗）处于叙事诗和音乐之间。抒情作品情感丰满，语言精练并具有多方面的色彩，作品形象中包含着深刻的潜台词——这一切都使抒情诗与音乐相类似。不理解、不会感受抒情诗作品和诗散文的人，总是对音乐听而不闻、漠然置之。

我很重视让学生学会感觉诗中语言的音乐节奏。人类心灵最细腻的活动创造了人类的精神财富和巨大成就，少年们如果不对人类心灵最细腻的活动产生共鸣，就不可能使他们的感情变得丰富和高尚。这里说的是体现在世界诗歌优秀作品中的感情和感受。应当培养少年对诗歌作品的情感财富产生共鸣。在大自然中，在"美的一角"，在"童话室"里我向男女孩子们朗读下述作家的作品片断：列夫·托尔斯泰、果戈里、屠格涅夫、契诃夫、帕那斯·米尔内、涅楚依—列维茨基、高尔基、肖洛霍夫。我挑选来朗读的是富有诗意的片断，这些片断是我从小就熟悉的，而且我认为这些作品都是不朽的诗篇，如同荷马、但丁、普希金、谢甫琴科、莱蒙托夫、涅克拉索夫、廖夏·乌克兰英卡和弗兰科的不朽的诗篇一样。

诗歌语言具有各种细腻的色彩，它在少年们的心中激起了渴望了解最光明最美好的事物、了解人类的宝贵财富的愉快感情。他们产生了一种愿望，希望阅读和翻阅艺术散文中一些片断，这些片断虽然没有明确规定的情节，但却能反映出作家的思想和感情，表现出作家对周围世界的细致观察。生活在书的世界里是以此为起点的。

只有在教师的心灵中蕴藏着语言的情况下，才能培养学生对诗歌作品的热爱，培养学生把阅读作为一种精神需要并能体会诗歌语言。朗读抒情诗的时候我总是背诵的。这是直接接触儿童的精神世界的一种方法。对有些学生，需要这样对他们说："你们要关心你们的母亲，减轻她们的劳动，爱护她们的生命。"只有使用充满感情的语言，才能教会他们有敏锐的感觉，而这种语言是以诗歌语言为基础的。我朗读谢甫琴科的长诗《女工》、涅克拉索夫的诗《听到战争惨祸的时候……》，这些诗以诗人灵感的巨大力量激起人们对生命的创造者——母亲——的热爱。我给学生们读了高尔基有关母爱的伟大和美的一些精彩的诗句。

在树林里、在河边和池塘边、在花园里、在草原上，我朗读一些描写祖国大自然的美和表现热爱祖国的崇高感情的抒情作品。这些诗篇引起孩子们对我国遥远的角落、对祖国一望无际的广袤大地的向往。富有诗意地、艺术地认识祖国——这是进行爱国主义教育所必需的最细致的一种做法。故乡某一个小小的、平淡无奇的角落——池边的垂柳、山脚下的樱桃园、披着美丽秋装的粗壮的橡树、长满灌木丛的峡谷，——都被作为祖国的一部分来认识。

我很重视朗读描写人的精神世界的抒情诗。认识感情世界是一个细致入微而又令人激动的认识过程，这个认识过程使人变得目光远大，品德高尚。普希金、莱蒙托夫、涅克拉索夫、谢甫琴科、廖夏·乌克兰英卡、叶赛宁、布留索夫的诗反映出生气勃勃的世界观，他们的诗为少年们打开了那些心灵的角落和那种无法解释不可捉摸的心灵状态。

我永远不会忘记第聂伯河畔橡树林里那种庄严的肃穆。我们坐在洒满秋天阳光的林中草地上，深邃的、**被雨水冲洗得干干净净的**（柳芭的话）天空是湛蓝湛蓝的，傍晚前暖洋洋的空气中传来蟋蟀和仙鹤的鸣叫声。在那样的时刻我朗读了普希金的短诗《我在喧嚣的大街上徘徊》。这首诗使我的学生受到深深的感动。他们感觉并体会到人的感情的伟大和美、人的欢乐和悲伤、人想认识世界和认识自身的愿望。这首诗当即被记住了。一个富有情感素养和美感素养的人必须掌握感情语言，否则是无法想像的，而伟大诗人具有丰富的思想和感情的一个作品就是作为表现感情语言中的一个个词进入了孩子们的精神世界。我高兴地发现，当我把这样的词一个一个地注入学生的心灵中去的时候，他们变得温柔、优雅、富有同情心。

描写爱情、守信和忠诚的诗歌语言具有巨大的力量，它使年轻的心灵变得高尚。当我的学生们身上正在进行着成长为成年男女的神秘过程的时候，我向他们朗读普希金的《我记住这美妙的时刻》、涅克拉索夫的《夜里我奔驰在黑暗的大街上》、谢甫琴科的叙事诗《着了魔的女人》以及其他作家的诗和散文作品的片断。任何说教和解释道理，不管讲得多么细腻，都不可能像诗歌语言那样，把热爱人类美的全部感情的美都带到年轻的心灵中。当一个人把马克思所描述的那个世界里的最纯洁、最隐秘的现象——女人、母亲、生儿育女——看做是神圣不可侵犯的情况下，他才可能认识爱情的美。[21] 如果没有这种认识，人就不可能理解和具备人的素养。如果我们这些教师希望从学校出来的人个个都是有文化有教养的人，那我们就应该向少年期的学生讲清楚这些认识，因为人正是在少年时期发育成为成年的男人和女人。

我高兴地看到，由于少年们懂得了感情，他们每个人都有自己所喜爱的抒情诗、抒情读物和写抒情作品的作者。对我来说，最值得庆幸的是孩子们最喜爱阅读和翻阅诗人的作品。对诗歌语言的热爱反映出我的学生们个人的精神特征。瓦里娅心灵敏感、细腻、富有同情心，于是廖夏·乌克兰英卡和叶赛宁成了她喜爱的诗人。尼娜经常阅读和翻阅谢甫琴科和密茨凯维支的作品，万尼亚喜爱弗兰科。屠格涅夫的《猎人笔记》和奥列西·冈察尔的短篇小说集成了萨什科喜爱的读物。塔尼娅爱上了帕乌斯托夫斯基的描写细腻、富有诗意的中篇小说。每个人家里的藏书成了他们的精神财富，他们都喜爱阅读和翻阅这些书籍，就像喜爱听优美的音乐一样。

音　乐

音乐与抒情诗歌作品紧密相连，它仿佛是人的精神发展的下一个阶段。音乐把人的道德素养、情感素养和美感素养联结在一起。

音乐是感情的语言。旋律能传达言语难以表达的最细腻的各种感受。音乐从词穷的时候响起。如果教师要深入年轻心灵的各个隐秘角落而仅限于语言这一种手段，如果他使用语言之后不再进一步作更细致更深入的工作——使用音乐，那么教育就不可能是完备的。

音乐和歌咏在学校里不仅是一门课程，也是一种有力的教育手段，它应该在情感和美感上美化人的整个精神生活。不会理解和感受音乐，没有把听音乐和从中享受乐趣作为高度的精神需求，就不可能认识感情世界。没有音乐，就难以使一个正在进入世界的人相信人是美好的，而从本质上来说，这个信念是情感素养、美感素养和道德素养的基础。

我认为，务必使这种感情的语言能够为年轻的心灵所接受，教会他们掌握这种语言、听懂这种语言并利用它作为自我表现的一种手段，这是一项重大的教育任务。如果说音乐是一本用感情的语言写成的书，那么这门课程的识字课本的第一页就是听大自然演奏的音乐，认识我们周围所产生的声音的美。我的学生们在童年时期就喜欢听**鲜花盛开的花园和庄稼茂盛的荞麦田演奏的音乐，听春天的草地的音乐和秋雨的音乐**。他们能感觉并体验到周围世界的美，这一点使他们的心灵变得高尚。但是，大自然的音乐不管多么美妙，严格说来，这还不是音乐。这只是字母，只有学会了这些字母，人方能开始阅读这本用感情的语言写成的书。从音乐素养上来说，用芦笛演奏的最简单的旋律，也要比夜莺或百灵鸟最优美的歌声强一千倍。我的学生从童年期起就已经逐步从听大自然的音乐转到音乐创作：演奏芦笛。到了少年时期，只有某些少年才喜爱吹这种乐器。有的人已经对自己的这种喜爱感到害羞了。这一点并不使我惊奇。音乐教育的主要目的不是培养音乐家而是培养人。

学年开始以前我们审查了大纲并且规定，少年们在课上将听哪些音乐作品，在课外将听哪些音乐作品。这并不是什么"超学时的"教育手段。音乐教育的重要性和必要性既在于它是认识感情语言的手段，又在于听音乐已成为一种精神需求。

在少年时期仍然与童年时期一样，孩子们在"童话室"和"理想角"里听音乐作品。然而现在，环境具有很大的意义：最好在选择秋天的傍晚或者户外滴水成冰的严冬组织他们来认识感情的语言，在这样的日子和时刻，人们最能体会感情的语言，其原因大概在于，这时候整个大自然都静下来了，鸟儿的多声部大合唱和树叶的响声止息了，色彩的变化少了，因而人对内心精神世界的敏感程度增强了。每一次音乐晚会照例总是听一部或几部作品。

在认识感情的语言方面最困难的一点是讨论音乐，因为言语永远也不能够彻底解释清楚音乐的全部奥秘，但是不使用言语就无法接近这个表现感情的最细腻的领域。我竭力使言语，即对音乐的解释成为独特的情感刺激因素，这种刺激因素会唤起人们对音乐这个心灵的直接语言（**阿·谢洛夫**的用语）[22] 的敏感。言语应当用来调正敏感的心弦，以便认识这种感情的语言。我准备了一些能表现周围世界某种明显特征的话，而这个特征又是能反映到我们的情感记忆中去的。对音乐的解释必须具有诗情画意，使用的言语应当更接近于音乐。我努力在学生的情感记忆中找到对音乐的解释：我借助言语创造一个回忆往事的情景，这些从情感记忆深处获得的感觉和言语能调好感受音乐的心弦。

作为感情语言来阅读的第一篇材料，也是形象最鲜明的材料，这就是民歌。许多个秋天和冬天的漫长的晚间，我们欣赏了乌克兰民歌。果戈里是这样描写我们乌克兰人的："那个歌唱得最多的民族。"[23] 优美的乌克兰歌曲《巍巍屹立的高山》包含了最丰富的感情，孩子们对这支歌百听不厌。这首歌的含义和精神使少年们倾倒，激励他们从哲学上来认识世界。这首歌的丰富内容就在于它的深刻的潜台词，只有音乐才能用潜台词的细腻情感去影响人的心灵和意识。世界是美好的，永恒的大自然是美好的，但是除了欢乐之外，也存在着忧伤……长在池塘边的垂柳也会发愁：树叶会脱落，水会把树叶带走……以后春天会重新回到柳树身边，可是人的青春却是一去不复返的。但是，人也是美好的，因为人的美犹如光焰夺目的流星一样，光华四射。怎样使少年们具备情感上的动力来认识由感情的语言——音乐所表达的歌曲中的细腻的潜台词呢？我对少年们说："你们回忆一下初秋的那个阳光明媚的日子，那天我们沿着河边游览，发现了一块风景秀丽的地方：静悄悄的河湾水平如镜，河边长着两棵柳树，一棵柳树老态龙钟、满身窟窿、气息奄奄，而另一棵柳树则体态匀称、青春焕发**正在欢唱**（像柳达当时说的那样）。

我们体验到复杂的感情——忧伤和欢乐。树木和花朵不会永生，而生命是永恒的。永生的花冠是人。《巍巍屹立的高山》这首歌所表达的正是我们当时所体验到的感情，不过这首歌表达得更细腻更深刻。"

情感记忆的闸门被打开了，眼睛在发亮，心儿在颤抖。歌曲在年轻的心灵中唤起了更深刻地认识感情世界的愿望。平稳、**宽广**（这是某个女孩子的用语）、短音阶的旋律仿佛托住了那强壮有力的翅膀；人在大地的上空飞翔，看到了奇妙的美景；对美的感受使人们产生了关于永恒和短暂的哲学思想。我面临的是对音乐的富有情感、美感和哲学思想的细腻的潜台词进行认识和理解的神秘过程。歌曲用它那特殊的、只有心灵才能理解的语言对每个少年说："人是美好的，珍惜大写的人这个崇高的称号吧！你的周围是一个美的世界，这种美是永恒的，而这种永恒和美的基础是你——大写的人。"

冬天静悄悄的夜晚，我们欣赏了阿·康·里雅多夫 [①] 根据俄罗斯民歌摇篮曲的旋律创作的《摇篮曲》和作曲家科米塔斯 [②] 记录并整理的亚美尼亚民歌《山鹑》。少年们在阿·康·里雅多夫的《摇篮曲》中听到的不仅是摇篮轻轻的、有节奏的摇动，还有婴儿低微的、平静的呼吸声和母亲的手温柔地、小心地、爱抚地轻拍婴儿身体的声音。没有任何言语能像这首歌曲的旋律那样把一个母亲的感情如此淋漓尽致地表

---

① 阿那托里·康斯坦丁诺维奇·里雅多夫（1855～1914）：俄罗斯作曲家，指挥家，教育家，小型乐曲能手。——译者

② 科米塔斯（真实姓名——索里蒙·盖沃尔科维奇·索果莫年，1869～1935）：亚美尼亚作曲家，合唱指挥和社会活动家。——译者

达出来。母亲的感情是何等的深沉，它们使少年们的心久久不能平静。借助于音乐，孩子们也认识了一个人对另一个人深切、细腻和真诚的态度。当《摇篮曲》轻轻地接近尾声时，我在自己学生的眼中看到了人世间最纯洁的感情——柔情。

音乐"奇妙地触动心灵深处"（高尔基），展示了人们身上最宝贵的东西——对人们的爱、决心去创造美和确立美的基础。我要努力用音乐去唤起的是这样一些感情：温存、柔情、亲切、诚恳。音乐在年轻的心灵中唤起亲切的温存和细腻的柔情，因为音乐能揭示细腻的大自然的美、爱情的美、赞叹的美、惊奇的美、爱慕女人的美。每当音乐的旋律中表现出这种无法用言语表达的、有魔力的和神奇迷人的美的时候，我感到，我的孩子们的心灵毫不掩饰地敞开了，于是他们的心灵对言语、眼神、召唤、请求这些表示显得更为敏感，而这些表示反映人们最细腻的接触中的互相关心和互相体贴的关系。

赞美大自然的壮丽景象的音乐，具有很大的魔力。当我的学生们欣赏科米塔斯的《山鹑》或者柴可夫斯基《第四交响曲》的最后一个乐章的片断时，孩子们的心灵变得愉快乐观，这种对大自然的赞美感染了他们。而这正是产生人类的温存、柔情和诚恳的最重要源泉。

我努力使年轻的心灵能理解人类感情中最细腻的表现——爱情。在少年们精神生活的这一领域内，音乐的教育影响是巨大的。女人的美使热恋的心为之赞叹和神往，音乐能体现这颗热恋中的心灵的召唤，培养未来的妻子和丈夫、未来的母亲和父亲具有浪漫主义的、纯洁的、高尚的柔情。我把理解歌颂爱情的音乐作品这一心灵的直接语言称为培

养未来的丈夫和妻子的情感—美感教育。我在让他们听有关
爱情的音乐作品之前，久久地思考着，我该说些什么，以便
帮助他们理解人类相互关系这一神秘领域里的这种感情的语
言。我关心的是，要让表现爱情的音乐能向年轻的心灵表达
那种无法用言语来表达的感情。我要向少年的老师们建议：
少举行一些关于爱情问题的座谈会、讲演会、辩论会和问答
晚会；让少年们寂静无声地屏息静听表现爱情的音乐吧。

绘　画

　　造型艺术作品能在年轻的心灵中树立人的伟大感和美
感，提高人在自己心目中的地位。

　　他们观赏绘画像听音乐一样，是对他们施加情感—美
感影响的一种复杂的方法。童年时期思维的具体化和形象
性使学生对理解造型艺术的抽象内容感到困难。儿童在观赏
伊·希什金的画《黑麦》的时候，他看到的仅仅是黑麦，要
使儿童能看出某种更有意义的东西——人类的感情世界，需
要进行大量的准备工作。

　　理解绘画的最初训练是直接观察大自然。为了看懂、感
受到并爱上绘画，人们必须在大自然里接受长期的感情教
育。每个人在童年时期都应该学习发现大自然的美，使儿童
的精神生活和大自然之间仿佛被一条条智力的、情感的、美
感的和创造的线路联系起来了。要使认识自然现象和大自然
的美成为他们思想和感情的源泉。儿童惊奇地在一块初看起
来平淡无奇的孤零零的草地或林中空地的前面停住了脚步，
在一丛周围长满琥珀色浆果的野蔷薇或草原上一座笼罩在

淡淡的薄雾中的坟墓面前停住了脚步，——那是儿童由于受到了美的激励而停住脚步。为此我足足等待了好几个月。这种发现美的过程向我说明了很多问题，它首先表明，儿童已经在大自然中找到了某种他自己的、个人的爱好。如果能使儿童比较早地提高到美感发展和情感发展的阶段，那也就能更好地培养他观赏绘画作品的能力。

观赏绘画就是深入地认识事物，特别是认识感情世界。有些画是儿童难以看懂的，这种画就要放到少年时期和青年早期去观赏，但是，在童年期"见过"以后，在整个一生中不再重复观赏的画是不存在的，因为在真正的艺术中没有任何初等的东西。每件作品都是一个取之不尽的感情世界。像希什金的《黑麦》、阿·萨拉索夫的《白嘴鸦飞来了》、伊·列维坦的《金色的秋天》和《小白桦树林》、格·尤昂的《俄罗斯的冬天》、阿·布拉斯托夫的《初雪》，这样一些"初等的"作品，既可以在童年时期、少年时期观赏，也可以放在青年早期观赏；人们每次观赏都可以从画中发现某种新的东西。反复观赏绘画能丰富和发展情感记忆，培养敏锐地感受美的能力。通过反复地感受美，造型艺术才进入少年的精神世界。因此，随着每一个智力发展、情感发展和美感发展的新阶段的到来，教育中要不断使用新的绘画作品，同时也要反复观赏已经看过的绘画。

我的每一个学生在少年时期就已经发现和爱上了自己在大自然中独特的、惟一的角落。平淡无奇、普普通通的池塘、树林、灌木丛、田野，在孩子们的意识中获得了情感色彩。对那些在童年时期就已经熟悉的绘画进行反复观赏是以在与大自然的接触过程中获得的情感财富为基础的。依·奥斯特罗乌霍夫的画《秋色如金》和伊·列维坦的画《金色的秋天》是在初冬薄暮中雪花慢慢地飘落到大地上的时候观赏的。孩子们从画面看到的景色和大自然在当时的情景形成了对比,这种对比是打开情感记忆源泉的补充动因。少年们的心中燃起了一种愿望——希望重新看到活生生自然界的金色的秋天,而不是画面上的。但是这种愿望现在不可能实现,正因为如此,他们对艺术作品的兴趣不断增长。

我努力使我们到大自然去的每一次旅行、每一次接触周围世界的美,都能在儿童和少年的心灵中留下一点儿欢乐。这是重新观赏艺术作品的时候使情感发展达到一个新的阶段的重要条件。艺术的巨大吸引力就在于使人们感受到欢乐。孩子们在三年级,特别是在四年级学习的时候,就已经布置了自己的小画廊:保存绘画的复制品。他们很爱观赏绘画,这使我感到欣慰。这种个人的爱好在艺术世界中是无比珍贵的,要比建立所谓"学校的特烈基亚科夫绘画陈列馆"等等珍贵得多。如果画在墙上挂了几个月,学生们都不再注意它们了,那么艺术作品也就失去了大部分情感影响和美感影响。孩子们在少年时期按创作年代的先后来熟悉造型艺术。但是,不能够严格按创作年代的顺序来拟订美术讲座和观赏绘画的计划。我们把观赏下列绘画安排在同一个时期里:波·约翰逊的《审讯共产党员》、阿·布拉斯托夫的《割草场》、伊·列宾的《伏尔加河上的纤夫》、奥·罗丹的群雕《加来义民》①、拉斐尔的《西斯廷圣母》、辽奥纳多·达·芬奇的

———————————

① 埃涅·佛兰素阿·奥古斯特·罗丹(1840~1917):法国雕刻家,雕刻印象主义奠基人之一。——译者

《蒙娜·丽莎》。

年龄特征要求教师特别重视反映人的复杂而多侧面的精神世界的绘画作品。

我把那些反映为崇高理想而奋斗的战士的道德美和道德功勋的绘画放在首位。艺术应该是认识感情世界的源泉。在理解绘画和整个造型艺术方面。这条美育的规律是异常重要的。必须对少年们就绘画的内容进行讲解，而讲解的深度和广度当然要超过对儿童的要求。我们多次观赏沃·谢罗夫的画《列宁会见农民代表》。在讲解这幅作品的时候，我解释了在表现人物性格和相互关系方面的细腻特点。少年们懂得并体会到农民们在讲述自己的生活时所表现的那种信任、沉思和亲切的感情。然后我又谈到了劳动人民的理想、画中所体现的历史事件的伟大意义和我们祖国的命运。阐明这个哲学背景不仅对于深入理解艺术作品是必要的，对于认识人的情感生活的最高阶段——公民感情——也是必要的。

在对约翰逊的画《审讯共产党员》的内容进行评述之后，我对作品进行了心理和思想概括：画家通过视死如归的英雄形象表现了人民的大无畏精神以及共产主义伟大理想的胜利。

我讲述了雕塑家伊·乌切季奇创作的解放战士的塑像（在柏林的特雷普托夫公园）的故事，这个故事激起孩子们深刻的自豪感，他们为我国人民把世界拯救出法西斯主义的伟大功勋而自豪。

关于苏联人民在战胜法西斯方面所表现的英雄主义和大无畏精神的讨论，成了少年们认识一系列关于人——英雄、爱国者、为祖国的自由和独立而奋斗的战士——的其他艺术作品的出发点。有些绘画使少年们为祖国的命运而激动地进行思考，它们是：沃·瓦斯涅佐夫的《勇士》、玛·格列柯夫的《加入布琼尼的队伍》、沃·谢罗夫的《西伯利亚游击队员》、波·普罗罗科夫的《在娘子崖边》。有些作品激起少年们对法西斯、对黑暗势力深恶痛绝的感情，它们是：库克雷尼克塞的画《结尾》、德国反法西斯雕塑家费·克烈美耳的群雕《布痕瓦尔德的蒙难者》、波·普罗罗科夫的画《母亲》。我阐明了忠于祖国和在对敌斗争中坚强不屈的公民思想。这种伟大的精神，这种对敌人毫不妥协的气概使孩子们深为感动。我们在五年级的时候观赏了克烈美耳的群雕，以后每年都要重复观赏。孩子们每次观赏时都会从这群受饥挨饿、经受严刑拷打但毫不屈服的人的精神面貌中发现新的东西。仔细观赏这座群雕是理解其他优秀作品并对这些作品进行情感——美感评价的一项准备工作，这些作品是：奥·菲韦斯基的塑雕《不可征服的人们》和格·约库博尼斯的塑雕《母亲》。我把揭示人类精神的全部伟大意义和美看做是一项很重要的教育任务。如果一个人充满了为人民、为祖国服务和为人类的理想而奋斗的崇高思想，这样的人是不可战胜的。

罗丹的不朽作品《加来义民》在我的学生们的心灵中留下了深刻的痕迹。我们在几天之前先转述沙尔·德·科斯丹尔的长篇小说《季利·乌连什皮格利》的内容，以后再观赏这幅画。少年们屏息静听我对加来城事件经过的叙述。这一早已成为过去的英、法之间百年战争中的事件在少年们的想像中复活了。英国国王派军队包围了加来城，他向城里的市民发了一份严厉的最后通牒：要想使加来城不从地球上消灭，只有一个条件，让 6 位很有名望、最受人尊敬的市民脱去衣服，只剩一件衬衫，颈上套着绳索，把城门钥匙送到胜利者那儿去。国王事先已经决定处死这些市民。为了拯救城市，6 位爱国者决定牺牲自己。他们满怀英雄主义的决心，忍受死亡前的哀伤和恐惧向前走去；他们步履蹒跚，满怀痛苦和忧伤向生活告别。

这件作品体现了人的伟大，充满了热爱祖国的崇高精神，我把这件作品中所表现的悲愤的情景和英勇精神作为培养学生情感—美感素养的认识准备，以便去观赏反映我国人民在伟大卫国战争中的功勋的苏联造型艺术作品。理解和深刻感受人民的爱国主义功勋的思想，是个人作出自我肯定的顶峰。艺术是一种巨大的力量，它能唤起年轻公民作为一个人的自豪感。艺术形象中表现了爱国主义思想的本质，必须联系爱国主义思想来唤起和牢固树立这种自豪感。学生们观看了反映我国人民为祖国的自由和独立而进行英勇斗争的绘画，其中有的反映不久以前的反法西斯战争，有的反映遥远的过去的战斗。观赏阿·布勃诺夫的画《库利科沃战场的早晨》、玛·阿维洛夫的画《别列斯威特与杰鲁别的决斗》、沃·苏里科夫的画《苏沃洛夫越过阿尔卑斯山》唤起了他们的自豪感，他们为我们先辈们建立的功勋而自豪。

造型艺术是洞察人民精神生活的有力方法。如果不让年轻的公民通过自己的心灵来认识、感觉和体会我国人民过去年代所遭受的可怕动乱和深重苦难，那么对年轻公民的心灵的培养就会陷入片面性。我们专门举行了若干次晚会来观赏下列绘画作品：列宾的《伏尔加河上的纤夫》、沃·彼罗夫的《葬礼》和《三匹马驾的车》、格·米雅索耶多夫的《地方自治局在用餐》、斯·伊凡诺夫的《移民的死亡》、阿尔希波夫的《洗衣女工》、科·萨维茨基的《作战去》和《铁路修理工作》、沃·魏列夏庚的《受了致命伤的人》和《战争赞礼》。青年一代只有懂得并体会到劳动人民过去的种种遭遇，才会珍惜社会主义社会的物质财富和精神财富。

肖像画是对少年进行智力教育、情感教育和美感教育的极为有力的手段。在我们这个教育集体的教育工作体系中，培养学生具有感觉人的能力占有重要的地位，感觉人就是用自己的心去感觉别人心灵中最细腻的运动，善于从人的眼睛里去发现他的痛苦、委屈、忧伤、不安和孤独。而最主要的是，必须善于从自己亲近的人的眼睛里看出并感觉到，这个人正需要别人的同情和帮助。我认为，教育工作中最细致最困难的课题之一是培养学生从情感上非常灵敏而亲切地去感受别人的思想和感情。眼睛是思想和感情的镜子。不管我们在观赏哪一幅画的时候，我总是要少年们注意画家在自己的作品中塑造的这个人物形象的眼睛。从这个观点来看，绘画和雕塑作品是构成情感—美感教育的一整套教育体系。

眼睛是反映思想、感情和感受的最复杂的领域。我们安排的有关观赏绘画的一系列讨论都是着眼于这个领域的。我努力使各个时代各个民族的画家所反映的人类的崇高精神为我的学生们所接受，而让那些首先在人的眼睛里明显地反映出来的精神缺陷引起少年们的蔑视。

学校幸运地获得了辽奥纳多·达·芬奇的壁画《最后的晚餐》的复制品。关于这幅画我们进行了若干次专题讨论。我讲述了这幅作品的宗教基础之后，把孩子们引进了复杂的人类感情的世界，我向他们证明，宗教神话只是一层外壳，它只是揭示人类欲望深刻的个人表现的一个借口。孩子们为感情认识的巨大力量所吸引，当然就忘记了他们面前的那幅画是以圣经中的情节为主题的。他们看到了人类欲望的复杂表现，看到了善与恶、道德高尚与道德堕落（叛卖）之间的冲突。

我们组织了几次晚会，专门观赏辽奥纳多·达·芬奇的画《蒙娜·丽莎》、拉斐尔的画《拿着花的圣母》和《西斯廷圣母》，这对少年来说是令人神往的，充满无比的诗情画意。我很想使我的学生们能体验到人类感情的美所激励的感情，使这种美有助于还处于确立世界观时期的少年们能感受到人们心灵的内在的美，因为在这个时期他们对人的道德面貌、精神财富和智力特别好钻研，特别敏感。几十年的学校工作使我确信，对人的认识必须在感情积极颤动的情况下进行。如果只对少年说："人的美好就在于人具有高尚的感情"，那是不够的。如果不能感受和感觉到感情上的美，那么这句话对于心灵来说没有任何意义。

在观赏辽奥纳多·达·芬奇和拉斐尔的画的时候，我特别强烈地感到必须把美感素养和言语联系起来。在这种情况下，教师的每一句话都必须成为能激起学生诗的思维的情感—美感刺激因素。只有当人们进行诗的思维的时候，才能对人的美产生深刻的美感。在讲解这些世界艺术杰作的创作史的时候，我谈到的不仅仅是它们所反映的内容。言语是情感—美感的刺激因素，它最本质的东西是潜台词，是画家感受到的、他在周围世界所看到的一切。我给学生讲解了画家留在蒙娜·丽莎嘴角上和眼睛里的微笑是怎样引起的。在这方面，人的眼睛特别深刻地用富有诗意的表情作了说明。这位天才的画家在年轻妇女的眼睛中所反映的一刹那的表情，包含了整个感情世界。很难用言语来表达孩子们的想像中对模糊的、不明确的、转瞬即逝的感受所形成的诗一般的概念。如果他们的心灵中没有这种感受，就不可能产生富有诗意的感情。

为观赏拉斐尔的画而举行的各次晚会，对我来说既是困难的，同时也是愉快而富有魅力的。拉斐尔的这些艺术作品把基督教的精神和古希腊罗马的古风融合在一起，也把那种认为为了拯救人类不可避免要作出牺牲的神魂颠倒的天真信仰和人类感情、母亲感情的崇高的美融合在一起。我在考虑，怎样通过这些艺术作品来揭示真正的人类的美，这种美能够使离开文艺复兴时代几个世纪以后而且世界观完全不同的人的感情变得崇高。我向学生们揭示了人高于上帝的那种普通而又永恒的真理，我说的话越是恰当，艺术美和人类的美就越能强烈地使少年们感动和激奋。我要努力找到这样的话，这些话能帮助孩子们对于人的感情产生强烈而鲜明的概念，这种感情反映出对最珍贵的东西——儿子、女儿、人的幸福——的态度。圣母把自身的一部分——自己的儿子——作为祭品奉献给世界以拯救人们，我的学生们从圣母的形象中看到了世界上最崇高的美——母爱的力量。母亲的眼睛里流露出的不仅仅是惊恐不安和遭难的预感；她颤抖的嘴角不仅表现出泰然的神情，还表现出坚强的决心。世界上没有一件艺术作品能在人的眼睛里反映出如此强大的母性力量。依·克拉姆斯科依把《西斯廷圣母》称作"各族人民想像中的画像。"他说："甚至到人类不再信神的时候……这幅画也不会失去价值。"克拉姆斯科依的这句话表达了对拉斐尔创作的全人类共同的理解。

在孩子们成长为成年男女的时期，我们不止一次地观赏拉斐尔的这幅作品，观赏斯·波蒂切利的《维纳斯的降生》①、扬·弗梅尔的《读信的姑娘》②、埃·德拉克洛瓦的《在街垒中的自由》③、让·安格尔的《泉》④、彼·鲁本斯的《叶列娜·弗尔曼和孩子们在一起》和《西班牙公主伊扎贝拉的侍女的肖像》⑤、沃·谢罗夫的《拿桃子的姑娘》、沃·波罗维科夫斯基的《姆·洛普欣娜肖像》、雅罗申科的《高等女校学生》。我坚信，当一阵阵不可理解的愿望和激情开始轻轻地叩击男青年心扉的时候，向他们揭示全人类美的最高体现——女人的美的全部奥秘，这是非常重要的。我努力使男女孩子们都来崇扬女人的美，把它作为某种理想化的、不可侵犯的东西来对待，而让女孩子们确立隐秘感和贞节感。如果只有语言而没有艺术，那么任何道德教诲、不管它们如何有力地被生活经验和对人类美的虔敬感情所阐明，都不会在年轻的心灵中确立这种崇高的感情。

长时期来我未能找到使我的学生们了解肖像艺术的深度和美的"钥匙"。他们在五年级读到列夫·托尔斯泰的《三

---

① 斯·波蒂切利（1445~1510）：意大利文艺复兴时代写生画家，佛罗伦萨派的代表人物。——译者

② 扬·弗梅尔（1632~1675）：荷兰画家，生活写实派的现实主义者。曾在代尔夫特工作，故称代尔夫特的弗梅尔。——译者

③ 埃·德拉克洛瓦（1798~1863）：法国画家，格拉费卡艺术家，浪漫主义写生画的首脑。——译者

④ 让·安格尔（1780~1867）：法国肖像画家。——译者

⑤ 彼·鲁本斯（1577~1640）：佛来派画家。——译者

次死亡》的时候，我给他们观赏依·克拉姆斯科依创作的这位伟大作家的肖像。少年们在听和感受列夫·托尔斯泰的优美的作品的时候，越来越仔细地端详他脸上的特征，特别是他的眼睛。在我们面前逐渐展现出"对人类生活的隐秘活动的深刻理解"（车尔尼雪夫斯基评论年轻的托尔斯泰时说的话）[24]。刚毅而充满崇高思想的脸庞，目光炯炯，能察觉一般人不易察觉的东西，表现出全神贯注、求知心切和那永不枯竭的寻求真理的渴望——这一切在朗读的影响下都被看做活生生的现实，看做诗一般复杂的难于理解的心灵财富，这个心灵需要我们去认识一辈子，而且将始终不能彻底认识它。我永远也不会忘记，我在向8年级学生朗读《安娜·卡列尼娜》的时候把一幅巨大的复制品画放在他们面前的情景。我知道这幅列夫·托尔斯泰的肖像画是在作家写作上述长篇小说的时候画下来的，但是我没有把这一点告诉给少年们。可是，拉丽萨在听小说里各个主人公发表意见和对话的时候激动地说："这正是列夫·托尔斯泰的思想。他本人也是这样想的。"

我不记得有什么事实能和这个小小的插曲一样地意味深长，表现出艺术的强大力量。

一年以后我们读《战争与和平》，我们面前放着一幅列夫·托尔斯泰的巨大的肖像画，这幅画是列宾创作的，时间是在克拉姆斯科依为列夫·托尔斯泰画像15年以后。现在我的学生们从这同一个思想家的眼睛中看到的是另一种东西：用他们的话来说，列夫·托尔斯泰的脸"焕发出智慧和安详的光彩"。

在倾听穆索尔斯基的作品片断的时候，孩子们仔细端详列宾创作的这位作曲家的肖像画。音乐帮助孩子们理解并感觉到列宾创作的灵感和他攀登的创作高峰，画家正是用这种灵感和站在这样的高峰上才能够看清楚作曲家穆索尔斯基，并把他的像画下来，按照斯塔索夫热情洋溢的评论：他是用火一样的热情作画的。

创造性——精神生活的强大刺激因素

创造性这个课题是教育方面尚未开垦的一块处女地，因此要研究这个问题，就需要写一本从教育方面来论述创造性的书。我在这里只想谈一谈与少年精神生活中情感—美感领域有关的创造性。

为什么说少年们的冷漠态度（往往是对学习漠不关心，要不然干脆就不想学习）是他们"心里的牙痛"（海涅的话）[25]呢？出现这种现象最主要的原因之一是精神生活缺乏创造的基础或者基础薄弱。对于年幼的小学生来说，照亲人的意志和愿望去做、得到表扬和鼓励，有这些刺激因素就够了。可是对于一个少年来说，这些刺激因素就显得不够了。少年渴望表现自己，不仅想在自己的学习成果方面表现自己，也想在内心精神世界方面表现自己。他已经不想只是消极地去享用精神财富。他想成为创造精神财富的人。被创造某种精神财富的劳动所激发起来的创造性的灵感，是使少年的精神生活得到充实的最重要的条件。

进行创造的灵感是人类的需求，每个人从这种需求中找到幸福。人从进行创造中得到精神上的满足，同时才真正感觉到他在生活。不能想像少年们的生活中可以没有创造。创造是一股"活水",它使我的学生们获得新的力量,帮助他们去克服困难。要是没有创造的基础,他们简直就不能胜任所做的事情。

当人们把已经掌握和获得的智力财富和美感财富变为认识世界、开拓世界和改造世界的手段的时候,也就有了创造性,在这种情况下人的个性似乎已经与自己的精神财产融为一体了。

创作是个性的自我表现和自我肯定,它最重要的本源是言语。在童年时期人就已经感受到创作的灵感,这种灵感是这样产生的:言语作为个人的精神财富成为儿童进行创作的建筑材料。作文、写童话是创作的第一个领域,儿童在这个领域里肯定自己的能力,认识自己,体验到最初的自豪感——为自己能创作而自豪。我深信,儿童在大自然中构思写成的童话体现了一个完整的精神境界,它能确定思想、感情和感受的内容和倾向性。我的每一个学生在童年期都写了20~50篇童话。孩子们到了少年时期还不想跟自己所喜爱的童话世界告别。但是,少年接触的范围已经不同于儿童接触的范围,因而少年写的童话不同于儿童写的童话。渴望深入地认识、概括事物和现象的努力也在创作上留下了自己的痕迹。我的学生们在少年期同样也写了很多童话,但是这些童话明显地表现出他们在努力进行思考和概括。下面是卡佳写的一篇童话。

美和丑

在阳光灿烂的林中空地上住着一位美人,名叫克拉萨。她种了很多很多花。世界上所有的花都在她的花圃里生长。当静悄悄的黄昏降临大地、一切生物都进入梦乡之后，克拉萨就到人们这儿来了。她走进屋子，走到睡着的人身边，把一朵花放在床头上……如果这个人睡的时候很警觉，那么他听到克拉萨的到来就醒了，拿起花朵欣赏起来。这个人就很幸福。但是，如果另外一个人睡得很死，连风的呼啸声和雷的隆隆声都听不见。那么他就永远看不到克拉萨的礼物。这是因为，丑八怪紧跟在美人克拉萨的后面从这家走到那家，从这个人身边走到另一个人的身边。丑八怪是令人厌恶的东西。它凶狠的眼睛里充满了对人的仇恨和蔑视。它住在发臭的沼泽地里。要是谁不感觉到克拉萨的到来而没有醒过来，没有拿起花朵来欣赏；那么丑八怪就到谁那儿去。它拿起花朵，像老鹰吞吃从窝里掉下来的鸟雏一样把花朵吃掉。如果谁的身边来过丑八怪，那个人就会睡得昏昏沉沉而又惊惶不安。他梦见光秃秃的树枝和干枯的田野。

这篇童话出色地表现出好钻研而又善于概括的思想和希望通过鲜明的艺术形象来体现思想的努力。

戏剧创作在儿童和少年的精神生活中占有重要的地位。我的学生们在童年期就成立了童话剧团和木偶剧团。孩子们排演童话剧。到了少年期，他们对木偶剧团的兴趣并未减退。瓦里娅开始领导"十月儿童"的木偶剧团。柯斯佳突然对创作木偶剧发生了兴趣：他组织了一个木偶剧团，剧中的人物全是花和植物。柯斯佳亲自为自己的剧团编写短小的剧本，柳芭帮助他工作。孩子们现在最感兴趣的是揭示人与人之间道德关系的童话。

少年们发展创造性的一个独特的领域是讲故事。卡佳、拉丽萨、柳芭、萨什科成了各个艺术语言小组的领导者。

劳动对少年精神生活的作用

劳动对人的全面发展的作用

劳动具有强大的教育作用。可是，尽管少年的手在干活，但还没有显示出劳动的教育力量。离开了思想教育、智育、德育、美育、情感教育和体育，离开了创造、兴趣和需求，脱离了学生之间多方面的联系，劳动就成了学生们的负担，他们想尽量"推掉"这种负担，以便留下更多的时间去做比较有趣的事情。在很多学校里，劳动没有成为精神上的需求，这是一个很大的问题。当人处于形成观点、信念的时期，这会使他的精神生活贫乏。怠惰是一种灾难和恶习，怠惰风气的蔓延，并不是因为人们什么事也不做，而是工作不能使人得到鼓舞，不能使人充满崇高精神，也不能在他的情绪记忆里留下良好的印象。

深入地认识世界、认识自己并进行自我教育是少年期精神生活的基本特点，如果少年在劳动中没有自信心，也就不可能具备上述基本特点。如果一个人不去体验、不去感受为自己的创造而自豪的感情，要达到个性全面和谐的发展也是完全不能想像的。幸福和充实的生活的源泉就在这里。少年的意识中应当具有这样的想法："我是一个什么样的人？我的生活岗位在哪里？我的生活道路在哪里？我能做些什么？"只有当一个人在某些方面表现出自己的才能，显示了自己，对某项工作着了迷，在某件事情上取得了在他那样的年龄说来是颇大的成就的时候，才会产生这种想法。对于每一个学生，我记得的首先是他的个性：某个学生对某件事着了迷，某个学生为创造性劳动目的的理想所鼓舞，某个学生竭力要去了解劳动技巧的秘诀。劳动是全面和谐发展的基础，这个思想意味着什么？在对儿童和少年进行实际工作的时候，这个思想意味着：劳动与智力发展、道德发展、美感发展、情感发展、体力发展之间，劳动与思想和个性的公民基础的形成之间有一条强有力的纽带联系在一起。不能把劳动想得过分简单，认为劳动不过是把课堂上所学到的知识在实践中进行巩固和检验。这种联系应该扩大为更深刻、更细致的课题：智力发展——劳动，智慧——劳动。要善于解决这一课题，这对于少年的教育具有特别重要的意义。要找到一种能发展智力和能力的劳动，使它能把人引入创造的领域——这是进行智能教育和劳动教育的一项主要任务，只有把这些教育工作结合在一起解决，才能取得成效。

劳动成为个性和谐发展的基础也是由于人在劳动中确认自己是个公民，体验到作为一个公民的自豪感。他感到他不仅能获得他所必需的面包，而且能实现自己的才智和自己的创造。应使公民感不是挂在口头上，而是牢记在心里，这是劳动教育的最重要的一个准则。劳动对确立公民感的意义一方面是在认识世界、征服世界中获得乐趣，同时又是具有一定难度的劳动激发起强烈的情感刺激，也只有具有一定难度的劳动才能教育人。教育的一个微妙的秘诀是善于发现、找到并开拓确立公民感的劳动基础。

劳动与情感—美感教育的统一是这样达到的：人通过劳动来认识世界，创造了美，从而就为自身奠定了对劳动、创造、认识的美感。劳动创造美这是教育的一个完整的领域，可惜这个问题也是教育学中尚未开垦的一块处女地。

劳动习惯

少年期形成劳动习惯的时候，同时认识到劳动是重要的精神需求这个作用。少年思考自己在生活中的地位，有意识地竭力表现自己的个性。在少年期，重要的不仅是一个人干了多少活，干得怎样，重要的是他在想着劳动。当少年在想像中构成共产主义社会的蓝图时，不能使他们头脑中有这样的想法：认为到了共产主义社会生活会变得很轻松，工作日会缩减到最低限度，认为人的主要幸福就在于此。要享用共产主义生活的最大福利——空余时间——必须从精神上培养一个人。精神生活的是否充实，取决于人用什么来充实自己的空余时间。只有那些有助于人们去认识世界和开拓世界的多种多样的劳动，只有在进行创造的进程中实现人的个性自我表现和自我肯定的劳动，只有用使精神生活不断丰富的劳动去充实空余时间才能使人幸福。没有劳动，人必定要受到丹塔尔一样的痛苦：在物质丰富的环境中，他仍然是个乞丐，正如塔拉斯·谢甫琴科所说的，是个"精神赤贫"。

劳动纪律在少年期具有特殊意义。每个少年在完成一天的工作和克服困难的时候，应该找到意志自我教育的手段。我坚信进行智能教育和劳动教育首先要有空余的时间。少年只有在较大程度地显示他的才能和素质的劳动中，才能表现自己。如果少年能更多地按自己的愿望工作，他心爱的工作就能更加深入他的精神生活，这样，他就能更好地珍惜自己的空余时间，也就更善于利用这些时间，把这看做是幸福和欢乐的源泉。

劳动和智力发展

学校生活的智力财富大多取决于智力生活和体力劳动密切结合的程度。还在童年期我的学生就已经看到，在一些小的劳动集体（像农业技术小组）里，智力生活是多么丰富。这些小组是对少年进行教育的重要形式。小组工作的可贵之处就在于每个人都可以在较长时间里考验自己的素质、能力，都能在具体工作中表现自己的倾向并找到自己心爱的工作。

根据教学计划，少年每周要在学校工场劳动一次：他们学习加工木材和金属，制作机器和机械的模型。实际上大纲规定的劳动也就只限于这些工作。这样的劳动能否满足少年的多方面的兴趣和需要？当然不能。为了使劳动和智力生活统一起来，为了用具有巨大精神意义的活动来充实空余时间，设置了少年植物栽培小组、育种小组、园艺小组、养蜂小组、机械师小组、电工小组、无线电技师小组、钳工设计师小组、车工小组、畜牧家小组、花卉栽培小组。如果没有这些富于钻研精神的小组，就不能想像有任何智育和情感——

美感教育。如果不把双手变成理智的良师，少年就不会对知识产生兴趣，即使是最强的情感刺激也会在训练过程中丧失掉。

三四年级时，就开始吸收男女同学参加小组活动。最初当然他们不会也不可能自觉地挑选工种。发现自己的才能需要较长的时间。学生从一个工种换到另一个工种，从一种爱好转为另一种爱好。为了有意识地选择心爱的工作，这样做是必要的。终于有一天少年会找到基本上适合他素质的工作。教师在这件事情上不能性急。不能把少年"固定"在某一个小组里。但也不能让劳动中复杂的自我肯定的过程任其自发地进行。要在每一个心灵里点燃热爱劳动之火。这就是说要帮助少年以自己的双手来参与这样的工作，并采用这样的方法，务必使双手成为理智的良师。

尤尔卡以前热爱学校牧场的工作，热爱养兔场和少年育种小组的工作。他学会了把果树嫁接在野生树上，学会了育种和播种、耕耘土地、饲养小牛。而现在他沉湎于少年机械师小组的工作。他目不转睛地注视着他的同龄人——五年级学生学习驾驶微型汽车。但是必须学习内燃机才能得到学习驾驶汽车的权利。尤尔卡便到一个十年级学生指导的少年机械师小组去听课。这孩子饶有兴趣地研究起发动机来，学习启动，学习拆卸和装配内燃机部件。掌握发动机之后，尤尔卡就学习驾驶小型汽车。

这时小组里又有了新的有趣的工作：在劳动课教师和高年级同学的指导下，少年们装配起新汽车来了。尤尔卡被这件工作吸引住了。在这件工作中有许多单一的、一点趣味也没有的工序：研磨金属片，把做车架的生锈的铁条擦洗干净。可是所有这一切都植根于一个有趣的想法，这个想法使工作充满了激情。有趣的创造与双手的劳动联系在一起。思想和手联系得愈紧密，劳动便愈加深刻地影响精神生活，逐渐成为人的一种爱好。劳动中的创造是发展少年智力的最强烈的一种刺激因素。尤尔卡要想造出美丽、舒适、便于驾驶的汽车的这个想法深深地打动了他，于是他对读书的兴趣就越来越大。六年级的时候，尤尔卡就已经拥有一批技术书，这类书还在不断增加。在尤尔卡的精神生活中占重要地位的是读书，但他读书不需要死记硬背。对创造性劳动的兴趣以及希望在动手的工作中取得成就的愿望，推动了他读书的劲头。读书对培养理智、扩大视野（这一点特别重要）、对在学习过程中形成脑力劳动的风格和特点都起着很大的作用。这样读书能培养深入理解并思考所读内容的实质的能力。对待读书的这种态度也是钻研教科书的一种应有的态度。酷爱创造性劳动的人永远不会去死记硬背的。死记硬背消耗智力，使人心灵空虚，只有当劳动中没有精神生活的情况下，才会出现死记硬背。

每一个小组就是一个进行创造性劳动和生气勃勃的智力生活的中心。我们竭力使每一个少年都成为劳动者、思想家和探索者，使之在饶有趣味、令人振奋的创造中认识世界并认识自己。少年时期的自我肯定、自我教育就在于把认识真理和发现真理与个人的创造力融合在一起：人会意识到，依靠思想和求知的钻研精神，能揭开大自然的奥秘。

小组里的工作是带有研究性的。当我的学生进入少年期以后，学校里就组织了几个少年育种小组和土壤研究小组。孩子们选出播种用的种子，把当地的肥料收集储存，将肥料施到土壤里去，掘松试验田。倘若孩子们不是受到各种研究思想所鼓舞，那么在这些小组里的劳动就可能成为单调而又令人生厌的任务。须要使这些思想深入到孩子们的心里，从而激发起他们求知的欲望。教师们同生物教员和集体农庄的农艺师一起来向年轻的研究人员讲解怎样才能种出颗粒比一般麦子大一倍的麦粒。希望种出颗粒大而沉的麦子的想法鼓舞了孩子们。麦收以前我们和小组成员们一起到地里去，找寻颗粒壮实的麦穗供教学实验区小畦栽种。地里施上肥，细心地筑好畦，把麦粒一颗颗地种下去。每一畦麦子都成了小型的科研实验室。孩子们用锹劳动，然后去土壤学资料陈列室阅读有关资料，研究能产生肥力的细菌的生活。观察小麦的生长和成熟，然后是收麦子，仔细地估产、过秤，算出一颗麦粒的重量——这一切都是很细致很有趣的工作。柳达、萨什科、万尼亚、莉达、佩特里克、尼娜已经对他们所开出的 20 多畦地的土质研究了好几年。这是真正的研究：他们配制了含有各种物质的混合土壤，这些物质能促进微生物的蓬勃生长，提高土壤中氮和磷的含量。研究者们在第二年就培植出颗粒硕大的麦子，其颗粒重量超过了特大丰收年麦子颗粒平均重量的 70%。第三年有几畦麦子长出了平均重量增长一倍的麦粒。孩子们又集中攻一个新的目标：种出蛋白质含量丰富的麦粒。研究这个课题是一项创造性的工作，无论在少年期还是青年早期都具有鼓舞作用。

在我的学生进入五年级以前，学校里就有了少年农业技术设计小组。我和劳动课教师伏罗希洛吸收少年们参加设计和制作用来耕作土地、播种、收割、脱粒的农业机械。电愈来愈广泛地用于生产和生活，我们又提出一个目标：在各种农业劳动过程中使用电能。

在这个小组里少年们因这样一些设计思想而精神振奋：怎样用电力来代替手工操作？怎样把电机用到耕作田地、收割和脱粒的农业劳动上去？少年设计师们设计了一台在教学实验地上收割谷物的小型收割机。以后他们又希望制造一台脱粒机。尤尔卡、托利亚、尼娜、舒尔卡、谢尔盖、季娜、费佳、伏洛佳对这台机器钻研了整整一年。他们按照劳动课教师制作的图纸去切、锯、车、磨。工作愈接近完成，他们就愈是精神振奋，对自己制作的东西就愈珍惜，同时也就更关心对他们所做工作的质量的评价。

这是真正丰富的智力生活，是体力劳动和思想的结合。紧张的体力劳动从来不是我们的最终目的，它只是一种实现研究思想的手段。思想是主要的，而双手也并非消极的执行者。它们能促进思想的发展。与这些少年设计师的合作（他们的手好像是在对假设和推理进行检验）帮助我们教师理解到这种训练的细致性和它的巨大教育力量。通过这种检验他们思想更为活跃，而把种种新的发现看做是个性的优点。

我认为学习与劳动相联系就是要使少年一面工作一面思考，一面思考一面工作。每一个少年都要经历几年创造性劳动的锻炼。我在考虑这样一个问题，这种教育将会怎样影响智能的发展？现实作出了可资借鉴的答案：通过思想与体力劳动的结合，手的细致的动作产生同样细致的构想，少年们逐渐成为有才智的思想家、研究家和开拓真理的人，而不致成为享用现成知识的人。我观察了少年设计师、育种家、电工技师、无线电技师们是怎样对待理论知识的。他们对待每一个原理首先是努力去理解各种事实、事物、研究对象、现象和相互联系的现实本质。他们深入思考各个部分之间的逻辑关系，似乎要作出恰如其分的判断。

各个小组的创造性工作教会一些少年思考问题。随着时间的推移，佩特里克的思维活动愈来愈清楚地表现出一个可贵的特点：他竭力在自己已经获得的知识中寻找与新知识有联系的东西，用已经认识的、在思想和记忆中过去已经掌握的知识去证明新的真理。

凡长期受过创造性劳动训练的人，都能自觉地不去死记那些还不理解的东西。在上代数、几何、物理课的时候，尼娜和佩特里克记下新公式以后，感到必须对公式进行思考，思索公式所概括的内容。对他们说来，这种必要性正好像他们想用手摸一下或者用手指去碰一碰机械的零件、部件一样。

孩子们在培养大颗粒的麦子时，研究了植物生命力与下列条件的关系：土壤的微生物区系、深层水分的保持、播种前土地的翻耕、种子的出芽率等等。劳动是对这些因素之间各方面关系作综合性的研究和概括，弄清这些因素在时间和空间上的相互关系。生活表明，如果劳动与理解各个重大的相互关系和因果联系长时期结合在一起进行（例如研究微量元素对禾本科植物整个生长期的生长和成熟的影响），如果同一个思想一直在脑子里盘旋、反复，那么就能培养这个少年善于进行思维的最可贵的能力。培养智力感的第一个源泉是劳动与理智相结合。

我的学生中有些人思维缓慢，对数学、物理、化学、历史的概括性的道理和定律的理解非常吃力，有个时期似乎他们内在的精神力量和刺激马上要枯竭了，快要出现漠然无知的状态，他们的头脑也将丧失领悟知识的功能。在佩特里克、尼娜、斯拉夫卡身上出现这种情况似乎在所难免。假如没有劳动去鼓舞精神，假如没有因手和思维协调工作而感受到各种思想，这种内在的智力疲乏也会影响到那些有才能的学生。每当出现这种内在精神空虚的威胁时，我便把孩子们吸引到那种能使他们感受到他们自己在研究和开拓真理的工作中去。

我的学生在五年级的时候，学校建立了无线电技术小组、电子小组、生物化学小组和土壤学小组。在这些小组里细心地使用显微镜和使用各种复杂仪器的工作与普通单一的体力活交替进行。这种体力活使用的主要工具是凿子、锤子、钳子、铲子、耙、桶、干草叉。在这种交替变换中，手脑协调结合的一个"诀窍"是：感受体力劳动的紧张并不是最终目的，而是达到目的的手段。这也是对工作的一种刺激。

学校还为少年们布置了无线电技术、电子学、生物化学、土壤学、杂种交配等几个研究点。如果少年不是专心致志地（除了自己心爱的工作以外忘掉了世上的一切）研究复杂的图纸和仪表，就不能设想在少年期受到完善的教育。在这期间少年逐渐变成了善于思考、有研究工作能力的人，他们在学者们的伟大科学思想和功绩面前深深地赞叹和敬佩。正是在这些研究点闪烁着向往未来的火花。创造性的思想具有独特的性质和风格；那些在大多数情况下不可能发现、不能直接观察到的现象逐渐成为思考的对象。思考这些现象，掌握这些现象——这就是在学校里把劳动和理智统一起来的最高阶段。我的班级里每个学生都被有趣的工作所吸引。兴趣是多种多样的，而且这些兴趣似乎彼此隔得很远。喜爱文学的人，他的丰富的精神生活原本都在言语世界里，但忽然之间他又会爱上抗生素的研究。少年机械师热爱起无线电技术和电子学来了。长期以来，在许多孩子的精神生活中都有两种甚至三种兴趣。我的学生到了六七年级时，学校布置了"复杂工种工作室"，孩子们在门上写了马克思的话："但是在科学的入口处，正像在地狱的入口处一样，必须提出这样的要求：'这里必须根绝一切犹豫；这里任何怯懦都无济于事。'（但丁《神曲》）"①这个工作室里陈列着一切最难的（少年们只有通过紧张的智能劳动才能理解的）材料：这里有无线电技术和电子学的设计图，根据这些图纸可以造出仪表和模型；物理、化学、数学的难题，研究生物化学和土壤学方面的论文等。孩子们走进这间工作室就好像迈入了科学之门。在这里培养性格，锻炼意志；在这里少年们以切身的体会认识到什么是自我教育。

公民的劳动本质

"照亮别人，燃烧自己"这是自古以来医生的誓言。我努力用这个道理去鼓励孩子们，使孩子们的心灵变得高尚，激发起他们的自尊心。真正的幸福是为人们服务。我尽力把这个思想贯穿到我的学生所想所做的一切方面去。

少年常被那些为人们的利益和幸福去建立功勋的故事

---

① 见《马克思恩格斯选集》第 2 卷，人民出版社，1995 年版，第 35 页。——译者

所激动。但这只是公民教育的第一阶段。照亮别人的直接动因是感受到，人应当做什么。初看起来，这似乎是容易的事情：年轻的公民用自己的双手做了某件事，这好像就意味着他们已经体验到热爱人们的感情，意识到自己对他们的责任。然而，在生活里却并不那么简单。如果孩子们干活的时候态度冷淡，或者像对待令人厌烦的义务一样去对待工作，那么无论他们做了多少工作，也不会在他们的心灵里留下良好的印象。年轻的公民去为人们工作的时候，应该怀有纯洁的心和明快、乐观的思想。这种工作应该带来乐趣，并因它的崇高而受到鼓舞。从事这项工作所带来的极度疲乏（没有汗水、疲乏和老茧，就不可能有实实在在的工作），应该从生活充实的感觉和幸福的体验中得到补偿。

究竟怎样向学生们揭示公民崇高的劳动本质呢？这里必须指出一系列教育技巧的规律。去为人们工作，不仅要有充沛的体力，而且要有生气勃勃的精神力量。必须在精神上培养学生按教师的意图去从事具有明显的公民意义的劳动。要从年轻的心灵里去掉一切偶然的和暂时的想法。如果在一个集体里发生了某件不顺当的事情，从而使集体内产生不良的情绪，这就会影响形成公民感的源泉。在去为人们服务以前，我努力做到使儿童，特别是少年具有明快的思想。首先是清楚而又乐观地想到，我们用自己的双手为人们创造些什么，我们的劳动将给人们带来怎样的欢乐。只有在这种情况下，少年劳动者才会把自己的一部分身心投入到他们所从事的事情上去。

在一年以后将要建造集体农庄农业大楼的空地上，长着一棵橡树。树已经长了10年，造房子的时候要砍掉它是很可惜的，可能的话，是否不砍掉这棵橡树，把它搬到另一个地方去，使它能为子孙后代造福？这件事做起来颇不容易，要连根掘起近一立方米的泥土。诚然，这件事是困难的。但是，这将会给人们带来多大的欢乐啊。一棵橡树要生长200年甚至300年，许多人要在它的枝叶下感受生活的乐趣。对劳动明确的概念——创造欢乐——激发起孩子们崇高的思想，有了这种思想就有了干劲和灵感。我们决定去干这件工作。我们干了几天，工作愈临近结束，大家就愈感到高兴。

要使孩子们在少年期看到自己童年时亲手创造的物质财富，这一点很重要。我的学生每年都要在他们一二年级时就开始的工作中增添一些东西。因此为人们工作逐渐成为集体的精神生活。

公民的劳动本质与自尊感有机地联系在一起。为大家造福而劳动并不意味着人要放弃个人利益，处于孤立境地。为人们劳动所赢得的欢乐植根于深厚的个人自豪感和自尊感。共产主义教育的一个重要任务在于使社会上没有一个庸庸碌碌的人。按阿·瓦·卢那察尔斯基下的定义：表现强烈的个性，这是社会的根本。要使少年的劳动自豪感成为公民感的基础，使他感受到他在自己心爱的工作中是个最好的能工巧匠，这一点很重要。要寻找、发现并确定人的劳动天赋，使每个人都成为某项工作的真正能手，要使劳动创造永远是人的精神生活的一个组成部分，成为事业的最有力的情感刺激——这就是思想教育和劳动教育的统一。

必须帮助每个人找到自己的位置，在自己心爱的工作中显示自己，掌握必需的知识和技能，成为能工巧匠。这是根据各人的情况区别对待地进行个别教育和集体教育的基础。

集体中的劳动者，并不是什么按照命令或口令行动的无个性的群众。没有鲜明的个性表现也就没有集体。我认为集体主义教育首先是要在每个少年身上迸发出干劲，激发出才干。孩子在少年期就应当在某一件事情上取得重大的成就，要有一件事能吸引他，使他受到崇高思想的鼓舞，他所从事的某件工作应当成为真正的创造性的工作。

我怀着激动不安的心情期待着什么时候少年会一头钻进某件工作中去而忘掉其他一切。这里指的是在智力、创造力和情感方面都已经深入到工作的精微之处，深入到技巧的奥秘。这个阶段是少年在一定时间内从事某项创造性劳动所取得的合乎规律的结果。为了深入到工作中去，必须进行一项具体活动。在这项活动中能非常具体地看到并体会到体力劳动从属于创造性的设想。

通过创造性劳动激发起了崇高的精神；由于意识到我是自己这一行的能工巧匠，我有一双灵巧的手而感到自豪。因为我是劳动的主人，人们都尊敬我——所有这一切就意味着一个公民的真正诞生。

柯利亚热爱各种不同的劳动：他很感兴趣地在教学试验田里工作，同时又在少年模型设计师小组工作。他还爱写生画，于是便画起画来，还收集了许多造型艺术的复制品。可是到了六年级，他又去参加少年机械师小组的工作。他一个劲地摆弄小发动机，拆开了又装上，把它擦洗干净、抹上机油。那时在学校工场里安装了一台锯木板的装置。在一台电动机上接了一把带锯。可是在检修电路时只好把带锯接在内燃机上。这件工作又促使柯利亚深入钻研起机器结构来。根据他的要求在学校教学电站（高年级学生实习使用的）里划出了一小块地方，在那里柯利亚安装了一台小型内燃机，他把一台交流发电机接在小型内燃机上，又在电路上装了一些电灯。所有这些机件都是小型的，小发电站看上去像个玩具，但它却成了低年级学生活动小组的中心。在柯利亚的指导下，这儿迸发出了新的兴趣爱好的火花。这位少年技师把一些小机器——电动锯、通风机、冶炼电炉接到电动机上去。柯利亚到了七八年级成了一个真正的电气装置技师。他对内燃机非常熟悉。一个充满了自尊感的公民就这样诞生了。由此可见，自豪地并自觉地尊重自己和别人——这便是教育的成果，而获得这种成果的原因是由于发现了自己的才能并严肃地思考自己的未来。光荣感、自尊感以及由此而体验到的生活的充实感——这是形成公民自觉性的基础，它深深植根于劳动的技巧之中。

也许孩子中谁也没有像托利亚那样有那么多的兴趣爱好。他既对种花感兴趣，又在畜牧场工作，同时还种植谷物。在过去很长时期内，任何工作都不能在这孩子的心灵里激发起真正的灵感。然而现在他开始喜欢车床的金属加工，喜欢设计和制作模型了。到六年级结束时，这个孩子对金属加工越来越入迷，以至于放弃了其他的劳动工种。用手工或在机床上加工机器、仪表和模型的零件成了托利亚心爱的工作。在劳动课教师的指导下，托利亚开始制造起电锯来了。他自己制图，自己做零件，自己安装。托利亚把他制造的电锯接上小型电动机的那一天，成了他的节日。他的眼里闪耀着欢乐的光芒。从学校毕业几年以后托利亚说道："那一天我觉得自己是个真正的人了，在这以前，有时候我觉得自己不像大家那样，我比别人差……而从那一天起，世界忽然变了样，人们仿佛更可爱了……"

每个少年在找到了自己心爱的工作以后，就朝着道德成熟的道路跨了一大步。

劳动和美

我努力使少年期的劳动能培养学生高尚的情操，因此我向他们展示周围世界的美和人的美。劳动中培养美感的第一个源泉就是创造的美。在布置得很悦目的"美角"，在劳动的节假日，在学校工场，在教学试验田的田头，处处都创造出了人类的美。

当每个少年走出学校的教学实验田、果园、温室，走出学校工场、工作室，来到集体农庄的土地上的时候，这在他们的生活中是意义重大而又庄严的时刻。这一步对他们来说，似乎是进入了成年人的劳动大家庭，参加到全民的事业中来了。这是作为劳动节日来庆祝（庆祝挖出第一道犁沟）的一件大事。当我的学生升入六年级时，这件大事第一次以隆重的仪式来庆祝。孩子们开始翻耕他们少先队员自己的土地。从那时起他们便在这块土地上开始了持久而细致的劳动。少年们每年都在那里种植小麦。他们给土地施上足够的肥料，给土地浇透水，精心选种育种。

土地肥力恢复的那个节日令人终生难忘。这样的节日在整个少年期只庆祝过一次。这一天所感受到的劳动的欢乐是用特别昂贵的代价取得的，因此在他们心中留下了不可磨灭的印象。孩子们在一块不大的贫瘠的土地上劳动了几年。劳动的目的是使土壤恢复肥力。当他们把种子撒到几年前还是不毛之地而现在已经变成肥沃的黑色的土地上的这庄严的一天，村里最受尊敬的老农到试验田来了，他们祝贺少年们取得了成功。

收获第一捆麦、摘下第一批葡萄、第一次刈草的好日子都使少年们得到劳动的美的感受。

暑假里，孩子们在刈草场劳动 2～3 周。这些日子是过得很幸福的。这件激动人心的工作开始那天，作为传统的刈草节来庆祝。在风和日丽的清晨，少年们来到地里，先是让每人都用镰刀刈数十平方米的草。然后才开始正式安排的劳动：有的用手挥镰刈草，有的用马拉刈草机刈，把草晒干，堆成草垛。大家都住在地里，自己煮饭吃，晚上阅读书报，听经验丰富的人讲故事。

劳动和意志的培养

劳动的乐趣不同于一般的乐趣。它可以与人们攀登高山顶峰的感受相比拟。怪石嶙峋的崎岖山路，每迈出一步都必须付出极大的努力。然而在人们面前有着一个崇高的目标——登上顶峰。当一个人爬上了山顶，他感到自己变得崇高了，确立了自尊心。他觉得自己刚强、勇敢，准备去克服新的困难。

使每个少年在少年期都登上这个顶峰，我认为这是一项重大的教育任务。劳动应当成为一种独特的锻炼意志的手段。体力上和精神上的统一表现出这一劳动教育的规律。每一个少年都完成过要求耗费大量体力和精力的工作。

严冬时，刺骨的寒风刮得使人气都喘不过来。少年们来到了田野里：必须给畜牧场运干草去。他们懂得，任何困难情况之下也不能不劳动：不劳动者不得食。生活的每一步都向他们证明，必须**一直劳动**。他们迎着正月里的严寒和暴风雪，把干草装上车，运到畜牧场。劳动结束回来的时候，虽然疲惫不堪，但心情愉快而又兴奋，体验到作为人的莫大的自豪感。这种自豪感只有通过劳动才能体验到，它在学校生活的任何其他情况下都是感受不到的。体验到这种感情的人，就能理解生活的基本道理：生活的乐趣要用劳动来补偿。必须用劳动去获取这种乐趣。这种思想逐渐成为每个少年个人的坚定信念。

临近青年期的时候

6 月里的一天，我们来到树林里，坐在我们心爱的照满阳光的林间空地上。就在明天，我的全体学生将拿到八年制学校的毕业证书。

我高兴的是：他们获得了牢固的知识，爱科学、爱书本、学会了思考并理解周围世界和自己。他们每个人都发现了自己的长处——爱劳动，体验到在心爱的工作中取得成就的欢乐，成了能工巧匠，成了创造者，**成了真正的人**。在每个少年的心灵里确立了对别人的欢乐和不幸的同情心。他感到周围世界所发生的一切就像他自己个人的事情一样，他的心灵为此而感到强烈的激动和不安。我的学生的心灵对邪恶是势不两立的。善良、真理和人道主义给他们带来欢乐，激发起他们的高尚情操；而邪恶、虚假、伪善使他们愤怒，激起他们的斗志。

　　我的学生对美，首先是对人身上所表现的美很敏感。我坚信，他们谁也不会去欺侮别人，不会损害别人的自尊心。可是爱人类比爱一个具体的人容易得多。在口头上说说"我爱人们"比较容易，而去帮助一个身边的人却是比较难的。

　　我的学生已成为自己祖国的真正儿女：他们懂得，他们这一代所享受到的劳动的幸福和社会主义的物质上和精神上的福利是用多么昂贵的代价换来的。他们珍惜祖国大地上的一草一木，他们准备为社会主义祖国献出自己的生命。而对我来说，这一切都是对我的劳动、对我的那些兢兢业业的白昼和辗转不眠的黑夜的最高奖赏。

　　　　　（此次收入选集时，由倪家泰同志做了重校）

注 释

原书^①于 1970 年由苏维埃学校出版社第一次出版。它是瓦西里·亚历山德罗维奇^②在《我把心给了孩子们》一书中所开始的关于对青年一代的教育和训练的谈话的续篇，但在本书中作者观察、研究和思考的对象则已经是少年一代的思想信念、兴趣爱好、智力素养、道德素养、情感素养以及热爱劳动的感情等等的形成和发展。

本书的俄文版于 1971 年在莫斯科由青年近卫军出版社出版。

1　高尔基的剧本《底层》中萨京在随便说说闲话时讲的一句话。（《高尔基全集》第 16 卷，莫斯科，国家文艺书籍出版社，1963 年版，第 139 页。）

——第 15 页。

2　见《马克思恩格斯全集》第 23 卷，人民出版社，1972 年版，第 202 页。

——第 34 页。

3　这一思想在马克思的著作《1844 年经济哲学手稿》中有所阐述。（见《1844 年经济学哲学手稿》，人民出版社，2000 年版，第 85～87 页。）

——第 34 页。

4　"……人不仅像在意识中那样在精神上使自己二重化，而且能动地、现实地使自己二重化，从而在他所创造的世界中直观自身。"

---

① 即该书的乌克兰文版。——译者
② 即该书作者苏霍姆林斯基。——译者

（《马克思恩格斯选集》第 1 卷，人民出版社，1995 年版，第 47
页。）

——第 48 页。

5　我们援引康·德·乌申斯基的主张："**人的性格是在活跃和生动的
青春烈火之中铸造的**。因此不应该去扑灭这烈火，不应该怕它，
不应该把它看做某种有害于社会的东西，也不应该去妨碍它自由
燃烧，而应该关心的是，要使在此时注入青春心灵的材料是优质
的材料。"（《乌申斯基选集》第 8 卷，莫斯科，俄罗斯联邦教育
科学院出版社，1950 年版，第 442 页。）

——第 53 页。

6　恩格斯在给敏·考茨基的信中写道："……我认为，倾向应当从场
面和情节中自然而然地流露出来，而无需特别把它指点出来；同
时我认为，作家不必把他所描写的社会冲突的历史的未来的解决
办法硬塞给读者。"（《马克思恩格斯选集》第 4 卷，人民出版社，
1995 年版，第 673 页。）

——第 55 页。

7　"对于信念的培养应该重视其坚定性。说说漂亮话并不难，但要使
信念像汁液渗透植物一样深入人心，那就困难得多了。假如把植
物中的汁液弄干，它就会枯死；同样地，要一个人放弃自己的信
念，那还不如让他去死的好。"（拉佐：《日记·书信集》，符拉迪
沃斯托克，滨海书籍出版社，1959 年版，第 94～95 页。）

——第 60 页。

8　《托尔斯泰文集》第 1 卷，莫斯科，国家文艺书籍出版社，1972 年
版，第 158 页。

——第 119 页。

9　"自然界是检验辩证法的试金石……"（恩格斯的《反杜林论》，见
《马克思恩格斯选集》第 3 卷，人民出版社，1995 年版，第 361
页。）

——第 139 页。

10　在恩格斯的《劳动在从猿到人转变过程中的作用》一文中谈到了
　　这个问题。(《马克思恩格斯选集》第 4 卷，人民出版社，1995 年
　　版，第 374 ~ 375 页。)

——第 165 页。

11　见斯·鲁宾斯坦的《普通心理学原理》，莫斯科，教育出版社，
　　1946 年版，第 494 页。

——第 188 页。

12　"妇女早在奴隶出现之前就已成了奴隶。"这句话出自奥·倍倍
　　尔的《妇女和社会主义》一书，莫斯科，国家政治书籍出版社，
　　1959 年版，第 49 页。

——第 207 页。

13　马克思在其 1853 年所写的《死刑。——科布顿先生的小册
　　子。——英格兰银行的措施》一文中阐述了这一思想。我们援引
　　文中的一段："况且历史和统计科学非常清楚地证明，从该隐以来，
　　利用刑罚来感化或恫吓世界就从来没有成功过。适得其反！"(《马
　　克思恩格斯全集》第 11 卷，人民出版社，1995 年版，第 618 页。)

——第 229 页。

14　或许，作者所指的是我们在下面援引的这句话："难道你在赴难
　　时，还未洗清自己的一半罪过吗？"(费·米·陀思妥耶夫斯基
　　的《罪与罚》，莫斯科，国家文艺书籍出版社，1970 年版，第
　　482 页。)

——第 229 页。

15　见列宁在俄国共产主义青年团第三次代表大会上的讲话："……
　　废除以前的死读书、死记硬背和强迫纪律时，必须善于吸取人类
　　的全部知识，并要使你们学到的共产主义不是生吞活剥的东西，
　　而是经过你们深思熟虑的东西，是从现代教育观点上看来必然
　　的结论。"(《列宁全集》第 39 卷，人民出版社，1986 年版，第
　　301 页。)

——第 243 页。

16　这句话在安·谢·马卡连柯的《教育诗》中可以找到。(《马卡连柯全集》第 1 卷，莫斯科，俄罗斯联邦教育科学院出版社，1950年版，第 294 页。)

——第 261 页。

17　高尔基在《责任》一文中写道："死亡的害处就在于：由于人们害怕死，他们的观念就造成神，造成'阴间'以及诸如天堂和地狱之类的庸俗不堪的场面。"(《高尔基全集》第 25 卷，莫斯科，国家文艺书籍出版社，1953 年版，第 74 页)。

——第 280 页。

18　见《巴甫洛夫的培养基》第 1 卷，莫斯科，苏联科学院出版社，1949 年版，第 268 页。

——第 291 页。

19　这些话出自高尔基著名的短篇小说《伊席吉尔婆婆》。(《高尔基全集》第 1 卷，莫斯科，国家文艺书籍出版社，1960 年版，第 100～101 页。)

——第 305 页。

20　这里所援引的话取自高尔基的中篇小说《童年》。(《高尔基全集》第 9 卷，莫斯科，国家文艺书籍出版社，1962 年版，第 24 页。)

——第 312 页。

21　见注 3。

——第 360 页。

22　这些话引自阿·谢洛夫的文章《歌剧〈里奥诺拉〉前奏曲的主旋律·贝多芬短评》，莫斯科，国家音乐出版社，1954 年版，第 3 页。

——第 363 页。

23　见《果戈里文集》(6 卷本) 第 6 卷，莫斯科，国家文艺书籍出版社，1953 年版，第 114 页。

——第 363 页。

24　见尼·加·车尔尼雪夫斯基的《哲学文选》第 2 卷，莫斯科，国家政治书籍出版社，1950 年版，第 59 页。

——第 376 页。

25　在亨利希·海涅的政论体著作《从慕尼黑到热那亚的旅行》（第 20 章）中有这样一句话："我那时的牙痛却是疼在心里……"（亨利希·海涅的《诗歌·长诗·散文集》，莫斯科，国家文艺书籍出版社，1971 年版，第 622 页）。

——第 377 页。